Jana Göbel, Matthias Meisner (Hg.)

Ständige Ausreise

Jana Göbel
Matthias Meisner (Hg.)

Ständige Ausreise

Schwierige Wege aus der DDR

Ch. Links Verlag, Berlin

Auch als ebook erhältlich

Die Deutsche Nationalbibliothek verzeichnet diese Publikation in der Deutschen Nationalbibliografie; detaillierte bibliografische Daten sind im Internet über www.dnb.de abrufbar.

1. Auflage, August 2019

Schönhauser Allee 36, 10435 Berlin, Tel.: (030) 44 02 32-0
www.christoph-links-verlag.de; mail@christoph-links-verlag.de
Umschlaggestaltung: Nadja Caspar, Ch. Links Verlag,
unter Verwendung eines Fotos von Ulrich Wüst aus der Serie
Spätsommer, Kühlungsborn September 1989
Lektorat: Jana Fröbel, Ch. Links Verlag
Satz: Nadja Caspar, Ch. Links Verlag
Druck und Bindung: Druckerei F. Pustet, Regensburg
Gedruckt auf säurefreiem, alterungsbeständigem Papier

ISBN 978-3-96289-059-9

Inhalt

Jana Göbel, Matthias Meisner

Vorwort

Gewartet wurde viel in der Deutschen Demokratischen Republik. Auf den Trabant, auf Bananen, auf Ersatzteile, auf bestimmte Bücher – die Menschen waren Teil der sozialistischen Wartegemeinschaft. Eine Floskel mit bitterem Kern.

Selbst wer das Land für immer verlassen wollte, musste auf seine Ausreise warten. Manchmal jahrelang. Was bei den Bananen mit dem allseits herrschenden Mangel erklärt werden konnte, war hier Methode. Wer sich abwandte vom Sozialismus, sollte bestraft werden, auch zur Abschreckung, damit andere nicht etwa auf die gleiche Idee kamen. Genützt hat das nichts. Die Zahl derjenigen, die fortwollten, nahm Jahr für Jahr zu. Aber nicht die – zuweilen spektakuläre – Flucht war der häufigste Weg, um der DDR zu entkommen, sondern die Flucht auf dem Papier, der »Antrag auf ständige Ausreise«. Fast 400 000 Menschen haben ihn gestellt.

30 Jahre nach der Friedlichen Revolution geht es in diesem Buch um die ganz persönlichen Erlebnisse derer, die das Land auf legalem Weg verlassen haben. Viele, die damals einen Ausreiseantrag stellten, erinnern sich bis heute an eine teilweise lange und schwierige Wartezeit. Manchen ist es schwergefallen, darüber zu sprechen. Aber den meisten ist im Rückblick wichtig, dass sie sich nicht kleinkriegen ließen.

»Ständige Ausreise« – das war der Terminus der DDR-Bürokraten. Manche, die fortwollten, schrieben es so in den Antrag, den sie bei den Behörden stellten. Andere verlangten die »Entlassung aus der Staatsbürgerschaft der DDR«. Ein Formular gab es bis 1989 nicht.

Gehen oder bleiben? Einige machten die Entscheidung mit sich selbst aus. Andere diskutierten mit Verwandten, Freunden, tagelang, nächtelang. Eine schwere Entscheidung, denn es war aus damaliger Perspektive ein Abschied für immer. Niemand konnte ahnen, dass die DDR so bald Geschichte sein würde.

War der Entschluss erst einmal gefasst, kamen die nächsten Fragen: Wen einweihen? Wie reagierten der Betrieb, die Lehrer, Freunde? Gab es Ärger, Zustimmung? Längst nicht alle zurückbleibenden Freunde begrüßten den Ausreiseantrag. Denn allzu oft gingen kritische Geister, die das Land vielleicht hätten verändern können. Viele Hierbleiber fühlten sich im Stich gelassen. »Der Letzte macht das Licht aus«, das war ein Spruch, der Ende der 1980er-Jahre in der DDR immer häufiger fiel. Wer blieb, fragte sich: Bin ich noch richtig? Und wer war eigentlich derjenige, der aufgab – die Ausreiserin oder der Hierbleiber?

Am 13. September 1989 fertigte das Ministerium für Staatssicherheit eine Analyse zur Stimmung unter SED-Mitgliedern und Funktionären an: Von der »Problematik der ständigen Ausreise von Bürgern der DDR in das nichtsozialistische Ausland sowie des ungesetzlichen Verlassens der DDR« war die Rede. »Angesichts der ›Massenflucht‹ von DDR-Bürgern, der hohen und offenbar weiter steigenden Anzahl von Antragstellungen auf ständige Ausreise« gebe es »in allen Bevölkerungskreisen zunehmende Auffassungen«, dass man »Angst vor der Zukunft haben müsse«. Aufhalten konnte der Staat zu diesem Zeitpunkt die Entwicklung längst nicht mehr. Immer mehr Menschen zog es fort, es war eine Abstimmung mit den Füßen.

In diesem Buch geht es um die Wartezeit zwischen dem alten Leben in der DDR und dem neuen im Westen. Um Geschichten vom Ausreiseantrag bis zum Grenzübertritt. Um das Niemandsland der Ungewissheit und des Abschiednehmens. Es erforderte Mut, einen Antrag zu stellen. Denn danach zeigte sich das System in vielen Fällen noch einmal von seiner schlimmen Seite. Wer wegwollte, wurde vom Staat zum Verräter erklärt und auch so behandelt. Wie es den Noch-DDR-Bürgern in dieser Zwischenzeit erging, das haben Autorinnen und Autoren aus vielen Teilen Deutschlands hier aufgeschrieben.

Die 24 Porträts in diesem Buch sind chronologisch nach dem Datum der Antragstellung geordnet. Dabei zeigt sich deutlich der Wandel, den die DDR in ihrer Ausreisepolitik vollzog. Anfangs waren es vor allem politische Querdenker, die das Land verlassen durften oder gar mussten: langhaarige Rebellen und Aufsässige, die sich in den sozialistischen Alltag nicht einfügen wollten. Doch mit den Jahren ergriff die Welle immer breitere Schichten der Bevölkerung. Unter den Antragstellern waren Ärzte, Facharbeiter, Handwerker, Lehrer und sogar Betriebsdirektoren. Für viele ehemalige Ausreiser war der Blick zurück mit Schmerzen verbunden. Etliche berichten, dass sie nach der Antragstellung ihre Arbeit verloren. So wie eine Erfurter Lehrerin, die bis zu ihrer Ausreise vier Jahre lang an der HO-Ladenkasse saß und erst in West-Berlin wieder als Lehrerin arbeiten konnte. Ein Betriebsdirektor in Saalfeld sollte im eigenen Betrieb zum Hilfsarbeiter degradiert werden, fing dann aber als Heizer in einem Sanatorium an.

Junge Ausreisewillige flogen von der Universität oder durften ihr Abitur nicht zu Ende machen. Bei einer damals 18-Jährigen kam es zu einem regelrechten Tribunal: Ihre Mitschüler sollten auf einer Liste unterschreiben, dass sie den Kontakt zu ihr abbrechen. Oft mischte sich die Staatssicherheit ein. Eine Berlinerin arbeitete in der Verwaltung einer Gaststätte. Sie sollte ihre Kollegen bespitzeln, dann würde es schneller gehen mit der Ausreise, versprach man ihr. Sie sagte Nein. Erst später las sie in ihrer Stasi-Akte, dass sie selbst von einer befreundeten Kollegin ausgehorcht worden war. Ein Arzt in Gotha wurde jahrelang von seiner Sprechstundenhilfe und von einem Patienten bespitzelt, nachdem seine Familie einen Ausreiseantrag gestellt hatte. Ein Oppositioneller wurde in der Haft von seinem Anwalt, einem Stasi-Spitzel, belogen: Seine Freunde draußen hätten ihn längst vergessen und im Stich gelassen.

Wie lange die Wartezeit bis zur Ausreise währte, das wusste keiner. Es gab keine Regel. Der Staat war unberechenbar, auch das gehörte zum Konzept. Es konnte relativ schnell gehen, wie bei einem Berliner Ehepaar, das ein Jahr wartete: Es erfuhr ausgerechnet am 9. November 1989, dass die Ausreise bewilligt wird. Andere mussten jahrelang warten. Eine Familie lebte lange Zeit in einer fast leeren Wohnung in der Hoffnung, dass es bald losgehen würde. In einigen Fällen mussten Antragsteller nach langer Wartezeit innerhalb von nur 24 Stunden das Land verlassen. Da blieb kaum Zeit, um das Nötigste zusammenzuklauben und sich von den Freunden zu verabschieden.

Manchmal reichte ein Antrag. Ein junger Leipziger hingegen stellte Dutzende und arbeitete während der Wartezeit als Totengräber auf dem Friedhof. Ein anderer Mann aus Leipzig, der zur Jugendopposition gehörte, wollte gar nicht so richtig weg – er wollte in der DDR was verändern – und wurde von den Behörden zum Ausreiseantrag gedrängt.

Die Schikanen endeten nicht mit dem Grenzübertritt. Vielen Ausreisern wurde auf Jahre das Besuchsrecht verweigert. Ein junger Mann aus Weimar wartete fünf Jahre, bis er seine Heimatstadt wieder besuchen durfte. Seine Familie beantragte alle drei Monate eine Besuchserlaubnis für ihn. Auf die Frage, warum sie wegwollten aus der DDR, erzählen in diesem Buch viele von der Starre, die das Land erfasst hatte. Von den Lippenbekenntnissen zum Sozialismus, die in Betrieben und

Schulen verlangt wurden. Einige wollten ein besseres Leben für ihre Kinder, andere wollten reisen. Manche waren auch betört vom Glanz, der via Westfernsehen in die ostdeutschen Wohnzimmer flimmerte. Von Hunger, Armut oder Todesangst sprach keiner.

»Fast alle Ausreiseanträge sind begründet worden, das ist eine hochinteressante Quelle«, sagt der Historiker Ilko-Sascha Kowalczuk. Er hat für dieses Buch eine historische Einordnung geschrieben. Jacqueline Boysen befasst sich mit den Reaktionen des Westens – die »Politik der offenen Arme« war Staatsdoktrin in der Bundesrepublik. Und Andrea Dernbach geht in einem Essay, der das Buch beschließt, der Frage nach: Warum verlassen Menschen ihre Heimat? Und sie zeigt, dass das Thema dieses Buches auch 30 Jahre nach dem Mauerfall hochaktuell ist.

Heute sind Reisen in die Welt für alle deutschen Staatsbürger eine Selbstverständlichkeit. Jeder von ihnen kann sein Land lieben oder nicht. Jeder darf das eine oder das andere offen sagen. Jeder darf gehen, woanders leben oder wiederkehren. Weltweit betrachtet ist das keine Selbstverständlichkeit. Warum auch immer Menschen ihr Land verlassen – beim Blick zurück auf die jüngere Geschichte wird deutlich: Diese Freiheit zu haben und diese Freiheit auch anderen zu gönnen, wenn sie Hilfe brauchen, ist wertvoll.

Wir bedanken uns bei allen, die bereit waren, ihre Geschichte zu erzählen, bei den Autorinnen und Autoren, bei unserem Verleger Christoph Links, unserer Lektorin Jana Fröbel, dem Team des Verlags. Und bei den vielen anderen Menschen, die dieses Buch mit Hinweisen, Rat und Hilfe möglich gemacht haben.

Ilko-Sascha Kowalczuk

Die Überwindung der deutschen Teilung durch Flucht und Ausreise

Eine historische Einordnung

Mauern und Grenzen überwinden zu wollen, gehört zu den immerwährenden Versuchen und Hoffnungen in der menschlichen Geschichte. Sie werden errichtet, um Menschen daran zu hindern, Territorien nach eigenem Gutdünken zu verlassen oder zu betreten. Die Menschheitsgeschichte ist von nichts anderem so stark geprägt worden wie von Wanderungen. Migration war die Vorbedingung jedweder menschlichen Geschichte und Entwicklung, die wiederum immer und überall von Wanderungen – oder ihrer gewaltsamen Unterdrückung! – begleitet worden ist.

In der Geschichte lassen sich zwei Erscheinungen voneinander unterscheiden: Zum einen gehen Menschen über Grenzen – meist flüchten sie. Gegenwärtig sind es laut UNHCR weltweit etwa 70 Millionen Menschen. Ein Drittel davon flüchten über die staatlichen Grenzen ihrer Herkunftsländer; zwei Drittel über innere Grenzen in ihren Heimatländern. Die westliche Welt ist statistisch gesehen davon fast nicht betroffen. Nur zwei bis drei Prozent (!) der flüchtenden Menschen kommen nach Deutschland, Spanien, Italien, Frankreich, Griechenland, Schweden oder in die USA. Viele Medien und die Wahrnehmung in den westlichen Staaten spiegeln andere Größenverhältnisse.

Zum anderen gehen Grenzen über Menschen hinweg. Auch das ist eine ständig wiederkehrende Erscheinung der Menschheitsgeschichte. Deutschland ist ein gutes Beispiel dafür: Wer vor 1945 im schlesischen Breslau geboren wurde und nach 1945 dort wohnen bleiben konnte, lebte fortan in Polen, ohne dass er sich selbst bewegt hatte. Wer aber zum Beispiel 1917 in Breslau von deutschen Eltern geboren wurde, wurde mit größter Wahrscheinlichkeit 1945 vertrieben.

Die SED als Heimathafen

Deutschland war nach 1945 vierfach geteilt worden. 1949 entstand aus der Sowjetischen Besatzungszone die DDR, aus der amerikanischen, englischen und französischen Zone die Bundesrepublik. Für Vertriebene war es zunächst Zufall, in welche Besatzungszone sie kamen. Während 1949/50 in der Bundesrepublik etwa 7,9 Millionen Vertriebene lebten, hielten sich zur selben Zeit auf dem nicht einmal halb so großen Gebiet der DDR rund 4,5 Millionen auf. Das entsprach etwa einem Anteil von 20 Prozent der DDR-Bevölkerung. In manchen Gebieten, insbesondere in Agrarregionen, lag der Anteil bei mehr als 50 Prozent.

Die Vertriebenen nahmen in der DDR in den 1950er-Jahren unterschiedliche gesellschaftliche Positionen ein. Zwischen 750 000 und einer Million Menschen kehrten der DDR bis zum Mauerbau 1961 den Rücken und flüchteten in den Westen. Da die Vertriebenen ihre heimatlichen Wurzeln verloren hatten, fiel ihnen auch die Flucht aus der DDR weitaus leichter als jenen, die seit vielen Generationen regional verankert waren. Andererseits erwiesen sich viele »Umsiedler« – der Begriff »Vertriebene« war in der DDR offiziell untersagt – als integrations- und assimilierungswillig. Die Bodenreform bescherte auch Hunderttausenden Vertriebenen eigenes Land. Zwar verließen

Zehntausende in den darauf folgenden Jahren den Agrarsektor, aber zugleich blieben Zehntausende, die in den 1950er-Jahren eine entscheidende Rolle bei der Kollektivierung der Landwirtschaft spielten. Weil sie in den Dörfern nicht verwurzelt waren und dort jahrzehntelang als Außenseiter und Zuzügler behandelt wurden, benutzten sie oftmals die SED als »Heimathafen«. Viele Kinder von Vertriebenen fanden hier politische Betätigungsfelder und gesellschaftliche Integrationsangebote. Die herrschende Partei bot ihnen politische und soziale Aufstiegschancen, die ihnen ohne die SED verwehrt gewesen wären – so jedenfalls die Wahrnehmung vieler Betroffener.

Je nach Lebensentscheidung ging man über eine oder mehrere Grenzen. Blieb man auch nach dem Mauerbau in der DDR, und feierte man beispielsweise 1992 seinen 75. Geburtstag, dann hatte man 1990 erlebt, wie erneut Grenzverschiebungen das staatliche Gemeinwesen veränderten. Ein einziges Leben – und allein in Deutschland gab es viele Millionen derartige Schicksale im 20. Jahrhundert – erfuhr die Wanderung von Menschen über Grenzen und die Grenzwanderung über Menschen hinweg. Wenn man nun noch bedenkt, dass der 1917 Geborene sechs politische Systeme erlebte (Kaiserreich, Weimarer Republik, NS-Diktatur, Sowjetische Besatzungszone, DDR, vereinigtes Deutschland), wird man kaum behaupten wollen, gesellschaftspolitischer Wandel und damit einhergehende Grenzwanderungen stellten Ausnahmefälle dar.

Staatliche Grenzen, Mauern, Sperranlagen richten sich von jeher gegen Eindringlinge. Das war im sowjetischen Machtbereich anders. Die Befestigungsanlagen, der militärisch abgesicherte Ausbau der Grenzen richteten sich nicht gegen äußere, sondern vorrangig gegen innere Feinde, gegen die, die dem System den Rücken kehren wollten. Bis heute wissen wir nicht, wie viele Menschen zwischen Kamtschatka, der bulgarisch-griechischen und der innerdeutschen Grenze den Tod fanden. Zugespitzt kann man formulieren: Die Mauer war für die Kommunisten ein Überlebensbauwerk. Sie wurde errichtet, um das System zu stabilisieren. Als die Mauer fiel, war nicht nur die DDR dahin, das ganze kommunistische System brach zusammen.

Eine Mauer lag für viele Menschen im Berlin der 1950er-Jahre nicht außerhalb der Vorstellungswelt. Seit der Berlin-Blockade 1948/49, der eigentlichen Geburtsstunde West-Berlins, war für Berliner und Berlinerinnen eigentlich alles denkbar. Nach 1948 waren die innerdeutsche Grenze und die Westsektoren vom Ostsektor immer stärker separiert, seit 1952 war die innerdeutsche Grenze abgeriegelt worden. In Berlin wurden die Infrastruktur, die Telefonleitungen, teilweise sogar die Kanalisation unterbrochen. 1957 wurde die »Republikflucht« zu einem Straftatbestand erklärt, der mit drei Jahren Gefängnis geahndet werden konnte. Der Versuch war bereits strafbar. 1968 und 1979 wurden die Strafen auf bis zu fünf beziehungsweise acht Jahre erhöht. Als am 13. August 1961 der Mauerbau begann, war es dennoch für viele ein Schock. Erst allmählich erwuchs aus dem Drahtzaun und den Straßensperren ein Mauersystem, das immer unüberwindbarer wurde. Für den Historiker liegt die eigentliche Überraschung darin, dass die Mauer *erst* 1961 gebaut wurde.

Zwischen 1949 und Sommer 1961 flüchteten rund drei Millionen Menschen aus der DDR. In Krisenjahren wie 1953 oder 1961 schnellten die Flüchtlingszahlen in die Höhe. Der Bau der Mauer am 13. August 1961 stoppte den Übersiedlerstrom. 1962 bis 1965 konnten aber immerhin noch mehr als 50 000 Menschen flüchten (jeden Tag durchschnittlich 32), mit dem Ausbau des Grenzregimes gingen die Zahlen zurück. In den 1970er-Jahren flüchteten jährlich etwa 4800 Menschen (täglich im Durchschnitt 13), zwischen 1980 und 1985 waren es jährlich noch rund 3000. Der Schießbefehl brachte viele Menschen von ihren Fluchtgedanken ab. Doch die Anzahl der vereitelten Fluchten übertraf die erfolgreichen: 75 000 bis 100 000 Menschen wurden seit 1961 wegen Fluchtversuchen verurteilt, in der Regel zu Gefängnisstrafen zwischen einem und drei Jahren. Unter den etwa 34 000 aus DDR-Haftanstalten ab Herbst 1963 von der Bundesregierung freigekauften politischen Häftlingen befanden sich viele wegen »Republikflucht« Verurteilte.

Viele DDR-Bürger, die ihrem »Vaterland« den Rücken kehren wollten, waren erfinderisch. Hunderte fanden dabei den Tod, etwa wenn sie über die Ostsee nach Dänemark oder die Donau zwischen Rumänien und Jugoslawien schwimmend den Westen erreichen wollten. Andere versuchten schlicht die Mauer oder die innerdeutschen Grenzanlagen zu überwinden, was gefahrvoll war, weil dort nicht nur scharfe Hunde, schwer bewaffnete Soldaten, Tretminen und Selbstschussanlagen sowie »Freiwillige Helfer der Grenztruppen« lauerten, sondern auch weil die Grenzanlagen aus mehreren Mauern und Zäunen bestanden. Wiederum andere bauten sich U-Boote, bastelten Ballons, gruben Tunnel, konstruierten Flugzeuge oder Hubschrauber oder versuchten sich in Westautos herausschmuggeln zu lassen.

Der Westen wirkte wie ein Dauermagnet

Der Westen war im Osten omnipräsent, er wirkte wie ein Dauermagnet. An erster Stelle standen Fernseh- und Radiosender. Die in westlichen Medien vermittelten Bilder haben die Sicht vieler Ostdeutscher auf den Westen geprägt. Sie kompensierten die Informationsleere der DDR-Medien. Die DDR-Gesellschaft war in weiten Teilen eine informelle Nachahmungsgesellschaft. Fast alles, was nach Bundesrepublik roch, so aussah oder so schmeckte, schien erstrebenswert. Im ganzen Land blühten illegale Märkte für westliche Produkte. Dort gab es alles, was das Herz begehrte. Zur inoffiziellen zweiten Währung in der

DDR avancierte die D-Mark. Hatte man Westgeld, war praktisch alles zu haben. In den 1980er-Jahren konnten es sich Handwerker und andere Dienstleistende angesichts der großen Nachfrage erlauben, ihre Arbeit allein gegen Westgeld anzubieten. Viele sprachen insofern von einer Zweiklassengesellschaft: Die eine Klasse verfügte über Westgeld, die andere nicht. Dies beförderte Unzufriedenheit und die Sehnsucht nach dem »richtigen« Westen.

Millionenfache Familien- und Freundesbande bestanden zwischen beiden deutschen Staaten. Seit Ende 1964 durften Rentner einmal jährlich in den Westen reisen, später insgesamt 60 Tage im Jahr. Nach Inkrafttreten des Grundlagenvertrages konnten ab Juni 1973 jährlich einige Tausend jüngere Menschen in »dringenden Familienangelegenheiten« (Geburt, Taufe, Hochzeit, Hochzeitsjubiläen, runde Geburtstage, hohe Geburtstage, schwere Erkrankungen, Todesfälle) reisen. Bis 1985 gab es jährlich im Durchschnitt 1,3 Millionen Rentnerreisen. Die Privatreisen »in dringenden Familienangelegenheiten« stiegen nur langsam an: 1982 verzeichnete die Statistik 110 000, 1983 118 000, 1984 124 000 und 1985 139 000 derartige Reisen.

Unter dem Druck, an die Bundesrepublik Zugeständnisse machen zu müssen, um Wirtschafts- und Finanzhilfen zu erhalten, lockerte die SED-Führung die Genehmigungspraxis ab 1986 deutlich. Die entsprechenden Beschlüsse wurden zwar nicht veröffentlicht, aber sie sprachen sich schnell herum. 1986 konnten 573 000, 1987 1,3 Millionen, 1988 rund 1,6 Millionen und im ersten Halbjahr 1989 829 000 »Reisen in dringenden Familienangelegenheiten« unternommen werden. 1987 bis 1989 lehnten die Behörden wiederum eine weitere Million Reiseanträge ab oder nahmen diese »wegen fehlender Voraussetzungen« erst gar nicht an. Darüber hinaus verdreifachten sich die Rentnerreisen. Im selben Zeitraum reisten jährlich fünf bis acht Millionen Menschen aus der Bundesrepublik und West-Berlin privat in die DDR.

Doch die größere Reisetätigkeit erwies sich – anders als erhofft – nicht als Entlastung für die SED. Statt die Geister zu beruhigen, bewirkte eine Westreise eher das Gegenteil. Nach der Rückkehr hatten viele nur eines im Sinn: so schnell wie möglich wieder rüber. Das von der Bundesregierung maßgeblich initiierte und geförderte private Besuchsprogramm war einer der nachhaltigsten Destabilisierungs- und Delegitimierungsfaktoren für die SED-Diktatur. Hunderttausende Menschen konnten nun selbst Vergleiche anstellen. Hinzu kam, dass die Genehmigungspraxis einmal mehr die rechtlose Stellung des Einzelnen deutlich machte. Jeder Antrag war von der willkürlichen Entscheidung der Genehmigungsstellen abhängig. Noch größerer Frust stellte sich bei der Bevölkerungsmehrheit ein, die gar nicht in den Westen fahren durfte. Praktisch war jeder benachteiligt, der kein Familienmitglied in der Bundesrepublik oder in West-Berlin hatte. Auch wenn Hunderttausende DDR-Bürger in der zweiten Hälfte der 1980er-Jahre reisen durften, Millionen durften es nicht. Die Statistik half den Zukurzgekommenen nicht wirklich.

»Erich, nimm uns mit!«

Am 7. September 1987 legte die West-Berliner *taz* aus Anlass des Staatsbesuches von Erich Honecker in Bonn ihrer Ausgabe ein dem *Neuen Deutschland* nachempfundenes Blatt bei. In großen Lettern stand da: »›Erich, nimm uns mit!‹ Werktätige bereiten dem Staatsratsvorsitzenden einen würdevollen und herzlichen Abschied«. Der Spruch »Erich, nimm uns mit!« brachte auf den Punkt, was Millionen Ostdeutsche begehrten: in den Westen zu reisen. Hunderttausende wollten allerdings nicht nur besuchsweise ausreisen, sondern für immer. Flucht und Ausreise bildeten die zentralen Destabilisierungsfaktoren von Staat und

Gesellschaft im gesamten Zeitraum der DDR-Existenz. Wenn im Westfernsehen ein Spielfilm oder eine Dokumentation zum Thema Flucht aus der DDR ausgestrahlt wurden, waren die Einschaltquoten im Osten besonders hoch. Nachdem das ZDF am 17. Juni 1985 den Spielfilm *Mit dem Wind nach Westen* gezeigt hatte, vermerkte ein Stasi-Bericht aus Pritzwalk: »Dieser Film wurde von breiten Bevölkerungskreisen (...) verfolgt. Von 80 abgeschöpften Bürgern waren 76 über dieses ›Machwerk‹ begeistert. Solche Meinungen, wie ›Der Film war spannend und ich mußte richtig mitfiebern, daß diese Flucht auch gelingt‹; ›Diese Leute und ihr Mut waren zu bewundern‹; ›Da gibt es noch mehr Möglichkeiten und Methoden zum illegalen Verlassen der DDR‹ waren in den Diskussionen keine Seltenheit.«

Bis Ende 1988 gab es in der DDR keine Rechtsgrundlage dafür, einen »Antrag auf ständige Ausreise« in die Bundesrepublik stellen zu können. Lediglich im Fall von »Familienzusammenführung« und anderen »humanitären Gründen« prüften die Behörden den Antrag, sonst galt er als »rechtswidrig«. Bereits einen Ausreiseantrag zu stellen, galt als illegal und konnte mit Gefängnisstrafe geahndet werden. Nachdem Vertreter von 35 Staaten des Ost- und Westblocks, darunter die DDR, am 1. August 1975 die »Schlussakte von Helsinki« unterzeichnet hatten, stiegen die »Anträge auf Entlassung aus der Staatsbürgerschaft der DDR« deutlich an.

Die UdSSR hatte sich seit den 1950er-Jahren bemüht, eine Konferenz der europäischen Staaten einzuberufen, um ein System kollektiver Sicherheit zu schaffen. Taktisch ging es ihr darum, die Nato zu schwächen. Gegen Ende der 1960er-Jahre, als sich der Ost-West-Konflikt entspannte, gingen die Nato-Staaten auf diese Initiative ein, forderten aber zugleich, auf der Konferenz auch die Einhaltung der Menschen- und Bürgerrechte in den einzelnen Staaten zu behandeln. Auf diesen Kompromiss ließ Moskau sich ein. An der Konferenz nahmen außer Albanien alle europäischen Staaten sowie Kanada und die USA teil. Im Mittelpunkt der Diskussionen standen drei Themenbereiche (»Körbe«): Korb I: Fragen zur Sicherheit Europas; Korb II: Zusammenarbeit in den Bereichen Wirtschaft, Wissenschaft, Technik und Umwelt; Korb III: menschliche Kontakte, Kultur- und Informationsaustausch. Insbesondere um Korb I und Korb III gab es kontroverse Diskussionen.

Die Schlussakte sollte in allen Unterzeichnerstaaten vollständig veröffentlicht werden. Insbesondere die Verpflichtungen, die Menschenrechte und Grundfreiheiten zu wahren und zu achten, den grenzüberschreitenden Reiseverkehr nicht zu behindern, der Bevölkerung Informationsmaterialien zur Verfügung zu stellen und hinreichende Arbeitsbedingungen für ausländische Journalisten zu schaffen, dienten fortan oppositionellen und ausreisewilligen Personen in den kommunistischen Staaten als eine willkommene Argumentationshilfe, um ihre Aktivitäten und Ausreiseersuchen mit dem Hinweis auf die KSZE-Akte abzusichern.

Der 1972 einsetzende KSZE-Prozess sowie die Aufnahme der DDR 1973 in die UNO, wobei sie 1974 die internationalen Pakte über bürgerliche und politische sowie soziale, wirtschaftliche und kulturelle Rechte vom 19. Dezember 1966 ratifizierte und die »Allgemeine Erklärung der Menschenrechte« vom 10. Dezember 1948 anerkannte, bewirkten, dass die Menschenrechte vor allem in oppositionellen und kirchlichen Kreisen stärker thematisiert wurden. Zugleich versuchten Ausreisewillige, ihr Verlangen, das Land zu verlassen, mit Hinweisen auf die ratifizierten Verträge und Abkommen zu begründen.

Der Mielke-Befehl 6/77

Da die SED diesem Engagement nicht tatenlos zusehen wollte, verschärfte sie 1979 mit dem 3. Strafrechtsänderungsgesetz das politische Strafrecht. So wurde Paragraf 219 des Strafgesetzbuches (StGB) »Ungesetzliche Verbindungsaufnahme« derart verändert, dass jeder Versuch, internationale (auch bundesdeutsche) Organisationen und Institutionen um Hilfe oder Beistand zu bitten, kriminalisiert werden konnte. Ebenfalls verschärft wurde Paragraf 99 »Landesverräterische Nachrichtenübermittlung«, sodass bereits die Sammlung *nicht* geheimer Nachrichten und Materialien unter Strafe gestellt werden konnte. Neben der drakonischen Verschärfung des politischen Strafrechts wurde im Januar 1976 die Richtlinie des Ministeriums für Staatssicherheit (MfS) Nr. 1/76 in Kraft gesetzt, die konkrete Zersetzungsmaßnahmen in »Operativen Vorgängen« festschrieb, bei denen keine strafrechtlichen Konsequenzen gezogen wurden. Um gegen die zunehmende Zahl der Ausreiseanträge vorzugehen, erließ Staatssicherheitsminister Erich Mielke am 18. März 1977 den Befehl Nr. 6/77 zur »Vorbeugung, Verhinderung und Bekämpfung feindlich-negativer Handlungen im Zusammenhang mit rechtswidrigen Versuchen von Bürgern der DDR, die Übersiedlung nach nichtsozialistischen Staaten und Westberlin zu erreichen, sowie zur Unterbindung dieser rechtswidrigen Versuche«. Ab Herbst 1983 bezeichnete das MfS diese Personengruppe als »Übersiedlungsersuchende«. Von 1977 bis zum Sommer 1989 wurden in der DDR etwa 20 000 Ermittlungsverfahren gegen Ausreiseantragsteller eingeleitet.

Erst auf internationalen Druck hin wurde am 30. November 1988 eine vage Rechtsgrundlage fixiert. Die 1983 erlassene Verordnung zur Regelung der Familienzusammenführung und Eheschließung zwischen Bürgern der DDR und Ausländern brachte der SED-Führung keine Entlastung, da der Personenkreis eng begrenzt blieb. Ab Mitte der 1970er-Jahre stieg die Zahl der Ausreiseanträge kontinuierlich und lag 1977, im Jahr nach der »Ausbürgerung« Wolf Biermanns, mit 8400 am höchsten. 1980 lagen den Behörden 21 500 Ausreiseanträge vor, 1985 waren es 53 000, 1987 mehr als 105 000 und zum Sommeranfang 1989 rund 160 000. Insgesamt gelangten zwischen 1962 und Ende Oktober 1989 mehr als 600 000 DDR-Menschen offiziell oder flüchtend in die Bundesrepublik, fast 200 000 davon allein 1989.

In den 1950er-Jahren waren auch mehrere Hunderttausend Menschen aus der Bundesrepublik in die DDR umgezogen. Sie hatten überwiegend familiäre oder berufliche Gründe, politische spielten nur für eine kleine Minderheit eine Rolle. Zwischen 1961 und 1989 kamen einige Tausend hinzu, auch sie hatten vor allem familiäre Motive. Aber es gab auch einige, die in der DDR das »bessere Deutschland« erblickten. Dazu gehörten für das MfS tätige Westagenten, die auf diese Weise einer Verhaftung zuvorkamen. Spektakulär war 1990 die Enttarnung von RAF-Terroristen, die ab 1980 in der DDR Unterschlupf gefunden, mit dem MfS zusammengearbeitet, eine neue Identität erhalten und ein kleinbürgerlich-spießiges Leben in der DDR geführt hatten.

Im Verhältnis zur Gesamtbevölkerung wurden die meisten Anträge im Bezirk Dresden (165 Anträge pro 10 000 Einwohner) und in Ost-Berlin (122) gestellt. Die Altersstruktur war für die SED-Führung ebenso besorgniserregend wie das Qualifikationsniveau der Antragsteller: 86 Prozent waren jünger als 40 Jahre, 66 Prozent waren Facharbeiter und 14 Prozent Hochschul- und Fachschulabsolventen (1988). Wenn Rentner und Rentnerinnen endgültig ausreisten, hatte die SED-Führung nichts dagegen einzuwenden, belasteten sie doch nicht mehr die stets klammen Kassen und schadeten zugleich dem Bundeshaushalt, so die Logik der SED-Kommunisten.

Buchstäblich »irgendwann«

Einen Ausreiseantrag zu stellen war schon deswegen ein ungewisses Unterfangen, weil es dafür keinen rechtlichen Rahmen gab. Offiziell existierte nicht einmal eine zuständige Stelle. Doch fast alle, die einen »Antrag auf Entlassung aus der DDR-Staatsbürgerschaft« stellen wollten, wussten, sie müssten sich damit an die Abteilung Inneres beim Rat des Kreises (oder des Bezirkes oder des Stadtbezirkes) wenden. Manche Antragsteller richteten ihr schriftliches, formloses Gesuch an die SED-Führung oder ans Ministerium für Staatssicherheit. Niemand bekam eine Eingangsbestätigung, da ein solcher Antrag als »rechtswidriges Ersuchen« eingestuft wurde. Da es keine Verwaltungsentscheidung geben würde, konnte eine Entscheidung auch nicht angefochten werden, ganz abgesehen davon, dass es in der DDR keine Verwaltungsgerichtsbarkeit gab.

Die Abteilungen Inneres waren inoffiziell zuständig. Buchstäblich »irgendwann« luden sie die Antragsteller vor und ließen sich die Beweggründe für das Ausreiseersuchen erläutern. In diesem Gespräch erklärten die Mitarbeiter den Antragstellern meistens, dass ihr Antrag »rechtswidrig« sei. Oft fügten sie hinzu, der Antrag werde nicht angenommen. Das führte dazu, dass viele Antragsteller ihren Antrag mehrfach stellten, was wiederum zu der internen Charakterisierung als »hartnäckig« führte und das Risiko einer strafrechtlichen Verfolgung erhöhte.

Zu den Gesprächen in der Abteilung Inneres kamen Gespräche auf vielen weiteren Ebenen. Die zuständigen Funktionäre von SED, Polizei und/oder MfS weihten die Arbeitsstelle ein, wo es regelmäßig zu Aussprachen kam. Wenn die Antragsteller herausgehobene berufliche Positionen innehatten, verloren sie diese in der Regel sofort. In bestimmten Bereichen, wie zum Beispiel der Volksbildung, wurde der Antragsteller umgehend entlassen. Oftmals durften Antragsteller nicht mehr als ehrenamtliche Sporttrainer oder Vorstandsmitglieder in Vereinen tätig sein. Die Schulen und Ausbildungsstätten der Kinder wurden benachrichtigt; ein Abitur war dann in der Regel nicht mehr möglich; Studienplätze wurden gestrichen, Studierende exmatrikuliert. Auch der Abschnittsbevollmächtige der Volkspolizei wurde informiert. Diese und andere Maßnahmen sollten die Antragsteller dazu bewegen, ihren Antrag zurückzuziehen. Intern hieß das »Maßnahmen zur Rückgewinnung«. Junge Männer wurden oft noch zum Grundwehrdienst bei der Nationalen Volksarmee eingezogen.

SED und MfS, aber auch die Blockparteien und Massenorganisationen versuchten, die Menschen mit Ausreiseabsichten zu kriminalisieren und zu demütigen. Tausende verloren ihren Arbeitsplatz oder wurden auf Stellen abgeschoben, die nicht ihrer Qualifikation entsprachen. Zehntausende kamen wegen gescheiterter Fluchten oder verratener Fluchtabsichten oder auch infolge »renitenter Antragstellung« ins Gefängnis. Für viele Menschen war die Zeit zwischen Ausreiseantrag und Ausreisegenehmigung qualvoll, eine wahrlich abgestandene Zeit. Und wenn endlich die Ausreise gestattet wurde, mussten meistens innerhalb von 24, 48 oder 72 Stunden die letzten Formalitäten geregelt werden: Der Demütigung des bangen Wartens folgte die Demütigung der würdelosen Eile.

Die Entscheidung, wer wann wie ausreisen durfte, trafen Abteilung Inneres, SED, MfS, Volkspolizei und Betrieb gemeinsam. Die Interessen wurden gegeneinander abgewogen, auch die Frage von Sogwirkungen erörtert. Das Geflecht war undurchschaubar, und die überlieferten Akten offenbaren nur selten präzise, wie die konkreten Entscheidungen zustande kamen.

Für die Ausreisewilligen war es nicht nur belastend, für die Durchsetzung ihres Menschenrechts keinerlei verbindliche rechtliche Möglichkeiten zur Verfügung zu haben. Das waren die Menschen in der

DDR gewohnt, sie kannten es nicht anders. Psychisch belastend war der Schwebezustand, weil über einen langen Zeitraum hinweg keinerlei Gewissheit darüber existierte, ob und wann der Antrag erfolgreich sein würde. Hinzu kam, dass viele Antragsteller neue gesellschaftliche Isolationserfahrungen sammeln mussten. Arbeitskollegen, Freunde, Bekannte, Nachbarn, zuweilen sogar Familienangehörige wandten sich ab. Oftmals nicht einmal, weil sie den Antrag verurteilten, sondern aus Angst, künftig selbst Nachteile erdulden zu müssen, wenn sie womöglich als Sympathisanten und damit selbst als potenzielle Ausreisekandidaten galten.

Zugleich gab es vielfache Solidarität. Viele Menschen halfen Ausreiseantragstellern. Legendär sind die Abschiedspartys, wenn der Staat den Antrag bewilligt und – in einem letzten Akt der Willkür – bestimmt hatte, dass die Ausreise innerhalb kürzester Zeit zu erfolgen habe. Der Ost-Berliner »Tränenpalast« am Bahnhof Friedrichstraße bekam diesen Namen nicht nur, weil dort Ostler ihren Westbesuch verabschiedeten, sondern weil dort auch viele Ausreiseantragsteller die DDR verließen und Freunde und Familienmitglieder zurückblieben.

Die Reise selbst traten nicht alle Menschen überglücklich an. Heimat, Freunde, Familie zurücklassen zu müssen, löst bei den wenigsten Glücksgefühle aus. Hinzu kam, dass die Menschen bis zur Bewilligung nicht wussten, was sie von ihrem beweglichen Hab und Gut mitnehmen durften. Viele verkauften und verschenkten vorher alles und lebten monatelang in mehr oder weniger leeren Zimmern. Andere behielten bis zuletzt alles und warteten auf den Bescheid ein, zwei, drei Tage vor der Ausreise, was und wie viel sie mitnehmen durften. Die einen hatten noch alles, durften aber nur wenige Koffer mitnehmen. Die anderen hatten nichts mehr und hätten einen regulären Umzug mit Deutrans, der DDR-Speditionsfirma, vollziehen können. (Wenn das geschah, standen die Umzugsgüter meist längere Zeit beim Zoll, wo genau geprüft wurde, was mitgenommen wurde und ob dies »rechtens« sei.) Es war eine vorletzte Demütigung, die die SED den Menschen, die der DDR den Rücken kehrten, mit auf den Weg gab. Manche kamen nur mit dem an, was sie tragen konnten, andere konnten mit ihrem alten Hab und Gut den Neustart beginnen. Die letzte Demütigung betraf die Ausgereisten, wenn sie Familienangehörige in der DDR besuchen wollten, weil diese schwer erkrankt waren oder weil gar jemand zu beerdigen war. Das wurde in den 1970er- und 1980er-Jahren Ausgereisten fast nie gestattet. So war es für nicht wenige Ausgereiste ein Abschied für immer, obwohl »nur« eine Mauer zwischen ihnen und ihren Familien stand.

Der Letzte macht das Licht aus?

Um sich politische Entlastung angesichts der stetig anwachsenden Ausreisebewegung, die in der gesamten Gesellschaft zum Dauerthema geworden war, zu verschaffen, gestattete die SED-Führung 1984 innerhalb weniger Wochen 20 000 Menschen die Ausreise. Dies erwies sich als Bumerang, denn die Zahl der neuen Anträge schnellte ab sofort in die Höhe. Ließ die SED-Führung 1985 und 1986 jeweils rund 14 500 Personen ausreisen, drosselte sie die Zahl 1987 auf 6300. Im Frühjahr 1988 glaubte sie wiederum, mit der Genehmigung vieler Ausreisen ein befreiendes Ventil in der Hand zu haben. 1988 gestattete sie mehr als 24 000 und 1989 allein bis Ende Juni fast 37 000 Menschen die Übersiedlung in die Bundesrepublik. Es nützte nicht nur nichts, sondern trieb die Dynamik von Weggehen und unbedingtem Veränderungswillen im Jahr 1989 eher noch an.

Die Ausreisebewegung war lange vor dem Massenexodus im Sommer 1989 ein immer wiederkehrender Diskussions- und Gesprächsstoff. Nicht nur dass Verwandte, Freunde und Kollegen »plötzlich« fehlten, die Abkürzung DDR stand im Volksmund bald für »Der Dämliche Rest«. Süffisant wurde angemerkt: »Der Letzte macht das Licht aus!« Ausreiseantragsteller stellten brennende Kerzen in ihre Wohnungsfenster, um auf ihr Begehren aufmerksam zu machen. An Tausenden Autoantennen hingen als Zeichen des Antrages weiße oder schwarze (abgelehnt) Bändchen, wie überhaupt die Autos mit zahlreichen weiteren Symbolen – »D« oder »go west« – für das Ausreisebegehren geschmückt wurden. Ausreisewillige hatten längst begonnen sich zu organisieren. Die ersten Aktionen gab es 1973, 1975 und 1976 in mehreren Orten. 1983/84 mehrten sich die Versuche, öffentlich für die Ausreise zu demonstrieren. Ab 1986 rissen diese Bemühungen nicht mehr ab und zählten bald in allen Regionen zu den wiederkehrenden Ereignissen.

Die Gegenstrategien der SED fielen halbherzig aus. Am 7. März 1985 druckte das *Neue Deutschland* groß aufgemachte Beiträge unter dem Titel »Über 20 000 Ehemalige wollen zurück«. Das SED-Organ veröffentlichte exemplarisch für die »20 000« Rückkehrwilligen Auszüge aus Briefen. Diese 136 Rückkehrwünsche waren authentisch, doch von 20 000 Rückkehrwilligen konnte keine Rede sein. Zwischen Anfang Januar 1984 und Ende 1986 gab es lediglich 719 Rückkehranträge, 473 davon wurden erst nach Erscheinen des *ND*-Artikels gestellt. Bis Ende Februar 1989 erhöhte sich die Gesamtzahl der Rückkehrwilligen auf 1128, wovon nur 112 tatsächlich in die DDR zurückkehrten. 794 dieser Anträge waren dagegen abgelehnt worden, der Rest noch in Bearbeitung. Selbst von den 136 im *Neuen Deutschland* 1985 genannten Anträgen wurden 103 abgelehnt und nur 33 bewilligt. Hinzu kamen Personen, die in die DDR zurückgelassen wurden, nachdem sie Dienst- oder Privatreisen zur Flucht genutzt hatten. Zwischen dem 1. Januar 1984 und dem 31. Mai 1989 kamen auf diese Weise 1349 Menschen zurück, darunter 170 Kinder. Das waren rund zehn Prozent derjenigen, die im selben Zeitraum nach einer Dienst- oder Privatreise nicht in die DDR zurückgekommen waren. »Zuziehende« aus der Bundesrepublik gab es in diesem Zeitraum 1587, darunter nochmals 412 ehemalige DDR-Bürger, die schon mehrere Jahre in der Bundesrepublik gelebt hatten. Zugleich lehnten Innenministerium und MfS 400 Anträge von Bundesbürgern auf Übersiedlung ab.

In der DDR-Propaganda malten Journalisten regelmäßig Bilder, die das Leben von einstigen DDR-Menschen in der Bundesrepublik als unerfüllt, enttäuschend und düster zeigten. Gewiss, es gab Menschen, die in der Bundesrepublik scheiterten, die nicht so leben konnten, wie sie es sich erhofft hatten. Nicht nur »Siegertypen und Macher« »machten rüber«, sondern auch Menschen, die es überall und unter allen Umständen schwer hatten. Vielleicht war für solche Menschen der größte Vorzug an der DDR, solange sie dort lebten die Hoffnung zu haben, woanders würde alles besser werden. Tausende merkten erst nach ihrer Flucht oder Übersiedlung, dass sie das größte Problem nicht loswurden: sich selbst. Denn nicht jeder ging wegen der Diktatur weg, nicht jeder demonstrierte gegen sie im Herbst 1989, und noch weniger wählten am 18. März 1990 deswegen demokratische Parteien.

Manche suchten das Paradies auf Erden und waren später bitter enttäuscht, es nicht gefunden zu haben. Vielleicht ist die arkadische Sehnsucht, dass es nur Gleiche unter Gleichen gibt, in weiten Teilen des Ostens eine besonders langfristige Folge der Diktatur. Flüchtende Menschen, ob aus der DDR oder heute nach Deutschland, haben etwas gemeinsam, was vielen nicht bewusst ist: Sie verursachen Bewegungen, die jede Gesellschaft dringend nötig hat.

Beate Tyron

»Der Uwe wollte schon immer weg«

Fünf Jahre dauerte es, bis Uwe-Carsten Günnel 1984 endlich die DDR verlassen konnte.

Schon als Jugendlicher hatte er sich dem System verweigert, die FDJ abgelehnt und später auch die Musterung für die Armee. Der Thüringer Uwe-Carsten Günnel wollte unbedingt raus aus der DDR. Weil er auf seinen Ausreiseantrag, den er viele Male wiederholte, keine Antwort erhielt, schrieb er ans ZDF. Die Folge: dreieinhalb Jahre Haft.

Er sieht müde aus. Und traurig. Als ich im Dezember 2018 anrief und fragte, ob er mit mir noch einmal über seine Geschichte redet, sagte er gleich zu. Klar, Ehrensache. Jetzt sitzen wir in seiner Küche im thüringischen Kölleda, und ich frage mich, was mich an ihrem Anblick irritiert. Zweimal habe ich hier schon gesessen, auf derselben Eckbank, zweimal die Geschichte von Uwe-Carsten Günnel fürs Fernsehen erzählt. Es ist schon ein paar Jahre her: der rebellische junge Mann, der unbeugsame Häftling, die Liebe seines Lebens, die selbst Gefängnismauern übersteht. Darum ging es damals.

»Sibylle ist weg.« Es fühlt sich an, als habe er den Boden verloren.

Als Uwe-Carsten Günnel – kurz UCG – im Sommer 1979 den Ausreiseantrag in seine Schreibmaschine tippte, war er 24 Jahre alt, ein kämpferischer, wütender junger Mann. Er hat keine besonderen Erinnerungen an diesen Tag. Es gab keinen konkreten Anlass, sagt er. »Es war einfach genug. Ich wusste: Du kannst hier nicht leben mit dieser Einstellung, das geht nicht.« Gegängelt fühlte sich UCG schon seit Jahren. Weil er lange Haare hatte, Schlaghosen trug und den Eintritt in die FDJ verweigerte. Nach der 8. Klasse verließ er die Schule. UCG wurde Zerspanungsfacharbeiter, staatlich gelenkt. In Abendschulkursen holte er die 10. Klasse nach, während seiner Lehrzeit. Er träumte damals noch davon, einmal zu studieren. Gearbeitet hat UCG allerdings immer in der Bäckerei seiner Mutter, er kannte alles von Kindesbeinen an. Den Günnels ging es damals materiell gut in Kölleda. Uwe-Carsten, der einzige Sohn neben drei Töchtern, verfügte früh über ein Motorrad, über Autos, über Geld. »Ich wollte aber frei sein«, sagt er. Es hört sich so selbstverständlich und einfach an. In der Enge der real existierenden DDR allerdings ist das ein unverfrorener, ein fast schon krimineller Wunsch.

UCG spielte Klampfe, traf sich mit Kumpels zum Musikmachen. Was Jugendliche in einer Kleinstadt eben so machen. Mit einem verschmitzten Lächeln erzählt er von Aktionen, wie sie nachts durch Kölleda zogen, 1.-Mai-Plakate runterrissen oder mit nasser Kreide Sprüche auf Schaufenster schrieben. Erst am Morgen war dann lesbar, dass die DDR ein Unrechtsstaat sei, gelenkt von Moskau oder ein Paradies für Funktionäre. »Ich war einfach wütend.« Und die Wut wurde immer größer. Auch weil die DDR ihnen vorschrieb, dass sie nur 40 Prozent Westmusik bei ihren Auftritten spielen durften. »DDR-Musik habe ich gehasst. Das war wieder so ein Punkt, wo du merkst, du bist nicht frei.«

»Der Uwe wollte schon immer weg«, erinnert sich seine Zwillingsschwester Manuela. »Und er hat sich nichts gefallen lassen.« Manuela hatte Ende der 1970er-Jahre schon eine eigene Familie, lebte im benachbarten Sömmerda. Uwe kam häufig vorbei. »Der hatte immer Hunger«, lacht sie. Klar, über seinen DDR-Frust sprachen sie auch. Das sei irgendwie normal gewesen. Dass UCG die Musterung für den

Uwe-Carsten Günnel, 1980 (Foto: privat)

Armeedienst verweigerte, passte dann schon fast ins Bild, das sich die Behörden längst von ihm gemacht hatten – und er sich von ihnen. Er wurde zwangsvorgeführt, später aber ausgemustert. Als Folge, erinnert er sich, musste er seinen Personalausweis gegen den sogenannten PM 12 tauschen, einen Behelfsausweis, mit dem UCG weder ins sozialistische Ausland noch in grenznahe Gebiete oder nach Berlin reisen durfte. »Da bist du gezinkt.« So sei er mal bei einer Verkehrskontrolle in Sömmerda angehalten worden. Als er den PM 12 vorzeigte, kontrollierten die Polizisten gleich genauer, konnten aber offenbar nichts finden. »Meine Autos waren immer tipptopp.« Trotzdem sollte er Strafe zahlen. Wofür? Weil er im Halteverbot gestanden habe. Allerdings hatte ihn die Polizei ja genau dort gestoppt. »Die haben nur gegrinst und gesagt: ›Sie wissen doch, Sie können erzählen, was Sie wollen.‹« Seine nachträgliche Beschwerde brachte natürlich nichts. Er musste zahlen für Stehen im Halteverbot.

Schon als Jugendlicher wurde UCG mehrfach kurzzeitig festgenommen. »Unter allen möglichen Vorwänden – Schlägerei, Betrug, oft aber auch als sogenannte polizeiliche Kontrollmaßnahme, sogar als Honecker mal in Dresden war.« Solche Dinge waren es, die ihn immer wieder rasend machten und die letztlich mit dazu führten, dass er 1979 einen Ausreiseantrag stellte.

Der blieb zunächst unbeantwortet. Nicht mal eine Eingangsbestätigung hätten sie ihm geschickt. Irgendwann rannte er zum Rat des Kreises, Abteilung Innere Angelegenheiten. Die Sachbearbeiter ließen ihn auflaufen, fragten immer nur, warum er denn wegwolle, es lägen doch gar keine wirklich triftigen Gründe vor. So ging es wohl viele Male. Vielleicht 20 Mal, sagt er kopfschüttelnd, habe er sich beschwert, immer wieder, und auf Bearbeitung seines Antrags gedrängt, schriftlich, mündlich. Er wollte die Behörden nerven. »Vielleicht lassen sie mich dann ja raus«, so sein Kalkül.

Im Dezember 1979 sah er eher zufällig im Westfernsehen das *ZDF-Magazin* mit den »Hilferufen von drüben«. Er beschloss, Moderator Gerhard Löwenthal zu schreiben.

UCG klatscht sich mit der flachen Hand an die Stirn, flüstert: »Ich war so naiv. Ich hatte mich bis dahin doch noch nie wirklich mit der Stasi befasst. Wenn ich gewusst hätte, dass das automatisch aussortiert wird, hätte ich das doch nicht gemacht.« Weil im Fernsehen eine Postfachadresse angegeben war, glaubte er, keiner werde erfahren, wohin der Brief gehen sollte, eine unverdächtige Postsendung also. UCG schrieb dem ZDF-Moderator, dass sein Ausreiseantrag bisher nicht genehmigt worden sei, dass er die Schnauze hier voll habe, was ihm alles nicht passte in und an der DDR. Zwei Seiten waren es. Er hängte eine Abschrift seines Ausreiseantrages an und hoffte, dass ihm die Fernsehleute im Westen helfen würden. Fatal. Denn dieser Brief sollte UCG zum Verhängnis werden.

Im August 1980 – ein halbes Jahr nach seinem Westbrief – stürmte die Stasi die Bäckerei. UCG wurde verhaftet und kam ins Stasi-Untersuchungsgefängnis nach Erfurt. Tagelang sei er verhört worden.

Seine Familie erfuhr erst einmal nichts weiter. »Irgendwann sind wir einfach nach Erfurt gefahren zur Stasi«, erinnert sich seine Zwillingsschwester Manuela. »Ich hab einen Rabatz gemacht. Ich hatte so eine Wut, einen Hass. Die Mutter hat immer geweint und gesagt, ich solle ruhig sein, sonst passiert noch was. Aber ich bin wie Uwe, ich lass mir nichts gefallen.« Trotzdem mussten Mutter und Schwester unverrichteter Dinge wieder nach Hause fahren. Zumindest wussten sie jetzt, dass Uwe in Untersuchungshaft saß. Warum, sagte man ihnen nicht.

Auch ihm selbst sagte niemand, warum er verhaftet worden war. In den Monaten zuvor war UCG von der Stasi offenbar umfassend überwacht worden. »Die haben sogar Weiber auf mich angesetzt, es gibt entsprechende Fotos.« Das erfuhr UCG allerdings erst viele Jahre später – aus seiner Stasi-Akte. Sie fragten nach Sprengstoff, nach Bomben. Er hatte keine Ahnung. Er dachte, es gehe vielleicht um seine Schaufensteraktion. Das aber konnte die Stasi offenbar nie aufklären. Irgendwann kriegte er mit: Der Brief an das *ZDF-Magazin* war es. »Ein Brief. Ich bin bald wahnsinnig geworden. Deshalb haben sie mich verurteilt. Ich hab doch nur ein bisschen gemeckert, dass ich schon so lange einen Ausreiseantrag gestellt habe und ob die mir nicht ein bisschen helfen könnten. Das war mein Staatsverbrechen.«

UCG wurde nach seiner Verurteilung – drei Jahre und sechs Monate Zuchthaus nach Paragraf 100 des Strafgesetzbuches der DDR: landesverräterische Agententätigkeit – nach Cottbus verlegt. Hier musste er seine Haftstrafe absitzen. Kurzzeitig schöpfte er Mut: Vielleicht geht es doch schnell vorbei wie ein böser Traum. »Cottbus galt unter Gefangenen als Sprungbrett in den Westen«, erinnert er sich. »Ach, dachte ich, vielleicht musst du nur ein, zwei Monate absitzen ... Das war manchmal so. Aber ich nicht. Mich haben sie alles absitzen lassen. Jeden Tag.«

UCG hat seine Geschichte schon oft erzählt. Langweilt, belastet oder nervt ihn das nicht? Nein. »Ich sag das ganz ehrlich. Für mich ist das eine Genugtuung – auch jetzt. So war das auch vor dem Landgericht Cottbus in den 1990er-Jahren. Ich habe es ja mit geschafft, zwei Schließer zu verurteilen. Die haben mich vor Gericht erzählen lassen, zweieinhalb Stunden lang. Ich dachte, ich gehe denen auf den Kranz. Aber das war nicht so. Da konnte ich mich richtig auslassen. Die Totschläger und so, das haben sie mir alles vorgelegt ... Das war richtig herrlich für mich. Die meisten wollen damit ja nichts mehr zu tun haben. Aber ich brauche das, so eine Art Abrechnung. Die Geschichte hat mir recht gegeben.« Im Mai 1997 verurteilte das Landgericht Cottbus den ehemaligen Gefängniswärter Hubert Sch. – er wurde von den Häftlingen »Roter Terror« genannt – zu zwei Jahren und acht Monaten Gefängnis. Im Juni 1999 wurde auch Horst J., wegen seines dunklen Teints von den Gefangenen »Arafat« genannt, wegen vorsätzlicher Körperverletzung in 23 Fällen zu zwei Jahren und drei Monaten Freiheitsstrafe verurteilt.

Auch im Gefängnis blieb UCG aufmüpfig. »Ich habe die Arbeit verweigert, ich wollte ja das DDR-System nicht noch stärken, ich war radikal.« Er erzählt davon, wie er auch andere Häftlinge zum Streik zu bewegen versuchte, wie er gegen Impfungen, die der Gefängnisarzt anordnete, mobilmachte. Immer wieder, viele, viele Male sei er deswegen in eine spezielle Einzelhaftzelle gesteckt worden, den sogenannten Tigerkäfig. UCG beschreibt ihn so: Gitterstäbe gut einen Meter von der Wand entfernt, innen zirka zwei mal drei Meter Platz. Die sei er pausenlos abgegangen – hin und her, hin und her, immer diagonal, was einen kleinen Schritt mehr bedeutete. Fenster konnte er nicht öffnen, auf Toilette nur morgens und abends. »Das war der Tiefpunkt meines Lebens.« Hungerstreik. Raus. Zwangsernährung im Haftkrankenhaus. Wieder rein. Sein Hass auf die DDR und ihre Justizvollstrecker wurde dadurch nicht gebrochen, sondern nur größer.

Ab und an durfte er Zeitung lesen. Das *Neue Deutschland,* das Parteiorgan – was sonst. Er habe ganz kleine Meldungen gefunden, aus Polen, von Unruhen in den Werften. »Das hat mir schweinemäßig Kraft gegeben: Im Osten entwickelt sich was.« Nur zweimal, erinnert er sich, ließen sie Besuch nach Cottbus kommen, seine Mutter. Sie weinte. Er weinte. Wirklich reden konnten sie nicht. Auch von den vielen Postkarten und Briefen seiner Freundin Sibylle erfuhr UCG im Gefängnis nichts. Sie wurden ihm erst bei seiner Entlassung übergeben.

Sibylle hatte er im Sommer 1980 beim Tanz kennengelernt, kurz vor seiner Verhaftung. Sie merkten schnell: Sie waren nicht nur verliebt, sondern wollten beide raus aus der DDR. Sibylle kam aus Eisleben, sie war 15 Jahre alt, und ihr imponierte dieser rebellische Wuschelkopf. Die gesamte Haftzeit schrieb sie ihm und besuchte regelmäßig seine Mutter in Kölleda. Sie hielt zu ihm, auch wenn ihr immer wieder Leute sagten: Lass den doch, der hat dich längst vergessen. Oder warum antwortet der nicht auf deine Post?

Im März 1984 wurde Uwe-Carsten Günnel aus der Haft entlassen – nicht in den Westen, wie er gehofft hatte, sondern in die DDR. Zunächst wurde er nach Weimar überführt. Dort wartete seine Familie vor dem Gefängnistor – und wurde wieder heimgeschickt. Die Stasi brachte ihn direkt zur Kreisdienststelle in Sömmerda, wo sie ihm sagten, sein Ausreiseantrag werde nun wohlwollend geprüft. »Jeder Antragsteller weiß, wenn das Wort ›wohlwollend‹ auftaucht, dann geht es in den Westen.« Deshalb hielt UCG auch alle Auflagen ein, die sie ihm erteilten. Zum ersten Mal in seinem Leben. Das einzige Mal. Dreimal am Tag bei der Polizeidienststelle Kölleda melden, das Haus ansonsten nicht verlassen, keine Kontakte.

Eine Woche später stand die Stasi wieder vor der heimischen Bäckerei. »In zwei Stunden müsse ich das Hoheitsgebiet der DDR verlassen, 14.29 Uhr fährt der Interzonenzug in Weimar ab.« Wieder stieg er ins Auto der »Genossen«, fuhr zur Sparkasse, wo er sich eine Schuldenfreiheitserklärung ausstellen lassen musste, fuhr zum Rat des Kreises, wo er seine Ausbürgerungsurkunde erhielt. »Da wurde wenig gesprochen. Meine Mutter hat geheult wie verrückt, meine Schwester kam noch zu uns. Die sind dann auch nach Weimar gefahren, um mich zum Zug zu bringen. Ich war ganz traurig. Aber auch ganz freudig. So einen schönen Zug hatte ich noch nie gesehen. Hab mich gegenüber einer Frau gesetzt, die war vielleicht so 80 Jahre, sah ganz anders als DDR aus. Ich hab die gleich angequatscht. Sagt sie: ›Junger Mann, das werden Sie nicht bereuen, dass Sie in den Westen gehen.‹ Ich sage: ›Ach, die schönen Polster.‹ Sagt sie: ›Wenn wir über die Grenze fahren, dann ist auch das Knallen der Schienen weg.‹ Es war auch genau so.«

Am 27. März 1984 verließ Uwe-Carsten Günnel die DDR mit einer Reisetasche. Schon im Zug wusste er: Im Westen wird er weiter gegen diesen Staat kämpfen. Und so kam es. Mahnwachen, Flugblätter, Interviews. Mehrfach demonstrierte er an der Grenze – unter anderem am Berliner Grenzübergang Checkpoint Charlie – für die Freilassung von DDR-Gefangenen, auch für die Freilassung von Sibylle. Die war 1984, kurze Zeit nach seiner Ausreise in den Westen, zu dreieinhalb Jahren im Frauengefängnis Hoheneck verurteilt worden. Ihr Vergehen: Auch sie hatte einen Ausreiseantrag gestellt und schrieb UCG in den Westen – »Ungesetzliche Verbindungsaufnahme« laut Paragraf 219 des Strafgesetzbuches der DDR, also unerlaubter Briefkontakt zum Feind. Uwe-Carsten Günnels Stasi-Akte wurde in diesen Jahren erst richtig prall. Seine Familie im Osten erfuhr erst jetzt, als er weg war, immer wieder Schikanen. Seine Schwester Manuela erzählt, mehrfach habe man sie gehindert, nach Bulgarien oder in die ČSSR zu reisen. Und sie erinnert sich an Observationen. »Die Stasi fuhr ja immer einen grünen Lada.« Angst wollte man ihr wohl machen. Und selbst Sibylle sei während der Haft von der Stasi mehrfach angehalten worden, dafür zu sorgen, dass UCG aufhöre zu demonstrieren, drüben im Westen. Im Sommer 1987 wurde sie schließlich direkt aus dem Gefängnis in die Bundesrepublik abgeschoben. Endlich waren die beiden zusammen. Sieben Jahre hatten DDR-Gefängnisse sie getrennt. Ihre Liebe war noch da.

Die Küche, denke ich, hat verlernt, eine Küche zu sein. Das ist es. Das irritiert mich so. Als wäre das Leben aus ihr verschwunden. UCG lächelt müde. »Sie ist auf einmal durchgedreht. Sie wollte plötzlich dies und das, bestellen hier, bestellen da. Sie wolle auch mal leben, hat sie gesagt. Das ist doch alles ein Quatsch ...« UCG schüttelt den Kopf. Dabei habe sie hier doch alles gehabt: den Autohandel, den sie ab 1990, nach ihrer Rückkehr, 20 Jahre lang hier betrieben, die Häuser, die er gekauft und ausgebaut hat und nun vermietet – all das habe der Familie doch ein sorgenfreies Leben ermöglicht. UCG ist 63 Jahre alt. Richtig arbeiten muss er schon lange nicht mehr. Er sei bescheiden. Und es reicht. Keine protzige Einrichtung. Ein unscheinbares Haus an einer unwirtlichen Straßenkreuzung. Der einzige sichtbare Luxus: Er fährt Mercedes E-Klasse Coupé. Sibylle, sagt er, sei damit wohl nicht mehr zufrieden gewesen. Seit zwei Jahren sind sie geschieden. Der gemeinsame Sohn, ein stiller, eher menschenscheuer Bursche Anfang 20, wohnt bei ihm.

Nein, er sieht sie eigentlich nicht mehr. Die Stasi-Haft in der DDR hat ihn nicht gebrochen, er hat immer gekämpft. Nun ist Sibylle weg, und es rührt mich, ihn so an seinem Küchentisch zu sehen.

Uwe-Carsten Günnel lebt seit 1990 wieder in Kölleda. Er ist an den Ort zurückgekehrt, aus dem er eigentlich immer wegwollte. Er sagt, es sei eben seine Heimat, hier lebt seine Mutter, eine seiner Schwestern. Und jetzt fühle er sich hier ja frei. Dass er auf der Straße auch Leuten begegnet, die ihn einst bespitzelten, belastet ihn offenbar nicht. Sie wechseln meistens die Straßenseite oder gucken nach unten, sagt er. Er hatte nie das Bedürfnis, sie zur Rede zu stellen.

Gerald Praschl

»Im Knast wussten sie mehr über Ausreiseanträge als draußen«

Mit 20 wurde Yorck Mäcke 1980 bei einem Fluchtversuch erwischt. Im Gefängnis hörte er zum ersten Mal, dass man einen Ausreiseantrag stellen kann.

Im Gefängnis in Cottbus saßen Anfang der 1980er-Jahre Hunderte Häftlinge wegen versuchter Republikflucht. Hier erfuhr Yorck Mäcke, wie man aus der DDR rauskommt, ohne sein Leben zu riskieren.

Eigentlich war die Sache von Anfang an zum Scheitern verurteilt. »Wahrscheinlich hat uns jemand gesehen, als wir uns in dem Lkw versteckten. Wir waren auch ziemlich naiv. Der Rastplatz lag schon auf dem Weg zur Grenze, zwischen der bulgarischen Hauptstadt Sofia und dem bulgarisch-jugoslawischen Grenzübergang Kalotina. Natürlich hatten die dort ihre Spitzel«, erinnert sich der heute 59-jährige Yorck Mäcke.

Die beiden jugoslawischen Fahrer Josip und Iwan, unterwegs in einem Lkw mit österreichischem Kennzeichen, waren hilfsbereit und eventuell auch abenteuerlustig, wahrscheinlich wissend, dass man damit Probleme bekommen könnte, aber sicher nicht gut darüber informiert, welch schwerwiegendes Risiko sie eingehen. »Ihr seid doch Deutsche, wir nehmen euch gerne mit«, boten sie dem 20-jährigen Yorck und seinem Gefährten Willy in ihrem wienerisch gefärbten Gastarbeiter-Deutsch von sich aus an, einfach so, während sie einen Kaffee tranken. Aus Gastfreundschaft und weil sie die jungen Deutschen sympathisch fanden. Jugoslawische Staatsbürger konnten in den 1980er-Jahren völlig frei zwischen Ost und West reisen, sie kannten keine Mauer, keinen Eisernen Vorhang.

Mühsam erklärten die jungen DDR-Bürger den Jugoslawen, dass das bei ihnen anders sei. Dass sie eben nicht einfach so nach »drüben« dürften. Und dass sie deswegen ein Versteck bräuchten in dem 40-Tonner. So ganz verstanden das Josip und Iwan auch nach einer halben Stunde Gespräch nicht. Doch sie boten an, dass sich die beiden jungen Ostdeutschen im vermeintlichen Schutz der Nacht in einer Staubox unter dem Laderaum verstecken könnten. Die beiden Jugoslawen rechneten nicht mit Kontrollen. Schon oft waren sie auf dem Rückweg von Bulgarien mit dem leeren, unverplombten Truck zurück nach Wien gefahren, ohne dass je ein bulgarischer Grenzer einen Blick in den Laderaum geworfen hätte.

Doch diesmal war es anders. Mäcke: »Die haben uns an der Grenze schon erwartet, wussten Bescheid. Wir hörten in unserem Versteck die Wortgefechte. Dann stieß der Lkw zurück, wendete. Und fuhr in eine Halle, die taghell erleuchtet war. Dort entdeckten sie uns schnell und zerrten uns aus unserem Versteck. Zuerst Willy, den die Grenzer gleich brutal zusammenschlugen. Als sie wenig später auch mich entdeckten, hatten sie sich schon abreagiert, ich kam ohne Schläge davon. Sie verhörten uns, beschimpften uns als Faschisten und Banditen. Der Vernehmer kaute Kürbiskerne und bespuckte uns damit. Am Ende sperrten sie uns in ein fensterloses Kellerloch. Und brachten uns am nächsten Tag nach Sofia.«

Das war in der Nacht vom 2. auf den 3. August 1980. Das Ende einer Flucht, die rund zwei Wochen vorher begonnen hatte. Was aus den zwei Lkw-Fahrern geworden ist, die ihre Hilfsbereitschaft und ihren Mut, dem System ein Schnippchen zu schlagen, sicherlich hinterher bitter bereuten, weiß Yorck Mäcke bis heute nicht.

Am 19. Juli hatte er sich mit dem Zug von seiner Heimatstadt Leipzig aus auf den Weg ins bulgarische Varna gemacht, die Fahrt dauerte zweieinhalb Tage. Mäcke: »Ich versuchte es in Bulgarien, weil es am weitesten von der DDR weg war. Ich hoffte, dass es dort am einfachsten sei, in den Westen zu fliehen. Als Hobbykletterer rechnete ich mir im Grenzgebirge zu Griechenland auch gute Chancen aus. Auch wenn ich niemanden kannte, der es dort schon einmal probiert hatte.«

Dass er nach drüben wollte, war Yorck Mäcke schon in frühester Jugend klar: »Meine Eltern standen der DDR sehr ablehnend gegenüber, mein Vater verglich sie oft mit dem Nazi-Reich. Sie selbst waren nur deshalb geblieben, weil sie in Leipzig ihre Existenz hatten, meine Mutter betrieb einen kleinen Blumenladen in Leipzig-Stötteritz, mein Vater arbeitete seit seiner Jugend in einem Pharmaunternehmen als Apotheker. Nach dem Krieg hatten sie, wie sicher viele Menschen in der Sowjetischen Besatzungszone, gehofft, dass der Spuk mit dem Sozialismus schnell vorübergehen würde, und waren erst einmal geblieben. Mein weit älterer Bruder Hubert war als Jugendlicher noch kurz vor dem Mauerbau in den Westen geflohen, lebte in Frankfurt am Main. Als ich 1960 geboren wurde, waren meine Eltern schon um die 40 und wollten vielleicht auch deswegen ihre Existenz durch einen Neuanfang im Westen nicht riskieren. In meine Flucht waren sie eingeweiht. Meine Mutter brachte mich zu Hause noch weinend zur Straßenbahn.«

In Leipzig hatte Yorck Mäcke nach seiner Schulausbildung eine Lehre als Zimmermann gemacht, beim VEB Bau- und Montagekombinat Süd in Leipzig. Nach der Lehre, ab 1978, arbeitete er dort weiter. Für seinen Fluchtversuch im Sommer 1980 nahm er sich Urlaub.

In Bulgarien angekommen, trampte er als Anhalter durchs ganze Land. Nach Achtopol kurz vor der bulgarisch-türkischen Grenze. Dann ins Pirin-Gebirge an der Grenze zu Griechenland, in den Grenzort Melnik. Unterwegs traf er andere junge Fluchtwillige aus der DDR und tat sich mit ihnen zusammen. Tagelang erkundeten sie wandernd und trampend die bulgarisch-griechische Grenze, ohne aufzufallen. Zweimal liefen sie zwar Militärposten in die Arme, doch sie wurden nicht etwa verhaftet, sondern nur darauf hingewiesen, dass sie sich im Grenzgebiet befänden, und zurückverwiesen. Einige seiner deutschen Gefährten, die er allesamt erst in Bulgarien kennengelernt hatte, brachen ihren Fluchtversuch daraufhin ab und kehrten in die DDR zurück. Yorck Mäcke entschied sich anders, wollte es noch einmal versuchen, trampte mit dem Reisegefährten Willy von Sofia aus in Richtung jugoslawische Grenze. An einer Raststätte kurz vor dem Grenzkontrollpunkt lernten sie die beiden jugoslawischen Lkw-Fahrer kennen, und das Schicksal nahm seinen Lauf ...

Nach vier Monaten Untersuchungshaft und seiner Verurteilung zu 18 Monaten Gefängnis wegen Republikflucht landete Yorck Mäcke im Herbst 1980 zur Verbüßung seiner Strafe in Cottbus. Die dortige »Strafvollzugseinrichtung« war ein sehr besonderes DDR-Gefängnis. Nur wenige Häftlinge waren gewöhnliche Kriminelle. Mehr als die Hälfte der dort 1980 rund 700 einsitzenden Häftlinge waren gefasste »Republikflüchtige« wie Mäcke, daneben weitere politische Häftlinge, die wegen »Ungesetzlicher Verbindungsaufnahme« zu westlichen Menschenrechtsorganisationen, »Staatsfeindlicher Hetze« oder »Öffentlicher Herabwürdigung staatlicher Organe« verurteilt worden waren, einige der sehr dehnbaren Paragrafen des DDR-Strafgesetzbuches, die die DDR-Staatssicherheit nutzte, um kritische Geister hinter Gitter zu bringen – und noch weit mehr, um die weit größere Zahl kritischer Geister »draußen« einzuschüchtern und mundtot zu machen, insbesondere Ausreiseantragsteller.

Die rund 200 auf SED-Linie getrimmten Strafvollzugsbediensteten des DDR-Innenministeriums in Cottbus standen einem relativ geschlossenen Block von Gleichgesinnten gegenüber, deren überwiegendes Ziel nicht eine schnelle Haftentlassung und eine demütige Wiedereingliederung in die Gesellschaft der DDR waren, sondern die Ausreise in den Westen. Die Strafgefangenen waren in Gemeinschaftszellen untergebracht und mussten täglich Haftarbeit leisten, das Gefängnis glich einer Fabrik. Die Häftlinge stellten unter anderem Metallteile für den VEB Pentacon und Kunststoffteile aus Sprelacart her. Der gelernte Zimmermann wurde der gefängniseigenen Schreinerei als Hausarbeiter zugeteilt, in der noch ein vergleichsweise humanes Regime herrschte, der dortige Werkstattleiter hatte bei den Gefangenen den Kosenamen »Erdbeere«. Berüchtigt und gefürchtet waren hingegen einige andere Wärter. »Roter Terror«, Strafvollzugsobermeister Hubert Sch., der im Zugangstrakt von Cottbus der Erste war, den neue Häftlinge zu Gesicht bekamen, und der dafür bekannt war, dass er schnell zuschlug, Häftlinge erniedrigte und demütigte, genau wie Obermeister Horst J. alias »Arafat«. Jedem Gefangenen war ein »Erzieher« zugeteilt, dessen Aufgabe es eigentlich war, seine Schützlinge in regelmäßigen Gesprächen auf den Weg der Reue und Wiedereingliederung zu führen. Bei den meisten Häftlingen standen die Erzieher auf verlorenem Posten.

Auch bei Yorck Mäcke. Über ihn notierte ein »Erzieher« Anfang 1981: »Der Strafgefangene Mäcke besitzt eine negative Grundeinstellung, die gegen die sozialistische Gesellschaftsordnung in der DDR gerichtet ist, woraus auch seine strafbare Handlung resultiert. In geführten Gesprächen und unter seinen Mitgefangenen bringt er seine negative Meinung ständig zum Ausdruck. Sein Ziel ist es, unbedingt in die BRD zu gelangen, womit er sich schon lange beschäftigt (...) Er ist nicht bereit, positive Schlußfolgerungen aus seiner Straftat zu ziehen und ist zur Bewährung und Wiedergutmachung nicht bereit. Jegliche Maßnahmen der Wiedereingliederung lehnt er ab und bringt zum Ausdruck, daß eine erneute Straffälligkeit zur Durchsetzung seines Zieles nicht ausgeschlossen ist.«

Doch wie er es genau anstellen könnte, doch noch in den Westen zu gelangen, erfuhr Yorck Mäcke erst in der Haft. Bevor er im Herbst 1980 ins Gefängnis nach Cottbus kam, war ihm unbekannt, dass es so etwas wie Ausreiseanträge überhaupt gab. »Ich wusste bis dahin nur, dass ich in den Westen wollte. Ich wollte nicht in diesem Land leben, es war mir zutiefst zuwider. Das fing schon bei dem herablassenden Umgangston in den Behörden an, aber auch der Umgang der Menschen untereinander. Durch unsere Westverwandtschaft hatten wir öfter Besuch von drüben, sie erschienen mir viel offener und freier. So wollte ich auch leben. Mir war klar, dass es lebensgefährlich werden würde, es an der Grenze zu versuchen. Dass, wenn sie mich dabei erwischen, ich in den Knast gehe würde und in der DDR für ewig gebrandmarkt wäre. Und dass ich, wenn ich wieder freikäme, es deswegen erneut probieren müsste«, sagt er.

Obwohl er nicht aus der Provinz, sondern aus Leipzig, der Messestadt und später der Stadt der Montagsdemonstrationen, kam, war ihm bislang nicht zu Ohren gekommen, dass solche offenen schriftlichen Begehren an die DDR-Staatsmacht erfolgreich sein könnten. Seine Mithäftlinge in Cottbus erzählten ihm außerdem, dass die Bundesrepublik politische Gefangene aus DDR-Haft freikaufe. Auch das war ihm zuvor nicht bekannt. Und auch nicht, dass genau jenes Gefängnis, in dem er saß, Cottbus, der zentrale Umschlagsort für diesen Freikauf war, sozusagen ein Sprungbrett in den Westen. Er erfuhr, dass fast jeder Häftling, der plötzlich morgens aufgerufen wurde, um »auf Transport« zu gehen, von Cottbus aus in die Stasi-Untersuchungshaftanstalt nach Karl-Marx-Stadt gebracht werde, von der aus ihn wenige Tage später ein westdeutscher Bus über die Autobahn zum Grenzübergang Wartha/Herleshausen und in den Westen bringe, ins Aufnahmelager Gießen in Hessen. Mäcke: »Ich wusste von alledem vorher nichts. Die anderen Häftlinge rieten mir, ich solle als Erstes einen Ausreiseantrag stellen. Oder besser gleich mehrere. Papier und Stifte gab es, wir durften ja auch Briefe nach Hause schreiben. Sie gaben mir noch ein paar Tipps, was ungefähr drinstehen sollte. Also setzte ich mich abends in der Zelle hin und begann zu schreiben.

Yorck Mäcke
(Leipziger Adresse)

zur Zeit
StVE 7500 Cottbus
PSF 222 / III

Antrag auf Übersiedlung in die Bundesrepublik Deutschland

Hiermit möchte ich von meinem Recht auf Antragstellung Gebrauch machen.
Meine Verurteilung durch das Kreisgericht Bad Liebenwerda vom 13.11.80 wegen Vergehens gegen § 213 zu einer Haftstrafe von 18 Monaten kann meinen festen Willen nicht brechen, mein weiteres Leben in der Bundesrepublik Deutschland gestalten zu wollen. Somit bitte ich um die Aberkennung der Staatsbürgerschaft der DDR und damit verbunden die Übersiedlung in die Bundesrepublik Deutschland. Ich habe keine Möglichkeit, ein Leben meinen individuellen freiheitlich-demokratischen Vorstellungen entsprechend einrichten zu können.
Weiterhin lebt in der Bundesrepublik Deutschland meine zukünftige Ehefrau und jetzige Verlobte, mit der ich mein weiteres Leben in ihrer Heimat gestalten möchte. Meine Verlobte und ich sind der Meinung, in diesem Staat DDR keine vernünftige Ehe führen zu können, des weiteren sind wir uns darüber einig, aus einer Ehe resultierende Kinder nicht in DDR-deutschen Bildungseinrichtungen beeinflussen und erziehen zu lassen.

Außerdem bin ich gewillt, persönliche Kontakte zu meinem in der Bundesrepublik Deutschland lebenden schwer kranken und alleinstehenden Bruder Hubert aufzunehmen, die mir bisher verwehrt wurden.
Für mich persönlich sehe ich nach Haftentlassung eine nur zum Scheitern verurteilte Wiedereingliederung in die Gesellschaftsordnung der DDR.
Yorck Mäcke

Beim Verfassen des Textes ließ Mäcke sich von älteren Mithäftlingen beraten, darunter ein Arzt aus Berlin. Mäcke: »Die Sache mit der Verlobten im Westen war gelogen. Aber ich kannte tatsächlich von deren Besuch in Leipzig eine junge Frau aus dem Westen, die mir gefallen hätte. Da gab es sogar Fotos mit uns beiden. Meinen unbedingten Willen, in den Westen zu gehen, hatte ich aber auch schon vorher, in den Verhören der Stasi und vor Gericht, mit ähnlichen Worten formuliert.« Doch wohin mit dem Schreiben? Seinen handschriftlichen Ausreiseantrag warf Yorck Mäcke in einen geheimnisvollen Briefkasten im Cottbusser Gefängnis. »Ich denke, dieser Briefkasten war eigentlich für Kontaktanfragen zur Stasi vorgesehen, vielleicht auch für Spitzelberichte. Wahrscheinlich hätten die dich, wenn du dort was Nettes reingeworfen hättest, anschließend zum Kaffee eingeladen und dich als Spitzel angeworben. Die Stasi-Leute hatten in der Haftanstalt ja auch einen allen bekannten Raum, in dem sie solche Gespräche geführt haben. Aber so genau wusste ich das auch nicht.« Es vergingen ein paar Wochen ohne irgendeine Reaktion – weder von den Wärtern noch von seinem »Erzieher«.

Mäckes »Erzieher« wurde jedoch sehr wohl aktiv, wie sich aus dessen Stasi-Akte ergibt. Leutnant G., der bei den Häftlingen den Spottnamen »Jauche« trug, leitete Mäckes Ausreisebegehren an das Ministerium für Staatssicherheit weiter. Und schrieb ihm im Grunde genommen unwillentlich ein Empfehlungsschreiben:

Mäcke, Yorck
04. 06. 60
Leipzig, Ru.-Herrmann-Str. 20
Zimmerer
§ 213 STGB
1 Jahr 6 Monate
02. 08. 80–1. 02. 82

SG (Strafgefangener) lehnt die gesellschaftlichen Verhältnisse in der DDR ab, seine Verlobte soll angeblich in der BRD leben. Sein Ziel ist es unbedingt in die BRD zu gelangen. Er besteht auf eine Weiterleitung des Antrags. (...) Der SG besitzt eine ablehnende Grundeinstellung zur DDR, was er in Gesprächen immer wieder zum Ausdruck bringt. (...) Sollte sein Antrag nicht genehmigt werden, will er erneut straffällig werden. (...) Sein Gesamtverhalten entspricht nicht den Forderungen des Strafvollzugs, er tritt uneinsichtig und in bestimmten Situationen provozierend auf. Seine Arbeitsleistungen in der Tischlerei sind befriedigend (...) Der SG Mäcke gehört zum negativen Kern des Verwahrraums.
G(...)
Ltn. des SV

Das DDR-Innenministerium und das Ministerium für Staatssicherheit beschäftigten sich also sehr wohl mit Mäckes Ausreiseantrag. Ihm selbst wurde allerdings durch konsequente Nichtreaktion vermittelt, sein Vorgehen sei vermeintlich aussichtslos.

Yorck Mäcke schrieb daraufhin weitere, nahezu gleichlautende Ausreiseanträge und warf sie in den mysteriösen Briefkasten in der Haftanstalt. Mäcke: »Insgesamt habe ich in den elf Monaten Haft in Cottbus sieben oder acht solcher Ausreiseanträge geschrieben. Ohne jede Reaktion. Das hat mich aber insofern nicht verwundert, als mir die

Yorck Mäcke, 2019
(Foto: Nicola Kuzmanic)

anderen in der Zelle schon gesagt haben, dass das die übliche Praxis sei. Es gehe vor allem darum, klarzustellen, dass ich keine Entlassung in die DDR wünsche, sondern auf jeden Fall in den Westen wolle. Meine Mithäftlinge wussten auch, dass man eine gewisse Zeit absitzen muss, bevor man auf die Freikaufliste käme. Faustregel waren zwei Drittel der Haftzeit, auch das war ihnen bekannt. Ich saß seit Anfang August 1980 und war zu 18 Monaten verurteilt. Zwei Drittel der Haftzeit, das hieß zwölf Monate. So rechnete ich mir aus, dass ich im August 1981 dran sei.«

So kam es auch. Am 25. August 1981 ging Mäcke »auf Transport« nach Karl-Marx-Stadt. Was er erst in den 1990er-Jahren aus seiner Stasi-Akte erfuhr, war, dass er bereits seit April 1981 für den Freikauf in die Bundesrepublik vorgesehen war. Was er auch erst viel später erfuhr: Er war Teil des Austauschgeschäfts zwischen der Bundesrepublik Deutschland und der DDR um den Kanzleramtsspion Günter Guillaume – bei dem mehrere Agenten und politische Häftlinge aus DDR-Haft im Gegenzug zu dessen Freilassung aus bundesdeutscher Haft in den Westen entlassen wurden.

Ein westdeutscher Bus holte Mäcke und etwa 30 weitere Häftlinge aus Karl-Marx-Stadt ab, brachte sie über den Grenzübergang Wartha/Herleshausen ins hessische Aufnahmelager Gießen. Hessen wurde Mäckes neues Zuhause, er landete in Kassel, wo der gelernte Zimmermann sein Abitur nachholte, sich mit Fotografie beschäftigte und bald einen Job als Pressefotograf bei einer Lokalzeitung fand. In die DDR, zu seinen Eltern, durfte er zunächst nicht wieder einreisen. Aber weil er schnell seine Leipziger Freunde wiedersehen wollte, beantragte er ein Visum für die ČSSR, das zu seiner eigenen Überraschung genehmigt wurde. Schon wenige Monate nach seiner Haftentlassung traf er sich dort mit Freunden aus Leipzig. Thema Nummer eins war natürlich, wie genau er es in den Westen geschafft hatte. Seine Freunde hörten wohl von ihm zum ersten Mal die Wörter »Ausreiseantrag« und »Freikauf«, was dazu beitrug, diese bis dahin kaum verbreitete Vorgehensweise in der DDR bekannter zu machen.

Yorck Mäcke ist bis heute als Pressefotograf tätig. In den 1980er-Jahren reiste er noch mehrmals, meist während der Leipziger Messe, in die DDR ein, um seine Eltern zu besuchen. Seit Anfang der 1990er-Jahre lebt und arbeitet er in Berlin. 1997 erlebte er als Pressefotograf in Cottbus die Prozesse gegen die ehemaligen Wärter Hubert Sch. (»Roter Terror«) und Horst J. (»Arafat«) mit, die wegen der Misshandlung von Häftlingen zu zwei Jahren und acht Monaten beziehungsweise zwei Jahren und drei Monaten Freiheitsstrafe verurteilt wurden.

Anja Maier

»Das Schlimme war die Ungewissheit«

Nach seinem Freikauf 1981 beantragte Christina Boldts Bruder für die Mutter und beide Geschwister die Familienzusammenführung.

Sie hofften, so gehe es schneller als mit einem Ausreiseantrag. Doch es vergingen eineinhalb Jahre, bis die damals 15-jährige Christina Boldt an einem Februartag nach der Schule einen Zettel von der Mutter auf dem Küchentisch fand: »Es geht los!«

An jedem Montagabend habe ich Zeit, Christina zu betrachten. Wir singen beide im Chor, beide im ersten Sopran. Christina steht in der ersten Reihe, sie ist die dritte Sängerin von rechts. Ich stehe schräg hinter ihr: zweite Reihe, ganz rechts. Christina ist meine Chorschwester – so heißt das in der Welt des Gesangs. Und obwohl wir uns in unserem Frauenchor gar nicht so altmodisch wie dieses Wort fühlen, passt es doch ziemlich gut auf uns zwei. Denn Christina und ich sind Cousinen, also fast so etwas wie Schwestern. Wir singen seit Jahren im selben Chor.

Jeden Montagabend betrachte ich also Christina bei der Probe. Beim Einsingen steht sie da: die Beine fest auf dem Boden, den Rücken durchgestreckt, Hals gerade, Kinn leicht gesenkt, Blick nach vorn. Die schlanke Gestalt, das blonde Haar, die randlose Brille, alles ist mir vertraut. Je höher Christina singt, desto rosiger werden ihre Wangen. Sie ist dabei ganz offen. Offen, dazuzulernen, offen, zu singen, offen ihrem Leben gegenüber und den Menschen darin. Sie sieht schön aus, wie sie sich konzentriert und gleichzeitig fallen lässt. Und manchmal, wenn sie lächelt oder lacht oder schwatzt oder in ihren Noten blättert, erkenne ich in ihr für einen kurzen Moment jenes kleine hellhaarige Mädchen wieder, mit dem ich in den 1970er-Jahren die Sommerferien bei unseren Großeltern verbrachte: Wir buddeln im Sandhaufen in einer Ecke des gepflasterten Hofes. Wir essen Stachelbeeren. Wir kriegen von Oma Zuckerbrot auf zerkratzten Sprelacartbrettchen hingestellt. Wir laufen mit Opa zum Konsum.

In meiner Erinnerung, in der seltsamerweise immer Sommer ist, sind wir sechs, sieben, vielleicht acht Jahre alt. Dann kommt eine sehr lange Pause, ein stummer, bilderloser Bruch. Und schließlich sehen wir uns 1990 wieder. Die Mauer ist »gefallen«, wie das so falsch wie poetisch genannt wird, und ich besuche Christina in West-Berlin. Sie ist jetzt 20 Jahre alt, ich 24. Sie ist fast noch ein Teenager und hat schon einen wunderschönen kleinen Sohn, dessen Wimpern so lang und geschwungen sind wie Elfenflügel. Er ist ein Westkind, Christina ist seine Westmama. Und ich bin die Cousine aus dem Osten. Denn Christina ist 1984 »abgehauen«. So hieß das in der DDR, diesem Land, dessen Sprache ich sprach und das nur sich selbst kannte, misstrauisch war und nie fragte, warum es manche Menschen nicht mehr mit ihm aushalten konnten und wollten.

Wenn ich heute montags zwei Stunden halbrechts hinter Christina stehe und sie beim Singen betrachte, wundere ich mich manchmal, dass sie mich damals, 1990, überhaupt wiedersehen wollte. Dass sie bereit war, Kontakt zu unserer Familie, der »roten« Familie, aufzunehmen. Denn heute weiß ich mehr über diese Ausreise, die eigentlich keine war. Sondern eine Familienzusammenführung. Seltsamerweise hatte ich mich nie gefragt, warum meine Tante und ihre Kinder gegangen waren. Warum Hertwiga mit Christina und deren Bruder Alexander nur noch wegwollte aus der DDR, raus. Was denn Christinas Vater, mein Onkel

Christina Boldt, 2019
(Foto: Nicolàs Boldt)

Herwig, dazu gesagt hat, dass seine Kinder in ein anderes Land gingen, wo er doch wusste, dass er sie auf Jahrzehnte nicht wiedersehen würde. Und was Christina gefühlt hat, als sie alles Vertraute hinter sich lassen sollte, alle Menschen, alle Orte, auch die Gefühle.

Wir treffen uns an einem Winterabend in Christinas Praxis für Psychotherapie. Eine seltsame, fahrige Stimmung. Ja, wir sind uns nahe, wir singen gemeinsam, wir reden über unsere Kinder, unsere Männer, unsere Jobs, wir verbringen Familienfeste miteinander. Doch an diesem Abend sind wir so etwas wie Berichterstatterin und Protokollantin, wenngleich auf einer sehr vertrauten Ebene. Christina, die sonst in diesem großen hellen Raum im Sessel sitzt und ihren Patienten zuhört, wird heute ihre Geschichte erzählen. Was Christina zu sagen hat, wird mich erstaunen und erschüttern. Denn all die Berichte von Ausgereisten gehören zu einer gesellschaftlichen Erzählung, die sich hunderttausendfach ereignet hat: Der ist weg. Die ist raus. Abgehauen. Ausgereist. Verschwunden. Rübergemacht. Aber wie es für jeden einzelnen dieser etwa 400 000 Menschen war, das Land DDR zu verlassen und in dem anderen Deutschland neu anzufangen, das fragt man nicht so genau ab. Das ist sehr, sehr privat.

Für Christina fing es damit an, dass ihr großer Bruder Carsten 1980 versucht hatte zu flüchten. Sie war elf, Carsten 18 Jahre alt. Er hatte den Kellnerberuf erlernt und wollte raus, bevor sie ihn zur Armee ziehen konnten. Er hatte sich niemandem anvertraut, nicht seiner Mutter, nicht der Oma, schon gar nicht seinen jüngeren Geschwistern Christina und Alexander. Er fuhr einfach aus seiner Heimatstadt Erfurt an die tschechisch-bayerische Grenze und lief in der Nähe der Grenzanlagen herum, sondierte die Lage. »Sie haben ihn gleich festgenommen«, sagt Christina. Und: »Er hat nichts abgestritten.«

Carstens Mutter Hertwiga kümmerte sich sofort um einen Anwalt. Es war klar, dass ihrem Sohn der Prozess gemacht werden würde. Auf »ungesetzlichen Grenzübertritt« standen laut Paragraf 123 des Strafgesetzbuches der DDR ein bis acht Jahre Haft. Carsten, noch ganz am Anfang seines Lebens, brauchte also dringend juristischen Beistand.

Es gab dann tatsächlich einen Gerichtstermin, aber weder Carstens Anwalt noch seine Familie wussten davon. An irgendeinem Wochentag wurde der Kellner Carsten Maier – ohne familiären Beistand und vertreten durch einen seiner Mutter unbekannten Pflichtverteidiger – wegen versuchter Republikflucht zu anderthalb Jahren Haft verurteilt. »Er war 18, als er reinkam, 19, als er rauskam«, erzählt Christina. Und raus bedeutete: Er wurde freigekauft.

Binnen 25 Jahren, zwischen 1964 und 1989, erkaufte die Bundesrepublik für insgesamt 33 755 politische Häftlinge die Entlassung aus DDR-Gefängnissen in den Westen. Carsten war einer von ihnen. Neun Monate nach seinem Haftantritt wurde er mit anderen Gefangenen zur

Grenze gefahren und aus der Staatsbürgerschaft der DDR entlassen. Carsten hatte zu einer Gruppe hungerstreikender Häftlinge gehört – bei seiner Ankunft im Westen wog er 49 Kilogramm bei einer Körpergröße von 1,80 Meter. Im Knast war er gedemütigt, misshandelt und geängstigt worden.

Diese Ungerechtigkeiten gegenüber ihrem Sohn, sein Leiden und ihre eigene Machtlosigkeit brachten Hertwiga zu der Entscheidung, mit ihren beiden anderen Kindern Carsten in den Westen zu folgen. Ihren älteren Sohn hätte sie frühestens mit 60, als Rentnerin, wiedergesehen. Das wäre für sie damals, im Jahr 1981, in 19 Jahren gewesen. Sie war eine zweimal geschiedene, alleinerziehende Frau, die viel Kraft darauf verwendete, den Alltag zu meistern. Den Beruf, den sie liebte, konnte sie wegen der für eine Familie wie die ihre untauglichen Arbeitsbedingungen nicht ausüben; statt als Veranstaltungsorganisatorin in einem Kulturhaus arbeitete sie in einem Erfurter Kindergarten als Hilfserzieherin. Das Geld war knapp, aber jemand musste ja das Abendessen machen, die Hausaufgaben kontrollieren, die Gutenachtgeschichten vorlesen.

»Carsten wollte, dass wir kommen«, erinnert sich Christina. »Er hat dann den Antrag auf Familienzusammenführung gestellt.« Seine Mutter musste also keinen Ausreiseantrag stellen. Das war besser, aber bei weitem nicht gut. Menschen, die einen »Antrag auf ständige Ausreise aus der DDR« gestellt hatten, wurden mitunter härter angefasst; die Antragsteller und ihre Familien galten als Staatsfeinde, sie wurden schikaniert und überwacht. Familienzusammenführung hingegen galt laut der UN-Menschenrechtserklärung, die auch die DDR Mitte der 1970er-Jahre unterzeichnet hatte, für Rentner, Invaliden – und Verwandte ersten Grades. »Und die waren wir ja«, sagt Christina. Dass Hertwiga und ihre Kinder es deshalb leichter hatten, kann man nicht behaupten. Als Carsten im Gefängnis war, kam die Staatssicherheit zu ihnen nach Hause und durchsuchte die Erfurter Wohnung. »Wirklich gruselig« hat Christina das in Erinnerung; die Stasi-Leute hatten alles durchsucht und schließlich sämtliche Micky-Maus-Hefte mitgenommen. »Die waren so bescheuert.«

Als Carsten 1981 im Aufnahmeheim in Gießen angekommen war, rief er Hertwiga im Kindergarten an: »Ich bin jetzt im Westen.« Sie war erleichtert, dass er es geschafft hatte. Kurz darauf setzte sich Hertwigas Mutter Gertrud in einen Zug Richtung Westen, sie war schon Rentnerin. Aus Gießen schrieb sie an die 13-jährige Christina, die gerade zur Kur war, eine Postkarte: Sie habe den Carsten gesehen, stand da. Alle seien glücklich. »Ich konnte mir das so gut vorstellen«, erinnert sich Christina, »dass meine Oma ihn dort in Freiheit sieht und dass er nun alles machen kann, was er will.«

Das – die Freiheit nach der Haft, dieses »Alles machen, was er will« – war in den kommenden Monaten das Grundmotiv, der innere Antrieb des Mädchens Christina. Carsten zog von Gießen nach West-Berlin, dort stellte er den Antrag auf Familienzusammenführung. Hertwiga kümmerte sich in Erfurt um die Formalien. In der Sache Maier lief eine bewusst schwerfällige Verwaltungsmaschinerie an. Es sollte dauern. Es wurde eine Zwischen-, eine Transitzeit, in der Christina zwar wartete, aber auch weiter ihren Alltag lebte in einem Land, das sie verlassen wollte, weil es so mies gewesen war zu ihrem Bruder. Ein Land, das es nicht gut meinte mit Menschen und ihren Familien, die entschlossen waren zu gehen.

Erst einmal wurde Hertwiga im Kindergarten gekündigt: Verräter sollten und konnten keine sozialistischen Persönlichkeiten erziehen, und seien die noch so klein. Sie war Anfang vierzig, Diplom-Musikwissenschaftlerin, es fand sich für sie einzig eine Stelle als Küchenhilfe bei der Kirche. »Das war ein geschützter Raum«, erinnert sich Christina, »aber für meine Mutter war es wie Strafarbeit. Das Schlimme war die

Ungewissheit, wann das wieder aufhört.« Es sollten anderthalb Jahre werden, aber das wusste sie ja nicht. Das wusste niemand. Man hatte zu warten, zu verharren. Man sollte aber dennoch Alltag markieren. Und schließlich sich und seinen Besitz in Windeseile auflösen, wenn die erlösende Nachricht kam. Aber wann?

In Erfurt wussten damals viele Antragsteller voneinander, sie knüpften informelle Netzwerke, halfen, rieten einander. Man wusste: Im Nachbarhaus wartet jemand, in der Schule fehlt plötzlich eine Mitschülerin, auf der Arbeit ein Kollege. Es bewegte sich was, politisch, informell. Aus Staatsbürgern wurden Staatsfeinde.

Auch Christina bekam ihren neuen Status zu spüren. Sie war Mitglied in einer Tanzgruppe, und sie war gut. »Als wir nach Moskau reisen sollten, haben sie zu meiner Mutter gesagt: ›Ihre Tochter kann natürlich nicht mitfahren.‹ Hertwiga hat schrecklich geweint, sie war auch fertig zu dieser Zeit. Sie hat gespürt, dass sie bestraft werden sollte, indem man mich bestraft hat.«

Christina jedoch konnten sie nicht treffen. Sie war noch nicht passend zurechtgeschmirgelt, nicht mürbe. Sie war jung, frei von Angst und voller Vorfreude auf ihr neues Leben und war sich sicher, dass es bald beginnen würde. Sie hatte einen Onkel in Hessen, den ältesten Bruder ihres Vaters. Auf den freute sie sich, auf seine Töchter, ihre Cousinen Susi und Evi. Sie waren ebenfalls ihre Cousinen – so wie ich. »Wo will ich studieren? Was will ich mal werden? Wo möchte ich leben? Das waren ja alles Fragen, die sich genau in diesem Alter stellen. Als Ostdeutsche brauchte ich mir diese Fragen gar nicht erst stellen – jetzt konnte ich es. Und das fühlte sich sehr gut an«, erinnert sie sich. Sie habe zu Hause in Erfurt ihren Globus gedreht und begriffen, wie unglaublich groß die Welt sein würde, in die ihre Mutter sie führen wollte.

Wir sitzen in Christinas Therapiezimmer. Draußen ist es längst dunkel, aber der Raum wirkt hell: das Parkett, die langen cremefarbenen Vorhänge, die bequemen Sessel. Wir sitzen einander gegenüber, trinken Tee und naschen Nougat aus Thüringen. Drei Jahrzehnte sind seit dem Mauerfall vergangen. Dreißig Jahre, in denen wir nie mehr als ein paar dürre Fakten über diese Geschichte unserer Familie ausgetauscht haben, obwohl wir es gekonnt hätten. Christina spricht. Ich schreibe. Fragen muss ich nicht viel, alles kommt von selbst.

Christina ist die Tochter meines Onkels Herwig, Carsten sein Stiefsohn. Als Christina 1969 geboren wurde, richtete er seine Liebe fortan auf die leibliche Tochter. Zwischen Carsten und Herwig wuchs erst Abneigung, später Ablehnung. Als wir in den 1970er-Jahren bei unseren Großeltern die Ferien verbrachten, war ihr großer Bruder nur selten dabei. Er konnte sich in der Schule nicht gut konzentrieren, war aufmüpfig. Zu Hause gab es Streit: zwischen dem Kind Carsten und dem Erwachsenen Herwig, zwischen den Eltern Herwig und Hertwiga. Deren anfänglich große Liebe, die geradezu magische Ähnlichkeit – ihrer beider Herkunft aus dem Sudetenland, ihre Kriegskindheit, die fast gleichlautenden Namen – hielt dem Alltag nicht stand.

Irgendwann wurde Carsten zur Oma nach Erfurt gegeben; sie war Lehrerin und mochte den Jungen. Einmal verließ er die großmütterliche Wohnung und ging los; er wollte nach Berlin laufen. Als Herwig und Hertwiga sich schließlich scheiden ließen, zogen Carstens Mutter und seine Geschwister endgültig nach Erfurt. Die Familie war wieder beisammen. Carsten hatte, sagt Christina heute, »etwas Wildes, er war witzig und intelligent, und er konnte auch ganz liebevoll sein«. »Carsten habe ich geliebt ohne Ende. Ich sehe noch vor mir, wie er in unserer Erfurter Wohnung an seinem Schreibtisch sitzt und liest, und ich kämme seine langen Haare. Er war groß, ich habe zu ihm aufgeschaut. Und er hat mir im Herzen leidgetan, wenn er wieder Mist gebaut hat. Ich war so ein angepasster Sonnenschein und habe immer gedacht: Mensch, begib dich doch nicht immer so ins Schussfeld. Tief drin hat er nie verstanden, was ihm passiert ist.« Viele Jahre später, im Jahr 2001, nahm Carsten sich in Berlin das Leben, er wurde nur 39 Jahre alt. »Alle waren gutwillig, aber überfordert«, sagt Christina leise.

Schließlich war es so weit. Im Februar 1984 kam Christina aus der Schule. »Da lag ein Zettel von meiner Mutter: ›Es geht los.‹ Ich habe gedacht: Hammer! Hammer!« Vier Wochen dauerte es noch, bis sie wirklich rausdurften aus der DDR. In Erfurt herrschte Abschieds- und Aufbruchstimmung. Christina spürte keine Wehmut. »Das ist nicht vergleichbar mit einem Kind, das mit seinen Eltern umziehen muss. Wir wussten: Wir kommen endlich von hier weg, wir können neu durchstarten.«

Sie erinnert sich, wie sie ihre Freunde in ihr Zimmer einlud und ihre Sachen verschenkte. »Wir haben Musik gehört, Fotos gemacht, mit dicken Filzern Sprüche auf die Tapete geschrieben. Der Klassenschönling hat noch versucht, mit mir anzubändeln. Ich dachte: Vergiss es!« Sie lacht, wenn sie daran denkt.

Trotzdem gaben sich alle Mühe, keinen Fehler zu machen. Ihre Ausreise war genehmigt, ja, aber sicher konnte man sich nie sein. Es gab keine Regeln, an die sich dieser Staat hielt; er stellte höchstens neue auf. Jede Kiste musste beschriftet, jeder noch so kleine Gegenstand aufgelistet werden. Das Kaninchen, an dessen Namen Christina sich nicht mehr erinnert, brauchte ein Attest vom Tierarzt, eine Reisebox. Sie regelten Dinge, räumten sich selbst aus ihrem Leben heraus. Es waren Wochen im Blindflug.

»Und dann«, sagt Christina ernst, »ging es darum, das dem Vati zu sagen.« Diese emotionale Frage hatte sie bis dahin erfolgreich ausgeblendet. »Ich wusste ja, ich will das, ich will gehen. Aber dass ich meinen unglaublich geliebten Vater verlassen musste, hatte ich verdrängt.« Rechtlich war die Situation klar: Hertwiga hatte das Sorgerecht für ihre

Kinder; die Zustimmung des Vaters für die Ausreise hatte sie offenbar nicht. Möglicherweise hatte sie gar nicht daran gedacht. »Meine Mutter hat gesagt: ›Ich möchte, dass du dich bei Oma und Opa mit ihm triffst und ihn ansprichst, damit er zustimmt, dass Alex und du ausreisen.‹ Ich dachte: Ich muss mit einer positiven Antwort nach Hause kommen. Ich bin also losgefahren. Und ich dachte, ich muss sterben.«

Bei den Großeltern, in einer Kleinstadt bei Halle an der Saale, war erst alles wie immer bei den Treffen. Vater und Tochter verbrachten den Tag miteinander. »Erst abends, beim Gutenachtsagen, habe ich es ihm erzählt und gefragt: ›Würdest du mir die Zustimmung geben?‹ Er hat gelächelt und gesagt: ›Natürlich nicht, Christina.‹ Innerlich war ich glücklich, ich wollte, dass er mich dabehalten will. Ich dachte: Macht doch ihr Erwachsenen, was ihr wollt; ich habe gemacht, was ich sollte.«

Als Christina zurück nach Erfurt kam, reagierte ihre Mutter gelassen. »Und danach haben Vati und ich uns vier Jahre nicht wiedergesehen.«

Bis heute weiß Christina nicht, ob er damals etwas gegen die Ausreise seiner Kinder unternommen hat. Sie kann ihn nicht mehr fragen; Herwig ist 1991 verstorben. »Es war eine unlösbare Situation, auch für Hertwiga. Ich denke, dass er sich nach seinen Möglichkeiten erkundigt hat.« Stille. »Ach, es war so oder so ein Drama.«

Am 6. März 1984 fuhren Hertwiga, Christina und Alexander Maier zum Bahnhof Berlin-Friedrichstraße. Sie waren 44, 15 und zehn Jahre alt, und sie mussten durch diesen weltberühmten Grenzübergang, Tränenpalast genannt. »Wir sind da rein mit unseren Koffern und kaum kontrolliert worden; die haben nicht mal mitgekriegt, dass wir den Hasen dabeihatten. Für die waren wir erledigt. Und dann sagte meine Mutter plötzlich: ›Wir sind schon da. Es ist vorbei.‹ In einer Ecke stand Carsten. Völlig surreal. Wir sind dann alle zusammen zu Carstens Wohnung in Schöneberg gefahren. Wir stiegen aus; es war kalt und grau und nicht so schön, wie ich mir das vorgestellt hatte. Und trotzdem: Es war einfach irre.«

Fünfeinhalb Jahre später war die Mauer offen und Christina fertig mit dem Abitur. Sie war schon in Malaysia und in Singapur gewesen und wusste, was sie werden wollte: Psychologin. An der Universität traf sie auf Kommilitonen aus dem Osten; die waren nett, aber auch ziemlich orientierungslos. Sie habe damals deutlich gespürt, erinnert sich Christina, wie dankbar sie ihrer Mutter gewesen sei, die DDR verlassen zu haben. »Die DDR hat von uns eine Anpassungsleistung gefordert«, sagt sie und klingt nun sehr professionell. »Aber wir haben uns gegen dieses Land entschieden. Das war ein aktiver Schritt – keine Flucht.«

Elena Witzeck

»Jetzt nicht die Wut verlieren«

Der Liebe wegen wollte der junge Steinmetz Johannes Senf 1981 von Weimar nach Köln übersiedeln.

Eineinhalb Jahre lang schrieb er jeden Monat einen Ausreiseantrag, er verlor seinen Job und die Hoffnung auf ein Studium. Aber sein Drang nach Freiheit war stärker.

Der Zug hat sich geleert, als sie die Grenze erreichen. Es ist einer dieser ersten Frühlingstage, an denen alles blüht. Johannes Senf blickt hinaus. Gerade noch hat er Zollbeamte mit Gewehren gesehen und Männer, die mit Lampen unter dem Waggon nach Verstecken suchten. Er hat gesehen, wie der Stacheldrahtzaun mit der Selbstschussanlage vorbeizog und ein langer Streifen menschenleeres Land begann. Angestrengt blickt er aus dem Fenster. Er sucht die Veränderung in der Kulisse aus gesprenkelten Wiesen, Apfelbäumen und Scheunen. Aber nichts verändert sich. Zehn Minuten vergehen, dann erscheint hinter der Biegung einer Landstraße ein Auto einer fremden Marke. Er lehnt sich zurück und schließt die Augen. So fühlt es sich also an, drüben zu sein.

Zwei Jahre zuvor sitzt Johannes Senf abends am Esstisch seiner Eltern, einer Pfarrersfamilie. Er ist gerade 20 Jahre alt geworden und mit seiner Handwerksausbildung fertig, jetzt arbeitet er als Steinmetz für eine Künstlerin. Die Eltern haben wieder einmal Besuch aus dem Westen, der Frankreich-Chef von BASF ist da, ein Freund der Familie,

Johannes Senf, 1983 (Foto: privat)

mit einem Paket voller Westgeschenke: Kaffee, Schokolade und Südfrüchte. Aber Johannes Senf sitzt nicht wegen der Mitbringsel den ganzen Abend am Tisch, sondern wegen der Tochter. Susanne ist so alt wie er und hat ein offenes Lachen. Sie ist anders als seine Freundinnen in Weimar. Alles, was er nicht kennt, mag er.

Es ist das Jahr 1981, der Pfarrerssohn trägt Jeans und lange Haare, in seinem Blick liegt eine Ahnung von Widerspenstigkeit. In der FDJ war er nie. Als alle anderen in seiner Schulklasse sich auf die Jugendweihe vorbereiteten, hörte er daheim Westradio. Der Vater ist in Weimar als fortschrittlicher Pfarrer bekannt, er spricht offen darüber, dass er nichts vom Einmarsch der Russen in Prag 1968 hält. Sein Amt schützt ihn. Für seine Söhne bedeutet die familiäre Sonderstellung, dass sie sich kaum Chancen auf ein Studium ausrechnen können. Wenn sich Johannes Senf als Kind darüber beschwerte, dass er in seiner Klasse als Außenseiter galt, sagte seine Mutter: »Da musst du durch.«

Der Gedanke, dass es auch ein anderes Leben geben könnte, ist ihm nie zuvor gekommen. Er hat viele Freunde in Weimar, nach der Arbeit treffen sie sich im Studentenclub Kasseturm, hören in einer verräucherten Wohnung Frank Zappa oder trinken nachts im Park

Bier, überhaupt wird viel getrunken, aus Mangel an Alternativen. Manchmal spielt auf einem der Dörfer eine Bluesband. An der Hochschule für Architektur und Bauwesen im ehemaligen Bauhaus belegt er einen Abendkurs. Er hofft, doch noch einen Studienplatz an der Kunsthochschule zu bekommen. Aber an diesem Abend glaubt er genau zu wissen, was er wirklich will: nach Köln, dorthin, wo Susanne studiert.

Johannes Senfs Atelier im Köln von heute ist ein heller, offener Ort, Teil einer ehemaligen Schiffsschreinerei auf dem Gelände einer Werft am Rhein. In dem Raum, der einem Wohnzimmer am ähnlichsten ist, stehen aus geometrischen Formen zusammengesetzte Skulpturen und ein Schlagzeug. Vor den hohen Fenstern kreisen Finken um ein Vogelhaus. Er hat die beiden Etagen selbst ausgebaut, Wände eingezogen, Leitungen gelegt, das Dach repariert, jetzt wohnt er hier. Es sollte kein Reihenhaus sein für sein Leben mit Frau und Sohn. Kein Bürojob, kein Chef, kein Kredit für Besitz, der neue Abhängigkeiten bringt. Lieber hin und wieder Fassadengestaltung und sonst abstrakte, grafische Konzeptkunst. Es gibt nichts Wichtigeres für Johannes Senf als die Freiheit, über sein Leben zu bestimmen.

Beim ersten Ausreiseantrag hat Johannes Senf Angst. Es ist der 30. Oktober 1981, sein Anliegen steht handschriftlich auf Briefpapier. Er plädiert für die Entlassung aus dem Staatsbund (wörtlich) der DDR aus Gründen der Familienzusammenführung, Susanne und er seien verlobt. Bei anderen Ost-West-Paaren, hat er gehört, soll das für die Ausreise ausgereicht haben. Susanne und er telefonieren und schreiben sich Briefe, wie es sich für Verlobte gehört. Er schickt den Antrag los.

Man bestellt ihn zum Rat des Kreises. Die Abteilung Inneres befindet sich im Roten Schloss, einem Renaissancegebäude in der Altstadt, in dem Bach und Goethe verkehrten. Johannes Senf ist noch nie dort gewesen. Um Behörden macht er sonst einen weiten Bogen. Er kämmt sich. Studentenkutte und Jeans lässt er an. Später wird er sagen, die Stimmung war »beklemmend«. In dem Raum, in den man ihn schickt, sitzt hinter einem Schreibtisch eine schwere Frau, die nicht vorzuhaben scheint, ihm zuzuhören. Was ihm einfalle, ruft sie, ein Antrag auf Ausreise existiere nicht. Im Nebenzimmer macht ein Mann Notizen. Der Fall sei erledigt, sagt die Sachbearbeiterin, er solle gehen.

Den zweiten Antrag schreibt Johannes Senf einen Monat später – aus Trotz. Susanne wird das Besuchsrecht verweigert. Obwohl nur seine engsten Freunde und die Familie von seinen Briefen wissen, sprechen ihn in Weimar Menschen auf seine Ausreisepläne an. Immer wieder, erzählt man ihm, würden Leute festgenommen, weil sie die Behörde mit »unnützer Arbeit« gestört hätten. Als DDR-Bürger hat er gelernt, Dinge, die für ihn Bedeutung haben, für sich zu behalten. Er gibt sich wortkarg.

Es passiert: nichts.

Heute trägt er die grauen Haare kurz. Wenn er im Winter das Rad in die Stadt nimmt – ein Auto hat er nicht –, setzt er eine afghanische Wollmütze auf, die seine Ohren nicht bedeckt. Pudelmützen tragen die anderen. Seit er in Köln lebt, haben sich in seinem Leben lauter Abzweigungen aufgetan: die Trennung von Susanne wenige Monate nach seiner Ausreise. Es passte nicht, er nicht in ihr altes Leben und sie nicht in sein neues. Weitere Beziehungen, weitere Trennungen. Schließlich eine Frau aus Indien, ein Ausbruch aus der Konvention der Familie. Es gab Streit mit den Eltern. Bei der Hochzeit war es, als entschied sich Johannes Senf für seine Freiheit und gegen die ostdeutsche Vergangenheit.

Als nach dem dritten Antrag keine Antwort kommt, weiß der junge Johannes Senf, dass er noch viele Briefe schreiben wird. Die Bildhauerin, für die er arbeitet, entlässt ihn. Sie fertigt Skulpturen für städtische Projekte und fürchtet um ihre öffentlichen Aufträge. Die »Liegende Familie«, eine Figurengruppe, die er für ein Denkmal vorbereitet hat, lässt er unfertig zurück. Wer in der DDR keine Arbeit hat, fällt schnell unter Paragraf 249 des Strafgesetzbuches: Gefährdung der öffentlichen Ordnung durch asoziales Verhalten. Er hat Glück: Ein Kollege seines Vaters bietet ihm an, einem Restaurator beim Wiederaufbau einer verfallenen Kirche zu helfen.

In der Woche nach dem fünften Antrag sitzt Johannes Senf in der Hochschule und arbeitet an einem Modell, als der Leiter des Studienvorbereitungskurses aufsteht und ihn vor allen Anwesenden laut auf seine Pläne anspricht. Er sagt, derartige Verirrungen gefährdeten die Arbeit der Gruppe. Am nächsten Tag hängt ein Zettel an seiner Wohnungstür. Er brauche nicht mehr zu kommen, ein Ausstellungsverbot gelte jetzt auch. Er ist wütend, redet sich aber ein, es sei egal, schließlich sei er sowieso bald weg.

Doch das Jahr 1982 vergeht ohne weitere Vorkommnisse. Am Ersten jedes Monats läuft Johannes Senf zum Briefkasten und wirft seinen Antrag ein. Er trinkt weiter Bier im Park und trifft seine Freunde im Kasseturm. Er fährt jeden Tag zu seinem Arbeitsplatz in der verfallenen Kirche und am Wochenende zu seinen Eltern. An eine Flucht denkt er nicht. Zu riskant.

Im selben Jahr legt die Stasi eine Akte mit dem Namen »Operation Pinsel« an, in der sie einen Vorfall in Johannes Senfs Nachbarschaft behandelt. Jemand hat den Spruch »Frieden schaffen ohne Waffen« auf eine Hauswand gemalt. Die Vermutung liegt nahe, dass der junge Steinmetz, der »offen die Ideologie westlicher Massenmedien« vertrete und »Anhänger von westlicher Beat- und Poppmusik« sei, für die »pazifistischen Schmierereien« verantwortlich ist. Die Beschattung beginnt. Ausflüge, Besuche von Freunden, angeregte Unterhaltungen mit jungen Frauen, nächtliche Ruhestörung: Alles wird dokumentiert. »Zu seinen Eigenschaften gehört auch die Verstellfähigkeit und Neigung zu konspirativem Verhalten«, halten die Mitarbeiter fest. »Sehr hartnäckig« trete der Beschuldigte für sein Übersiedlungsgesuch ein.

Johannes Senf lebt längst in Köln, als die Stasi seinen Fall ungelöst zu den Akten legt. Jahre später wird er anhand der Aufzeichnungen rekonstruieren, dass nicht nur seine Nachbarin, sondern auch andere Bekannte in seinem Umfeld ihn bespitzelten. Sein Bruder, der nach der Wende in Thüringen für die Grünen arbeitete, bringt ihm die Akte mit nach Köln, aber er will sie nicht sehen. Die Geister der Vergangenheit sollen ihn verschonen. Jetzt liegen die Jahre, in denen sein Leben eine Kehrtwende machte, auf einem Glastisch im Kaminzimmer, daneben ein Plattenspieler und eine Lavalampe: Vertrauliches und Belangloses, festgehalten in einer dicken gelblichen Akte, von Menschen, mit denen er nie gesprochen hat.

Nur das gelegentliche »ne« am Ende eines Satzes erinnert noch an den alten Johannes Senf. Und das Misstrauen in seinem Blick. Politiker erzählen viel und lösen wenig ein. Die Stadt Köln investiere an der falschen Stelle. Wenn der Künstler es mit einem Thema ernst meint, wenn es sich nach Ohnmacht und Ungerechtigkeit anfühlt, richtet sich der beatmusikhörende Dickkopf von damals auf und gestikuliert.

Im Regal stehen bis zur Decke Bücher über das, was nach seinem Abschied kam, Jana Hensel, Robert Ide, Lukas Rietzschel, das »DDR-Handbuch«. Es fällt Johannes Senf nicht leicht, das Land seiner Vergangenheit zu verurteilen, es wäre wie ein Urteil über sich und seine Familie. Sein Bruder, erzählt er, habe sich damals eine Zweistaatenlösung gewünscht: Vielleicht wäre es den Menschen dann nicht so vorgekommen, als hätte man ihnen ein fremdes System »übergestülpt«, vielleicht wären sie weniger unzufrieden. Die alten Begriffe kennt er noch, manchmal wundert er sich, wie leicht sie ihm über die Lippen gehen: Brigade, Rückkehrer, Demonstrativhandlung, polytechnische Oberschule. Die Sicht auf die DDR, sagt Senf, sei die Sicht der Sieger auf die Besiegten.

Im Lauf des Jahres 1982 lernt Johannes Senf einen jungen Rechtsanwalt kennen. Nach den ersten Treffen traut er sich zu fragen. Er habe gehört, sagt er, dass 1975 auf der europäischen Sicherheitskonferenz von Helsinki, wo Erich Honecker versprach, die Menschenrechte und Grundfreiheiten der DDR-Bürger zu wahren, eine Schlussakte entstanden sei, die interessiere ihn, ob der Jurist ihm die aus der Universitätsbibliothek mitbringen könne? Er bekommt sie. Beim nächsten Antrag beruft er sich auf sie.

Am 8. Mai 1983 feiert Johannes Senf seinen 22. Geburtstag mit Nordhäuser Doppelkorn. Die zweite Kirche ist fast fertig restauriert. Seit er beim Rat des Kreises einen »Laufzettel« mit mehreren Dutzend Adressen erhalten hat, bei denen er sich mit Unterschrift und Stempel seine Liquidität bescheinigen lassen sollte, hat er nichts Neues mehr gehört, trotzdem fühlt sich die Party wie ein Abschied an.

Zwei Wochen später schlendert er mit einer Tasche voller Lebensmittel durch die Weimarer Altstadt. Ein cremefarbener Wartburg hält neben ihm. Der Mann im Trenchcoat, der aussteigt, erinnert ihn an jemanden. »Morgen, Sie wissen, wo«, sagt der Mann, als spielte er eine Filmrolle nach. Als er zurück in den Wagen steigt, fällt es Johannes Senf ein, keine Filmszene, sondern der Beamte aus dem Nebenzimmer bei der Vorladung nach seinem ersten Antrag. Er läuft nach Hause, nachts kann er nicht schlafen. Ein Deal, Erpressung? Aber auf dem Amt händigte man ihm am nächsten Morgen seine Abmeldung aus. In der Schlange der Wartenden stehen viele Bekannte. »Du auch?«, sagt einer. »Du auch?«, sagt er. Er darf seine Papiere entgegennehmen und eine Fahrkarte nach Köln kaufen. Er wagt noch nicht, es zu glauben.

Der 30. Mai 1983 ist ein frühsommerlicher Montag. Als um 14 Uhr der Interzonenzug vorfährt, steht Johannes Senf mit seiner Familie fast allein auf dem Bahnsteig. Beim Mittagessen hat sein Vater noch Bilder von ihm gemacht, er blickt auf ihnen sehr ernst und sehr nachdenklich

Johannes Senf, 2019
(Foto: Elena Witzeck)

in die Ferne. Beim Abschied weint sein kleiner Bruder, seine Mutter hält ihn fest, ein Freund der Familie steckt ihm zwei Original Thüringer Würste zu. Dann steigt er mit einem blauen Seesack, einem Koffer und einer Reisetasche in den Zug. 850 Bücher lässt er sich in einem Container nachliefern.

Am Grenzkontrollpunkt in Gerstungen verteidigt Johannes Senf am 30. Mai 1983 erfolgreich seine Thüringer Würste vor den Grenzpolizisten. Die erste Kontrolle in der Bundesrepublik in Bebra fällt deutlich nachlässiger aus. Susanne wartet in Frankfurt mit ihrem Bruder auf ihn. Er erinnert sich kaum mehr an die Ankunft, dafür umso besser an die Autobahn in Richtung Montabaur: die reflektierenden Katzenaugen der Markierungen auf der Straße, die Lichter der Baustellen, die Metropole in der Ferne. Und dann die nicht enden wollende Parkplatzsuche in Köln.

Johannes Senf steht im Wohnzimmer seines Ateliers und blickt aus dem Fenster auf das Vogelhaus im Baum. Es dauerte zwei Jahre, bis er das Gefühl hatte, angekommen zu sein, bis er an der Fachhochschule mit seinem Kunststudium begann. Er suchte nach Menschen, die ihm ähnelten, aber da waren keine. Und so frei, wie er sie sich vorgestellt hatte, waren die Westdeutschen auch nicht. Nach der Wende ging er zum Kölner »Ossi-Stammtisch«: Den organisierten Leute, die lange nach ihm gekommen waren, »Wirtschaftsflüchtlinge«, wie Johannes Senf sie lakonisch nennt, die keine Ahnung davon haben, wie es war, im Herbst von der Schule zur Kartoffelernte auf den Acker geschickt zu werden. Zweimal war er dort, dann ließ er es sein.

Er hat an diesem Tag nicht mehr viel vor. Die nächste Ausstellung ist in vier Monaten, die Vorbereitungen beginnen gerade erst. Seine Frau arbeitet. Für seinen Sohn, der nach der Schule zum Mittagessen kommt, hat er schon den Tisch gedeckt. Johannes Senf sieht den Vögeln vor dem Fenster zu, wie sie nach den Kernen picken und dann weiterfliegen. Was als Nächstes kommt, bestimmt er selbst.

Nach Johannes Senfs Ausreise beantragte seine Familie vierteljährlich eine Besuchserlaubnis für ihn, einmal versuchte sie es mit einer »Eingabe« bei Erich Honecker. Doch nur zweimal durfte er in die DDR einreisen: vier Tage, als sein Bruder 1988 heiratete, und kurz vor der Maueröffnung für ein Wochenende im September. Keiner, sagt Senf, habe zu diesem Zeitpunkt damit gerechnet, dass das Ende der DDR so kurz bevorstand. Johannes Senf lebt heute als freier Künstler in Köln-Deutz.

Johannes Schönherr

»Ich war ein ›hartnäckiger rechtswidriger Übersiedlungsersuchender‹«

Nach einem gescheiterten Fluchtversuch stellte Johannes Schönherr 1981 den ersten einer ganzen Reihe von Ausreiseanträgen.

Johannes Schönherr gehörte zur Szene der Langhaarigen. 1977 versuchte er, gerade 16 geworden, aus der DDR zu flüchten, aber die tschechischen Grenzer fingen ihn ab. 1981 stellte er seinen ersten Ausreiseantrag – und ließ nicht locker. Fast jede Woche gab er beim Rat des Stadtbezirks Leipzig-Süd einen neuen Antrag ab, schickte später sogar seinen Personalausweis ans Innenministerium in Ost-Berlin. Als es 1983 den Behörden anscheinend zu viel wurde, genehmigten sie seine Ausreise.

BV [Bezirksverwaltung] für Staatssicherheit Leipzig
Kreisdienststelle Leipzig-Stadt *Leipzig, 2. August 1983*

Vorschlag zur Genehmigung der Übersiedlung nach der BRD aus operativen Gründen

[Personalien]
Sachverhalt
Bei dem Schönherr handelt es sich um einen hartnäckigen rechtswidrigen Übersiedlungsersuchenden nach der BRD, der seit dem 4.11.1981 wiederholt schriftliche Anträge auf Übersiedlung in die BRD und Aberkennung

der Staatsbürgerschaft der DDR bei den zuständigen staatlichen Organen stellte.
Durch mehrfache schriftliche Antragstellung seiner Übersiedlung bei den örtlichen Organen und an das MdI [Ministerium des Innern] sowie bei geführten Aussprachen durch die Abt. Innere Angelegenheiten brachte der Schönherr seine feindlich-negative Haltung zu den gesellschaftlichen Verhältnissen in der DDR zum Ausdruck und ließ erkennen, daß Maßnahmen zur Rückgewinnung erfolglos sind.
Um sich zielgerichtet der staatlichen Kontrolle und Beeinflussung zu entziehen, nahm der Schönherr im März 1982 eine Tätigkeit bei der ev.-luth. Landeskirche Sachsen, Kirchliches Friedhofsamt auf. Im Rahmen der operativen Bearbeitung wurde bekannt, daß der Schönherr im Oktober 1982 und im März 1983 die Ständige Vertretung der BRD in der DDR aufsuchte. Über den Inhalt dieser Kontaktaufnahme wurden keine Hinweise bekannt. Gleichfalls nahm der Schönherr am Wochenende des 16./17. Juli 1983 an den öffentlichkeitswirksamen Handlungen feindlich-negativer Kräfte in Jena teil. Weitere öffentlichkeitswirksame Handlungen im Zusammenhang mit seinem Übersiedlungsersuchen wurden nicht bekannt. Es ist allerdings nicht auszuschließen, daß der Schönherr zur Durchsetzung seiner Übersiedlung nach der BRD zukünftig derartige Handlungen unternehmen könnte. [...]
Um Genehmigung des Vorschlages der Übersiedlung nach der BRD und Entlassung aus der Staatsbürgerschaft der DDR auf schnellstmöglichen [sic] Wege wird gebeten.
Leiter der DE [Diensteinheit]
Schmidt
Oberst

Dass mir die Stasi weniger als zwei Jahre nach meinem ersten Ausreiseantrag im November 1981 solch ein erstklassiges Regimegegner-Zeugnis mit dringender Übersiedlungsempfehlung ausstellen würde, hatte ich zwar von Beginn an gehofft, aber sicher sein konnte ich mir natürlich nicht.

Die Stasi entschied nicht selbst, wer ausreiste oder nicht. Das entschied das Ministerium des Innern der DDR, vertreten durch die Abteilungen für Innere Angelegenheiten beim Rat der Stadt oder des Kreises. Also genau das Amt, bei dem ich meinen Antrag stellte. Aber das Amt entschied nichts ohne Einschätzung des Antragstellers durch die Stasi. Dabei hatte ich schon 1981 eine gewisse Hintergrundgeschichte, die in den Stasi-Akten vermerkt war, wie ich viel später las.

Im August 1977, kurz nach meinem 16. Geburtstag, hatte ich einen Fluchtversuch gewagt. Per Anhalter in die Tschechoslowakei und weiter anhand der Straßenschilder, die den Weg nach Bayreuth wiesen. Wenige Kilometer vor der bayerischen Grenze wurde ich von tschechischen Grenzern abgefangen, an die DDR-Grenztruppe übergeben und saß dann einige Monate in Untersuchungshaft, erst in Plauen, dann in Leipzig, bevor ich freigelassen und zu »zehn Monaten Freiheitsentzug, für zwei Jahre zur Bewährung ausgesetzt«, verurteilt wurde.

Die Zeit im Gefängnis fand ich wunderbar. Als bis dahin völlig unauffälliger 16-Jähriger galt ich plötzlich als ernsthafter Rechtsbrecher. Grauhaarige Ermittler studierten meinen Reiseweg, schlecht gelaunte Vollzugsbeamte kläfften mich an. Genau wie in einem amerikanischen Knastfilm. Meine Mitgefangenen saßen fast alle wegen der gleichen Sache wie ich ein: R-Flucht (Republikflucht) war das gängige Kürzel oder ganz kurz: 213. Letzteres bezog sich auf Paragraf 213 im DDR-Strafgesetzbuch: ungesetzlicher Grenzübertritt. Auch der Versuch war strafbar. Aber meistens nannten wir unser Delikt R-Flucht und schmiedeten Pläne fürs nächste Mal. Die, die es fast geschafft hatten, zeichneten Karten, auf denen sie ihre Route, die Wachtürme und alles, was der zukünftige Grenzüberschreiter über die jeweilige Grenzgegend sonst noch wissen sollte, notierten.

Statt einen neuen Fluchtversuch zu probieren, schloss ich mich nach meiner Entlassung der ostdeutschen Langhaarigen-Fraktion an. Nicht so sehr den Bluesern, die von Konzert zu Konzert fuhren – die Bands hatten staatliche Auftrittsgenehmigungen und waren schon deshalb für mich nicht akzeptabel –, sondern zu Werkstattabenden und Werkstattwochenenden, die von Jugendpfarrern vor allem in Thüringen organisiert wurden. Dort traten auch Bands oder Liedermacher auf, die keine staatliche Auftrittsgenehmigung besaßen oder denen diese entzogen worden war. Pfarrer Walter Schilling, langhaarig wie wir, obschon einige Jahre älter, öffnete seine kleine Pfarrei in Braunsdorf bei Saalfeld über den Sommer für jeden, der kommen wollte. Offene Jugendarbeit hieß das. Im Grunde bot er einfach einen Ort an, an dem man sich frei fühlen konnte, einen Ort, an dem man Leute treffen konnte, die schnell zu Freunden wurden.

An den langen Abenden in Braunsdorf und anderswo wurden Ausreisen in den Westen kontrovers diskutiert. Es fand sich fast immer eine Mehrheit an Leuten, die erklärten, dass sie die Hoffnung noch nicht aufgegeben hätten und in diesem Staat etwas Positives bewirken wollten. Zu denen gehörte ich nicht. Ich wollte nicht die DDR verändern, ich wollte weg.

Wenn ich heute in meinen Kalender von 1981 schaue, finde ich kurze Notizen zu Anhalterreisen an fast jedem Wochenende. Von Leipzig nach Jena, von dort nach Dresden und dann wieder nach Arnstadt oder Halle, alles an einem Wochenende. Ich stand manchmal Stunden am Straßenrand, bis sich ein Fahrer des Langhaarigen erbarmte, der seinen Daumen ausstreckte.

Bei der Polizei galten wir als Personen mit »dekadentem Äußeren« und wurden entsprechend oft überprüft. So eine Überprüfung der Personalien dauerte meist mehrere Stunden, bis mit dem heimischen Volkspolizei-Kreisamt abgeklärt war, dass wir uns wohl doch nicht gerade auf Fluchtkurs befanden, sondern nur von Party zu Party reisten. Partys, zu denen wir gegenüber der Polizei jede Auskunft verweigerten.

Das Sitzen über Landkarten und das Schmieden von Fluchtplänen war Teil dieses Lebens. Irgendwann würde ich nicht mehr zwischen Leipzig, Dresden und Arnstadt umhertrampen, sondern in Richtung London, Rom und Amsterdam oder, besser noch, von New York nach San Francisco, auf der alten Jack-Kerouac-Route.

Die Ausbürgerung von Wolf Biermann 1976 hatte ich natürlich genau verfolgt, ebenso wie die darauf folgende Ausreisewelle vieler bekannter ostdeutscher Schauspieler, Musiker und anderer Künstler. Das war aber eine andere Welt, damit hatte ich nichts zu tun. Ich war kein Künstler oder Schauspieler.

Als mich eines Tages im Jahre 1981 die Nachricht erreichte, dass einem Freund aus Neudietendorf bei Erfurt die Ausreise genehmigt worden war, war ich zunächst erstaunt. Der Freund war kein Manfred Krug oder so, sondern einfach jemand, der bei der Kirche gearbeitet und Antrag auf Antrag gestellt hatte. Nun wohnte er also in Olpe im Sauerland und schrieb Postkarten aus Paris und Marokko. Sein Begrüßungsgeld, Entschädigungszahlungen und Sozialleistungen setzte er in Reisen um. Reisen, bei denen er wohl selten ein Hotel von innen sah – aber so reiste ich ja auch: Wenn es keinen Platz bei Freunden gab, rollte ich meinen Schlafsack im nächsten Park aus.

Die DDR-Führung hatte sich wohl vorgestellt, dass sie mit der Genehmigung von Ausreiseanträgen ihre schlimmsten Kritiker loswird. Das Gegenteil war der Fall. Jede genehmigte Ausreise inspirierte neue Ausreiseanträge. Kaum hatte ich vom Erfolg meines Freundes gehört, stellte ich meinen ersten eigenen Antrag. Zu dieser Zeit wohnte ich noch bei meiner Mutter und arbeitete als Küchenhilfe im Ratskeller »Zur Linde« in Markkleeberg, einem Ort südlich von Leipzig. Der Ratskeller bezeichnete sich gern als Restaurant »gehobener Klasse«, was er vielleicht sogar war. In der Küche des Ratskellers wurde auch das Mittagessen für einige Schulen in der Umgebung zubereitet. Vor Ort, im großen Veranstaltungssaal des Rathauses, gab es die Schulspeisung für meine ehemalige polytechnische Oberschule. Ich arbeitete in der Großküche, die die Schulen versorgte. Das Essen, das produziert wurde, war von derselben Qualität wie das, das es im Gefängnis gab. Oder anders: Weil ich an das Schulessen gewöhnt war, konnte ich mich übers Gefängnisessen nicht beschweren.

Etwa zwei Wochen nachdem ich meinen Ausreiseantrag per Post an die Abteilung Innere Angelegenheiten beim Rat des Kreises Leipzig-Land abgeschickt hatte, sagte mir meine Ratskeller-Chefin, dass wir beide dringend auf dieses Amt vorgeladen worden seien. Sie fuhr einen Dacia, ganz die erfolgreiche Geschäftsfrau. Mein Ausreiseantrag wurde abgelehnt, weitere Versuche seien ebenso erfolglos und möglicherweise strafbar, wurde mir klargemacht. Auf der Rückfahrt meinte meine Chefin, dass man es in der DDR durchaus zu etwas bringen könne. Sie selbst sei ein gutes Beispiel dafür: Chefin des besten Restaurants im Ort mit eigenem Auto, wenn auch mit viel Verantwortung. Ob ich nicht vielleicht eine Lehre zum Koch machen wollte? Sie könnte das organisieren. Nicht für mich, antwortete ich.

In der Großküche änderte sich nach meinem Ausreiseantrag nichts. Die Küchenfrauen machten dieselben anzüglichen Bemerkungen wie zuvor, meinen Antrag nahm dort keiner so richtig ernst.

Eines Abends Anfang 1982 kam ein Freund vorbei. Die Dings, die kennst du ja auch, sagte er, die zieht nach Berlin. Ausreise?, fragte ich, und er sagte, nein, einfach ein Umzug ins normale Berlin, also nach Ost-Berlin. Also die Dings, fuhr er fort, die habe die letzten Jahre in einer besetzten Wohnung in Leipzig-Connewitz gewohnt. Die Wohnung würde sie gerne an jemanden abgeben, der dringend eine sucht.

Ich traf sie, und sie gab mir die Adresse ihres Vermieters, eines

Johannes Schönherr als Friedhofsarbeiter, 1983 (Foto: privat)

freundlichen älteren Herrn im Norden von Leipzig. Er war gern bereit, mir die Wohnung zu vermieten. Doch trotz Mietvertrags galt ich als Besetzer. Denn nur das kommunale Wohnungsamt durfte Wohnungen zuweisen, private Vereinbarungen zwischen Vermieter und Mieter waren nicht zulässig. Wenn man aber erst einmal eine Zeit lang in einer »besetzten« Wohnung gewohnt, regelmäßig Miete gezahlt und einen Arbeitsplatz in der Nähe hatte, wurde das Mietverhältnis üblicherweise vom Amt legalisiert. So war es nach einigen Monaten auch bei mir.

Etwa zur selben Zeit berichtete mir ein anderer Freund, dass er seinen Job als Friedhofsarbeiter/Totengräber auf dem Friedhof Connewitz aufgeben würde. Es sei ein guter Job, sagte er, aber unstet wie er war, würde er gerne wieder etwas anderes machen. Ich bewarb mich also beim Kirchlichen Friedhofsamt Leipzig, das für alle kirchlichen Friedhöfe der Stadt zuständig war, um den Job. Ich wurde genommen.

Endlich hatte ich eine eigene Wohnung, und die Arbeit als Totengräber gefiel mir. Die Kollegen gehörten zur selben Langhaarigenszene wie ich, und wir wurden schnell Freunde.

Wir hatten Vorgaben, wann ein Grab für eine Beerdigung fertig sein musste. Wie wir das organisierten, war uns überlassen. Das war natürlich ein ganz anderes Arbeiten als in der Großküche oder in einer Fabrik. Der Staat mit seinen Organisationen war meilenweit entfernt. Und obwohl wir beim kirchlichen Friedhofsamt arbeiteten, fragte niemand, ob wir tatsächlich Mitglied in einer Kirche oder sonst irgendwie christlich orientiert seien. Das waren wir nämlich nicht.

Bei einer Party kurz nach dem Einzug in meine Wohnung, bei der es nur Jazz als Musik und Schnaps als Getränk gab, versah ein Freund meine weiß getünchten Wände mit wilden abstrakten Malereien. Die wurden schnell zum Markenzeichen der Behausung. Bald zog eine Freundin ein, dann eine andere. Eine weitere gute Freundin quartierte sich im Hinterzimmer der Wohnung ein. Die meisten meiner Freunde wussten, wo der Schlüssel lag, und ab und an kam ich vom Friedhof nach Hause, und irgendwer hatte bereits eine Party begonnen. Die Wohnung wurde zu einem Treffpunkt der Leipziger Szene.

So gut mir diese Situation gefiel, war doch klar, dass dies nur ein vorübergehender Zustand sein konnte. Eine intensive Zeit, sicher, aber in der nicht allzu fernen Zukunft lag doch die Einberufung zum Wehrdienst. Falls nicht die gegenwärtigen Aktivitäten schon vorher für einen neuen Aufenthalt im Gefängnis sorgen würden.

Ich begann also, meine Ausreise zu forcieren. Die Abteilung für Innere Angelegenheiten des Rates des Stadtbezirks Leipzig-Süd war zwar nur dienstags für den Publikumsverkehr geöffnet, aber sie war schnell per Fahrrad zu erreichen. Und so radelte ich fast jeden Dienstag mit einem neuen Antrag hin. Der wurde zwar immer auf der Stelle abgelehnt, aber ich ließ den handgeschriebenen Antrag jedes Mal auf dem Amt. Manchmal hatte ich politische Debatten mit dem Amtsleiter selbst, manchmal wies mich die Vorzimmerdame ab. Es war mir egal. Wie angekündigt, war ich am folgenden Dienstag mit einem neuen Antrag wieder da.

Gleichzeitig weitete ich meine Kontakte aus. Ein Verwandter in Nürnberg, Philosophiestudent und Spät-68er, begann, die neuesten Entwicklungen in meiner Sache regelmäßig dem Bundesinnenministerium in Bonn mithilfe der Telex-Maschine seines Vaters zu übermitteln. Telex hatte kaum jemand privat, und er hoffte, dass er damit im Ministerium Eindruck machen würde.

Ich fuhr mehrmals nach Ost-Berlin und besuchte die Ständige Vertretung der Bundesrepublik. Dort hörte ich mitfühlende Worte. Aber weitaus wichtiger war es, vor dem Gebäude von der Stasi notiert zu werden.

Im Oktober 1982 entschied ich mich für einen radikalen Schritt: Ich schickte meinen Personalausweis ans Innenministerium in Ost-Berlin und erklärte in einem beiliegenden Schreiben, dass ich damit meine Staatsbürgerschaft aufkündige. Am selben Tag sandte ich meinen Wehrpass ans Wehrkreiskommando Leipzig-Land, einschließlich einer Ankündigung der totalen Wehrdienstverweigerung aus politischen Gründen. Mein Verwandter in Nürnberg war natürlich informiert.

Einige Wochen passierte nichts, dann bekam ich eine Postkarte vom Einwohnermeldeamt. Ich sollte dort vorsprechen. In Erwartung meiner sofortigen Verhaftung radelte ich aufs Amt. Dort gab mir eine Angestellte meinen Personalausweis mit der Bemerkung zurück, dass ich mich doch ausweisen können müsste, wenn es mit meiner Ausreise so weit sei. Das war natürlich ein überzeugendes Argument. Ich nahm den Ausweis wieder an mich – es war noch der richtige Personalausweis, kein sogenannter PM 12. Der PM 12 war ein Ersatzausweis, mit dem man nicht in die Tschechoslowakei reisen konnte und der einen bei Polizeikontrollen sofort verdächtig machte. Meine Einsendung des Wehrpasses wurde nie kommentiert. Darauf gab es schlicht keine Reaktion vonseiten der Behörden.

Einen PM 12 bekam ich Ostern 1983 aber doch noch verpasst. Ich wollte mit einer Freundin in die Tschechoslowakei trampen. In Karl-Marx-Stadt wurden wir von der Polizei kontrolliert und nach unserem Woher und Wohin befragt. Ich verweigerte die Aussage zu Reiseweg und Reisezielen. Einige Tage später konnte ich mir meinen PM 12 bei der Leipziger Polizei abholen. Zu nichts von alledem fanden sich später Einträge in meiner Stasi-Akte. Ganz so eng arbeiteten die Behörden wohl doch nicht zusammen.

Richtig aufmerksam auf mich wurde die Stasi wohl erst im Juli 1983. Ich war bei Freunden in Jena zu Besuch, und bei der Gelegenheit wollte ich mir eine Demonstration des »Weißen Kreises« anschauen – und mich dort, wenn möglich, von der Stasi notieren lassen. Der »Weiße Kreis« war eine Gruppe von Leuten, die lautstark ihre Ausreise forderten. Meine Jenaer Freunde hielten nicht viel vom »Weißen Kreis«. Das seien alles bürgerlich Arrivierte, hieß es, die wollten nur lieber Golf statt Wartburg fahren.

Ich ging ein wenig vor der angekündigten Zeit auf den Platz der Kosmonauten im Zentrum von Jena. Die Stehcafé-Tische auf dem Platz waren gut bevölkert – von Damen und Herren mittleren Alters, die alle betont unauffällig gekleidet waren. Irgendwann erschienen 15 bis 20 Leute vom »Weißen Kreis« auf dem Platz, alle in weißen T-Shirts mit einem kleinen Aufdruck links oben: das Wort JA in Schwarz-Rot-Gold. JA stand für Jena Ausreise. Die Weißbehemdeten fassten sich an den Händen und begannen im Kreis zu laufen.

Die unauffällig Gekleideten durchbrachen den Kreis sofort. Weiter konnte ich nichts sehen, denn auch ich war plötzlich von »Unauffälligen« umringt, die meinen Ausweis forderten und meine Personalien aufnahmen – ganz so, wie ich es gehofft hatte. Nach dem Abgleich der Personalien läuteten bei der Leipziger Stasi die Alarmglocken. Nur zwei Wochen nach der Demonstration in Jena, an der ich nicht mal aktiv teilgenommen hatte, verfasste die Leipziger Stasi das eingangs zitierte Empfehlungsschreiben zu meiner Ausreise.

Davon unabhängig hatte wohl auch das Ministerium des Innern die Nase voll von mir. Ende Juli 1983 kam ich mit meinen Friedhofskollegen von unserem üblichen Mittagsumtrunk in einer nahe gelegenen Kneipe zurück. Die Friedhofssekretärin war sehr aufgeregt und berichtete, dass sie einen Anruf von der Abteilung für Innere Angelegenheiten bekommen habe. Ich sollte sofort dort erscheinen. Auf dem Amt sah ich keinen meiner sonstigen Ansprechpartner. Eine ältere Sekretärin, die ich bis dahin kaum wahrgenommen hatte, bat mich in ihr Zimmer. Also das mit der Ausreise, da werde wohl bald eine positive Entscheidung getroffen, sagte sie. Ich sollte gleich ein paar Formulare ausfüllen. Ich sollte die Stadt nicht verlassen, niemandem etwas von der bevorstehenden Entscheidung erzählen und vor allem keinerlei Veröffentlichung in der Westpresse anstreben. Doch hatte ich zu diesem Zeitpunkt schon einen »offenen Brief« an Erich Honecker geschrieben und eine Abschrift an meinen Verwandten in Nürnberg weitergeleitet.

Bald darauf erhielt ich vom Amt für Innere Angelegenheiten einen Laufzettel. Ich musste zu allen möglichen Banken und Institutionen gehen und mir dort bescheinigen lassen, dass ich keine Schulden hatte. Mein Vermieter bestätigte gern, dass die Miete gezahlt wurde, das Hundesteueramt, dass ich nie einen Hund besessen hatte. Auf den Banken war ich unbekannt.

Alles lief wunderbar auf die Ausreise zu, als ich eines Morgens ein Telegramm aus Nürnberg bekam. »Onkel Helmut wird morgen operiert«, stand da. Ich hatte keinen Onkel Helmut. Mir war sofort klar, was gemeint war: Mein »offener Brief« würde den Weg in die Presse finden. Jetzt noch eine Verhaftung wegen Kontakten zur Westpresse? Das konnte ich gar nicht brauchen. Stoppen konnte ich die Veröffentlichung aber nun auch nicht mehr. Was passierte daraufhin? Nichts.

Ich arbeitete meinen Laufzettel ab und konnte Mitte September meinen PM 12 gegen einen anderen Ersatzausweis eintauschen, schlicht »Identitätsbescheinigung«. Ein »Visum zur einmaligen Ausreise in die BRD« zierte die Rückseite der Bescheinigung. Gleichzeitig erhielt ich eine »Urkunde über die Aberkennung der Staatsbürgerschaft der DDR«. Aus Sicht der DDR-Behörden war ich damit staatenlos, aus der Sicht der bundesdeutschen Behörden nicht. Bei denen galt ich weiterhin als Deutscher.

Just in diesen Tagen fand ich eine Postkarte von einer Fahrschule in Zwenkau, einer Kleinstadt südlich von Leipzig, in meinem Briefkasten. Ich könnte nun mit meinen Fahrstunden beginnen, hieß es. Im Herbst 1981 hatte ich mich um einen Führerschein-Lehrgang beworben. Der Antrag auf Ausreise führte schneller zum Erfolg als die Anmeldung zur Fahrschule.

Mit meinen neuen Papieren konnte ich mir am Leipziger Hauptbahnhof problemlos eine Fahrkarte nach Nürnberg kaufen. Und am Nachmittag des 16. September 1983 packte ich meine Koffer. Billige Koffer, schnell gekauft und nur für die Ausreise gedacht. Nach und nach versammelten sich Freunde in meiner Wohnung. Manche brachten selbst gekelterten Obstwein als Abschiedsgeschenk mit. Wir hatten ihn ausgetrunken, bevor die Freunde mich am Abend zum Zug brachten.

Nach den Pass- und Zollkontrollen an der innerdeutschen Grenze und langen Blicken aus dem nächtlichen Zugfenster, mit denen ich einen ersten Eindruck von dem Land, das mich nun erwartete, zu erhaschen versuchte, weckte mich am frühen Morgen ein DDR-Rentner. Ich hätte doch gesagt, dass ich in Nürnberg aussteigen wollte? Das hatte

Johannes Schönherr im Ikebukuro-Bahnhof, Tokio, 2019 (Foto: Tomoko Katayama)

ich fast verschlafen ... Ich griff meine Koffer und hastete nach draußen. Der Zug fuhr weiter nach Stuttgart.

Auf dem Bahnsteig erwartete mich mein Verwandter. Nach einigen Minuten Autofahrt waren wir in seiner WG in der Nürnberger Nordstadt. Er kochte Kaffee und gab mir beiläufig die *Nürnberger Zeitung* vom 24. August mit der Schlagzeile »Hilferuf um DDR-Ausreise« auf der Titelseite. Da ging es um mich und meinen Brief an Honecker. Das ist nun alles Vergangenheit, dachte ich, während ich meinen Kaffee schlürfte.

Wie ich erst Jahre später aus meiner Akte erfuhr, führte diese Schlagzeile zu hektischen Aktivitäten bei der Stasi – während ich bereits in fränkischen Biergärten neue Bekanntschaften schloss.

Nach seiner Ausreise besuchte Johannes Schönherr eine Fachoberschule in Nürnberg, studierte dann Soziologie in Erlangen und Filmgeschichte in New York. Er lebt heute in Japan und schreibt über Reisen, Filme und Essen.

Heike Kleffner

»Freiwillig bin ich nicht ausgereist«

Mit 17 besetzte Stefan Tabor zum ersten Mal mit Freunden ein Haus, mit 19 stellte er 1982 den ersten Ausreiseantrag.

Mit 20 demonstrierte er mit einem Kerzenkreis vor der Eröffnung der Internationalen Leipziger Dokumentar- und Kurzfilmwoche gegen das Wettrüsten in Ost und West. Mit 21 reiste Stefan Tabor aus der DDR aus: unter Zwang. Sein Name wurde hier verändert.

Als Stefan Tabor seinen zweiten Ausreiseantrag unterschrieb, hatte er schon fast zwölf Monate in Haft verbracht: erst in der Untersuchungshaftanstalt der Staatssicherheit in Leipzig, dann in der Justizvollzugsanstalt Naumburg. Auf Antrag der Staatsanwaltschaft Leipzig war der damals 21-Jährige im April 1984 zu zwei Jahren Gefängnis verurteilt worden. Sein schwerstes »Vergehen«: Als »Rädelsführer« soll er gegen den berüchtigten Paragrafen 215 des Strafgesetzbuches der DDR verstoßen haben, der für »Rowdytum« Freiheitsstrafen von bis zu fünf Jahren vorsah und auch für politische Verurteilungen genutzt wurde. Außerdem wurde er nach Paragraf 219 wegen »ungesetzlicher Verbindungsaufnahme« in den Westen verurteilt.

Als »Rädelsführer« hat sich Stefan Tabor nie gesehen. Fragt man den Ingenieur für Windkraftanlagen, wie es im November 1984 zu seiner Ausreise aus der DDR kam, sagt er: »Freiwillig bin ich nicht ausgereist. Denn wir wollten viel mehr verändern – und zwar in der DDR.«

Dann nimmt er die Fragestellerin im weichen Sächsisch mit auf eine Erinnerungsreise in die Welt der DDR-Jugendopposition der frühen 1980er-Jahre.

Wie ein roter Faden durchzieht der Wunsch nach Veränderung das Leben von Stefan Tabor. Als Einzelkind wuchs er in einer »ganz normalen« DDR-Familie im Nordwesten von Leipzig auf, im überschaubaren Leutzsch: mit einer alleinerziehenden Mutter, deren Schwester und ihren Söhnen, seinen Cousins, und den Großeltern. Die Väter waren abwesend: Stefan Tabor lernte seinen Vater, der als Aktivist der Unabhängigkeitsbewegung in Sansibar mit einem Stipendium nach Leipzig gekommen war und die DDR kurz nach der Geburt seines Sohnes wieder verlassen hatte, erst nach seiner Ausreise aus der DDR kennen.

Das politische Grundrauschen, das seine Jugend begleitete: der Rüstungswettlauf der Supermächte USA und Sowjetunion. Tabor, Jahrgang 1963, war 16, als in Reaktion auf die geplanten Stationierungen von Mittelstreckenraketen des Typs Pershing II, Cruise Missile in der Bundesrepublik und SS 20 in der DDR beiderseits des Eisernen Vorhangs Friedensbewegungen entstanden. Genauso prägend: die Solidarność-Bewegung und deren Verbot 1981 mit der Verhängung des Kriegsrechts in Polen. Die Musik dazu: Blues, Reggae und manchmal Punk. »Wir dachten, man müsste doch den Sozialismus genießen können. Warum ist das nicht so?« Die Lektüre: Reiner Kunzes *Die wunderbaren Jahre,* Bakunin – »wir mussten erst im Lexikon nachschlagen, was Anarchie bedeutet, das Freiwillige daran hat uns gefallen«.

Im Sommer 1979 schloss Stefan Tabor die 10. Klasse ab. Danach trampte er, dessen immer länger werdende Haare wiederholt zu heftigen Diskussionen in der Familie führten, mit Freunden durch die DDR. Auf Zeltplätzen bekamen die Teenager erste Kontakte zu Oppositionellen aus Ost-Berlin: »Die Freunde waren knapp zehn Jahre älter als wir und kamen aus der Künstler- und Kulturszene – immer auf der

Suche nach Freiräumen. Sie nahmen uns mit in besetzte Wohnungen, zu Theateraufführungen mit selbst geschriebenen Stücken und einmal zu einem Gartenfest bei Robert Havemann.«

Nach dem kurzen Sommer der relativen Freiheit begann Stefan Tabor eine Lehre als Zerspanungsfacharbeiter mit Abitur. Währenddessen trotzten 1980 die Massenstreiks der Solidarność-Bewegung der polnischen Regierung das Danziger Abkommen ab. »Als 1981 das Kriegsrecht in Polen verhängt wurde, bekamen wir unsere Musterungsbefehle«, erinnert sich Stefan Tabor. »In der DDR war dein ganzes Leben vorgeplant – und damit auch, dass junge Männer zur Armee mussten. So sind wir schlagartig zur Friedensbewegung gekommen.« Die Freunde waren ebenfalls Lehrlinge: auf dem Bau, im Betonwerk, bei der Post. »Wir haben uns nur aufs Wochenende gefreut. Freitagnachmittags haben wir uns glücklich getroffen und sind raus, zum Beispiel nach Günthersdorf zur Disco, wo wir als Langhaarige auch mit kaputten Jeans reingelassen wurden.« Sein Cousin und er seien schon »durch unser Äußeres« aufgefallen – auch wenn in der DDR der 1980er-Jahre in allen größeren Städten binationale Ehepaare und Kinder lebten. »Als wir größer wurden, kamen die Fragen: ›Wo kommst du her?‹« Später erst erfuhr er von den Beleidigungen und rassistischen Kommentaren, die seiner Mutter und ihm galten und vor denen ihn seine Familie schützte.

Ein Ort wurde für die »Langhaarigen« in Leipzig-Leutzsch immer wichtiger: die kleine Dorfkirche. Der Jugendpfarrer Martin Lösche, erinnert sich Stefan Tabor, »öffnete die Türen für die Junge Gemeinde – und uns. Immer mittwochs sind wir zur Jungen Gemeinde gegangen und haben über alles geredet: Wehrdienstverweigerung, Knast, Armee.« Theaterstücke wie *Die Polizei* des polnischen Regimekritikers Sławomir Mrożek und nicht zuletzt eine Bühnenadaption von Günter Eichs Hörspiel *Träume,* die Martin Lösche mit den Jugendlichen in Gemeinde-

Stefan Tabor, 1986 (Foto: privat)

sälen aufführte, machten die Gruppe bekannt. Eine Konsequenz der Schlussszene mit Eichs bekannten Zeilen »Tut das Unnütze, singt die Lieder, die man aus eurem Mund nicht erwartet! Seid unbequem, seid Sand, nicht das Öl im Getriebe der Welt!«: Die Staatssicherheit legte den Operativen Vorgang »König« zu Jugendpfarrer Lösche an. Stefan Tabor sagt: »Innerhalb kürzester Zeit sind wir in eine Konfrontation gekommen.«

Das erste Mal dachte Stefan Tabor nach der *Rockpalast*-Fete im März 1980 übers Ausreisen nach – nach der ersten Hausbesetzung in Leipzig-Lindenau. »Wir hatten durchs Westfernsehen, aber auch durch Leute aus West-Berlin, die wir im Prenzlauer Berg kennengelernt hatten, von deren Hausbesetzungen erfahren. Einer aus unserem Kreis wohnte gegenüber von einem leerstehenden Haus in Leipzig-Lindenau. Wir haben zwei Etagen aufgeräumt, das Treppenhaus abgesichert, Geld zusammengelegt und Bier geholt. Den Strom für den alten Fernseher und das alte Radio haben wir über Hausdächer hinweg aus der Wohnung des Freundes abgezapft. Und weil wir überall erzählt hatten, dass wir eine Fete zur *Rockpalast-Nacht* machen würden, kamen mehr als 100 Langhaarige. Obwohl der Sound der Übertragung wirklich nicht weit reichte, war die Stimmung super – bis die Volkspolizei das ganze Viertel absperrte, ins Haus stürmte und auch mit Gummiknüppeln alle Leute aufs Präsidium brachte.« Stefan Tabor gelang es, sein Adressbuch und den Dietrich, mit dem die Haustür aufgeschlossen worden war, wegzuwerfen, bevor er auf einen Lkw verfrachtet wurde. An die folgenden Stunden in der kalten Märznacht auf dem Hof des Präsidiums der Volkspolizei Leipzig in der Beethovenstraße – mit Blick auf die Untersuchungshaftgebäude der Justiz und der Staatssicherheit – erinnert er sich heute noch: »Wir mussten die ganze Nacht mit Händen hinterm Kopf aufgereiht an einer Mauer stehen. Wer sich bewegte oder sprach, dem wurden Schläge angedroht oder verabreicht. Aus den vergitterten Fenstern des Untersuchungsknastes schrien die Gefangenen: ›Frischfleisch, Frischfleisch!‹ Nach einer Weile wurden alle jungen Frauen und Mädchen in den Keller gebracht. Dort mussten sie sich ausziehen und nackt Kniebeugen vor den Polizisten machen.«

Die meisten der festgenommenen Jugendlichen wurden nach stundenlangen Verhören wieder entlassen. Der Polizeieinsatz war noch lange Stadtgespräch – und eine Warnung an alle. Weil die Stasi wusste, dass Stefan Tabor zu den Organisatoren der *Rockpalast*-Fete gehörte, wurde er zu einer Geldstrafe verurteilt: »300 Mark Strafe waren zwar viel Geld bei einem Lehrlingsgehalt von monatlich 120 Mark. Aber unsere Stärke war, dass bei uns das Finanzielle keine Rolle spielte. Bei einer Party wurde für die Strafen zusammengelegt.« Viel schwerer wog, dass auch der Personalausweis eingezogen wurde und Stefan Tabor einen Ersatzausweis, den berüchtigten PM 12, bekam. »Jetzt konnte ich zum Beispiel nicht mehr nach Prag trampen. Bei Kontrollen wurden wir ständig schikaniert.«

Auf die DDR-weit wachsende Friedensbewegung reagierte der Apparat mit Repression: »Bei Kontrollen fing die Polizei an, den Leuten das ›Schwerter zu Pflugscharen‹-Zeichen aus den Jacken zu schneiden und deren Träger manchmal auch zu schlagen.« Als seine Berufsschulklasse nach Leningrad fuhr und Stefan Tabor mit dem PM 12 zu Hause bleiben musste, stellten eine Freundin und er 1982 einen Ausreiseantrag: »Wir hatten keine Eile, wir wollten mit der Friedensbewegung in der DDR etwas verändern und dachten, die Bearbeitung dauert sowieso noch etwa neun Jahre – so wurde es zumindest unter der Hand kommuniziert.« Die Mütter und die Großeltern waren schockiert: »Ihr arbeitet dem Westen in die Hände!« Nüchtern sagt Stefan Tabor: »Die Grundhaltung in der Familie war eigentlich, den Sozialismus nicht zu unterwandern oder zu schwächen und die guten Seiten zu sehen.«

Niemand aus dem Freundeskreis von Stefan Tabor wollte den Wehrdienst bei der NVA ableisten – erst recht nicht, nachdem in Polen im Sommer 1981 das Kriegsrecht verhängt worden war. »Wir dachten, in ein paar Jahren wirst du eingezogen und dann wird möglicherweise in Polen einmarschiert, und du musst auf Streikende schießen.« Aber: »Wir wussten alle, auf Totalverweigerung standen bis zu 22 Monate Haft.« Um der ersten Musterung zu entgehen, ließ sich Stefan Tabor »ein Hörnchen« auf den Kopf schlagen und behauptete, er sei – einen Tag vor der Musterung – beim Pflaumenernten von der Leiter gefallen. Ein halbes Jahr später folgte der nächste Musterungstermin. Tabor täuschte eine psychische Krise vor, ließ sich in eine psychiatrische Klinik einweisen – und hatte Angst, nicht mehr rauszukommen. Es schien kaum ein Entrinnen aus dem Kreislauf von Musterung, Verweigerung, Haft, erneuter Musterung, wieder Verweigerung, wieder Haft zu geben.

Immer mehr ältere Freunde aus dem Prenzlauer Berg stellten Ausreiseanträge. Auch Stefan Tabor kam ins Grübeln: »Wir haben ja dauernd in einer schizophrenen Situation gelebt. Alle Leute waren permanent unzufrieden. Gleichzeitig hat kaum jemand den Mund wirklich aufgemacht.« Einer aus dem Freundeskreis beging Suizid, weil er verdächtigt wurde, ein Stasi-Zuträger zu sein – zu Unrecht, wie sich herausstellte. Immer öfter mussten sich »Langhaarige« und junge Punks aus der Leipziger Szene vor Gericht verantworten. »Sie haben wirklich mit allen Mitteln versucht, uns kaputtzumachen«, sagt Tabor. In seiner Stimme schwingt noch immer Fassungslosigkeit darüber mit, dass die ganze Macht des Staatsapparats gegen junge Leute mit ausgefransten Jeans, langen Haaren und bunten Armreifen in Bewegung gesetzt wurde.

Im Herbst 1983 demonstrierten in Westdeutschland Hunderttausende gegen den Nato-Doppelbeschluss. Die Proteste der DDR-Friedensbewegung waren dagegen winzig: Am 5. November 1983 versammelten sich etwa 50 Menschen zum stillen Friedensgebet vor dem Alten Rathaus in Leipzig. Eine Woche später waren es 120, die schnell von der Volkspolizei auseinandergedrängt wurden. Die Kerzenproteste inspirierten: Kurz vor Beginn der 26. Leipziger Dokumentar- und Kurzfilmwoche setzten sich Stefan Tabor und seine Freunde vor dem Kino Capitol, wo die Eröffnung in Anwesenheit in- und ausländischer Festivalbesucher stattfinden sollte, schweigend in einem Kreis mit brennenden Kerzen aufs Pflaster.

Regine Sylvester erinnert sich in einem Beitrag für das 2014 erschienene Buch *Die Sicherheit des Festivals ist zu gewährleisten!*: »Von einer Seite der Straße zur anderen hingen wie jedes Jahr die Banner mit dem Motto des Leipziger DOK-Filmfestivals unter dem Motto ›Filme der Welt – für den Frieden der Welt‹. Neu waren die jungen Leute, zwei Dutzend vielleicht. Sie bildeten unter den Bannern einen Kreis und hielten brennende Kerzen in der Hand, ein Zeichen der Friedensbewegung. Es war ganz still. Der Protest hatte kaum Zuschauer. Ich blieb stehen, angerührt von der Ernsthaftigkeit der kleinen Gruppe.« Die Journalistin notierte auch, was dann geschah: »Plötzlich Rufe, Bremsen quietschen. Ein Lkw mit großer Plane stoppte, Polizisten sprangen von der Ladefläche und rannten zu der Gruppe, dann waren auch Zivilisten dabei, und alle zerrten die Beteiligten mit Gewalt zum Lkw. Aber zuallererst schlugen sie ihnen die Kerzen aus der Hand, die klackernd über den Asphalt rollten.«

Die kleine Gruppe erzeugte Wirkung: Internationale Festivalbesucher und Journalisten waren entsetzt über das brutale Vorgehen der Volkspolizei. Sie gründeten ein Ad-hoc-Komitee und erzwangen ein Gespräch mit dem stellvertretenden Kulturminister. Kritische DDR-Filmemacher, Schriftsteller und Kulturschaffende debattierten, wie sie sich zu dem Ereignis verhalten sollten. Auch *Tagesschau* und *Der Spiegel* berichteten.

»Wir waren uns sicher, die internationale Aufmerksamkeit würde uns schützen«, erinnert sich Tabor. »Deshalb waren wir relativ ruhig, als wir in den Keller des Polizeipräsidiums gebracht wurden. Wir dachten, dass wir nach 24 Stunden wieder zu Hause sein würden.« Dort wussten alle längst Bescheid, das Westfernsehen hatte über die Verhaftungen berichtet. Doch von den 16 festgenommenen jungen Frauen und Männern wurden nur zehn in derselben Nacht oder am nächsten Tag wieder nach Hause geschickt. Stefan Tabor sowie drei Freundinnen – eine davon hochschwanger –, sein Cousin und ein weiterer Freund wurden ins MfS-Untersuchungsgefängnis überstellt. Nachdem die Gruppe verhaftet worden war, kursierte ein Witz: »Anfrage an die *Leipziger Volkszeitung*: Ist es ratsam, beim Kauf von Kerzen Zahnbürste und Schlafanzug mitzunehmen?« Der 20-jährige Stefan Tabor saß einige Tage in Einzelhaft, anschließend in einer Zweierzelle mit Glasbausteinen statt Fenstern. Ihm wurde gedroht: »Das geht auf Spionage – unter fünf Jahren kommen Sie hier nicht raus.« Vier Monate lang wurde Stefan Tabor an sechs Tagen pro Woche vernommen. Dann bekam er einen Mitgefangenen auf die Zelle, einen alten Bekannten aus der Leipziger Jugendszene, der ihn »zu den Tatvorwürfen ausfragte«. Erst nach dem Ende der Haft fand er heraus, »dass der als IM für die Stasi noch alte

Geschichten aufklären sollte und gezielt auf die Jugendopposition angesetzt war«.

Stefan Tabor sagt: »Das schönste Geräusch in der Stasi-U-Haft war sonntags das Kirchenglockenläuten. Mit diesem Gruß von draußen und mit den fünf Büchern, die wir alle 14 Tage aus der Bibliothek bekamen, konnte man sich rausträumen.« Am anstrengendsten hingegen sei die Ungewissheit gewesen, »ob es sich um Jahre handelt, bis du wieder draußen bist«. In den Familien der Festgenommenen herrschte Ausnahmezustand. Sie beauftragten eine Anwältin und zwei Anwälte, darunter Wolfgang Vogel, bekannt als Vermittler für Freikäufe von politischen Häftlingen. Er habe den Angehörigen wiederholt erklärt, die Bonner Regierung habe kein Interesse am Freikauf von DDR-Friedensaktivisten, weil es davon schon genügend vor der eigenen Haustür gebe. Im April 1984 sahen sich die jungen Leute beim Prozess wieder. Das Urteil: Stefan Tabor und sein Cousin wurden als Rädelsführer zu zwei Jahren beziehungsweise 18 Monaten Haft verurteilt. Stefan Tabor sagt: »Die Rechtsanwältin, die meinen Cousin vertrat, forderte Freispruch – ohne Erfolg. Das war dennoch ein wirklich eindrucksvoller Moment in dem Prozess, der unter Ausschluss der Öffentlichkeit stattfand.« Ein weiterer Freund und eine Freundin wurden zu zwölf beziehungsweise neun Monaten Haft verurteilt. Nach dem Prozess notierte eine Mutter: »Ich bin erschüttert. (...) Und das alles wegen einer brennenden Kerze. Ich glaube nicht, daß das im Sinne unserer Regierung ist.«

Auf die Stasi-Untersuchungshaft folgte die Haftstrafe in der JVA Naumburg. »Erst da verstanden wir, dass wir in eine Verhaftungswelle geraten waren. Überall wurden damals Menschen aus der Friedensbewegung ebenso verhaftet wie Leute, die nur einen Ausreiseantrag gestellt hatten.« Wochentags arbeitete Stefan Tabor im Schichtbetrieb, wie alle Inhaftierten. Mit vergitterten Bussen wurden sie quer durch die Stadt zum VEB Metallwaren (MEWA) Naumburg gefahren. Dort fertigten sie Rollen, Winkel und Scharniere für IKEA-Möbel. In der Haftanstalt war Tabor in einer 24-Personen-Zelle untergebracht. Zum Glück waren sein Cousin und ein Freund auch in Naumburg inhaftiert – beim Hofgang konnten sie sich austauschen. Als Tabor von einem »Stubenältesten« rassistisch beleidigt wurde, kam es zum Handgemenge.

An einem Morgen Ende Oktober 1984 wurde die Zelle aufgeschlossen – wie immer. Doch statt in den Hof gebracht, durchgezählt und zur Arbeitsstelle gefahren zu werden, hieß es: »Tabor! Sachen packen und mitkommen!« Dann ging alles ganz schnell: »Plötzlich wurden wir drei mit einem grauen Lkw nach Karl-Marx-Stadt in die Stasi-U-Haftanstalt Kaßberg gebracht und nacheinander zu einem Gespräch zur Entlassung aus der Staatsbürgerschaft eingeladen«, erinnert sich Stefan Tabor. »Wir waren wirklich im Zweifel, ob wir einen offiziellen Antrag stellen sollten. Schließlich entschieden wir uns dafür, weil wir bei einer Entlassung in die DDR mit erneuten NVA-Musterungen, Konfrontationen und Verhaftungen rechneten.« Auf dem Kaßberg verbrachte Stefan Tabor nur noch wenige Tage. »Am 7. November 1984 wurde mir der Antrag vorgelegt mit der Frage: ›Wollen Sie die Entlassung aus der Staatsbürgerschaft beantragen?‹« In dem Bus, der ihn und seinen Cousin wenig später aus der DDR brachte, waren Häftlinge aus verschiedenen DDR-Gefängnissen. Noch heute staunt er darüber, wie »schlagartig sich dein Leben verändert, indem du einfach die Straße entlangfährst und die Grenze ohne Kontrolle am Diplomatenübergang überquerst«.

Stefan Tabor und sein Cousin zogen nach Berlin-Kreuzberg. Dort trafen sie ihre Lebensgefährtinnen und Freunde aus der alternativen Jugendszene in Leipzig und Jena wieder, lebten in Wohngemeinschaften, reisten und demonstrierten. Die Lust am Reisen hat Stefan Tabor bis heute nicht verloren. Sein Job als Ingenieur für Windkrafttechnik führt ihn in alle Welt. »Das war schon immer mein Traum.«

Sebastian Weiermann

»Wie in einem gepolsterten Mercedes«

Weil durch das Eingesperrtsein und die Doppelmoral ihre Kinder nicht verbogen werden sollten, beantragte Familie Teglas 1983 die Ausreise aus der DDR.

Am Berliner Bahnhof Friedrichstraße wurde es für Peter Teglas im Dezember 1985 noch einmal aufregend. Während seine Frau und die Kinder den West-Bahnsteig betreten durften, musste er zurückbleiben. Die DDR-Behörden hatten ihm statt Ausreise- Einreisedokumente ausgehändigt.

Das Leben von Peter Teglas hätte ganz anders verlaufen können, wenn seine Eltern sich in seinem Geburtsjahr 1946 anders entschieden hätten. Teglas wurde im oberbayerischen Eichstätt geboren. Seine Mutter wollte gegen Kriegsende, »als die Russen kamen«, ihre »Freiheit ausprobieren«. Sie floh gemeinsam mit einer ihrer Schwestern nach Bayern und lernte dort einen Mann, Peters künftigen Vater, kennen. »Vier Wochen nach meiner Geburt fiel meinen Eltern dann auf, dass es doch besser ist, zu meinen Großeltern zu gehen. Und so bin ich in der DDR, die es noch gar nicht gab, in Finow, gelandet«, erzählt er und schmunzelt ein bisschen. In Finow, das heute zu Eberswalde gehört, fanden die Eltern von Peter Teglas ihr Glück auch nicht. Als er fünf Jahre alt war, ließen sie sich scheiden. Seine Mutter hatte einen anderen Mann kennengelernt und ging mit ihm und Peters Schwester in die Bundesrepublik. Peter Teglas wurde gerichtlich seinem Vater zugesprochen. Aufgewachsen ist er dann bei seinen Großeltern. Die Oma war »streng katholisch«, trotzdem hatte Peter viele Freiheiten, »wie das bei Großeltern so ist«. Er war ein durchschnittlicher bis guter Schüler. Er gehörte weder der Pionierorganisation noch der FDJ an. »Teglas, Peter, katholischer Nachwuchskader«, stand in einer Schulakte, wie er später bei einem Klassentreffen herausgefunden hat.

Nach der Schule wurde er Elektriker. Das stellte den heute 72-Jährigen aber nicht zufrieden. Teglas wollte Theologie studieren und katholischer Priester werden. Dafür ging er nach Magdeburg. Am dortigen Norbertinum hatten erwachsene Männer die Möglichkeit, das Abitur nachzuholen und alte Sprachen zu erlernen. Ziel der katholischen Einrichtung war es, Männern den Weg in das Theologiestudium zu eröffnen. Doch drei Jahre später lernte Peter Teglas in Magdeburg seine spätere Frau Regina kennen. Er ging zurück nach Eberswalde-Finow, »um nicht zu früh mit den Kindern anzufangen« und sein Leben neu zu planen, wie er erzählt. Er arbeitete als Hilfspfleger in einem Krankenhaus und entschloss sich zu einer Ausbildung zum Sozialarbeiter – in der DDR nannte man das »Fürsorger« – in einer katholischen Einrichtung in Karl-Marx-Stadt.

Dort hatte er allerdings das Pech, als einziger Seminarist zum Dienst als Bausoldat in der NVA eingezogen zu werden. Als sich seine Zeit bei den Bausoldaten, die mit allerhand Unannehmlichkeiten verbunden war, dem Ende näherte, entschloss er sich, für Nachfolgende eine Informationssammlung über die Rechte von Bausoldaten zu schreiben. Als er den katholischen Pfarrer an seinem Standort Bärenstein im Erzgebirge fragte, ob er dies bei ihm aufschreiben könne, wies der ihn ab. Der evangelische Pfarrer hingegen öffnete ihm die Tür und stellte seine Schreibmaschine zur Verfügung. »Obwohl er Familie hatte!«, merkt Peter Teglas an. Die Informationssammlung wurde dann in kirchlichen Kreisen verbreitet. Teglas' Engagement und seine kritische Einstellung zum Staat erregten auch die Aufmerksamkeit der Staatssicherheit, die anscheinend schon einen Knast in Magdeburg für ihn ausgewählt hatte. Bei einem späteren Besuch in der Gedenkstätte schlotterten Teglas die Knie, wie er erzählt. »Die hätten mich richtig fertiggemacht«, sagt er in scharfem Ton. Aus seiner Stasi-Akte geht hervor, dass gegen ihn ein Ermittlungsverfahren lief, weil er mit einem anderen Bausoldaten eine Widerstandsgruppe gegründet haben soll.

Teglas wurde schließlich Fürsorger, arbeitete für den Caritasverband Berlin und zog mit Regina und seinen 1970 und 1973 geborenen Kindern wieder nach Eberswalde-Finow. Im Caritasverband absolvierte Teglas zahlreiche durch die Kirche in der Bundesrepublik finanzierte Aus- und Fortbildungen. Er wurde Diplom-Ehe- und Lebensberater und bekam eine Ausbildung in Supervision. »Ich habe unter dem Dach der Kirche von guten Dozenten und hochkarätigen Professoren aus dem Westen Ausbildungen erhalten, die ich mir in der Bundesrepublik sicher nicht hätte leisten können«, erzählt er mit Stolz. Der Hamburger Mediziner und Psychoanalytiker Adolf-Ernst Meyer oder der Frankfurter Jesuit und Pastoralpsychologe Karl Frielingsdorf gehörten zu Teglas' Lehrern in der DDR.

Die Überzeugung, die DDR verlassen zu wollen, wurde beim Ehepaar Teglas immer stärker – obwohl es der Familie von außen betrachtet eigentlich gut ging. Die Eltern waren in ihren Berufen gut etabliert, angesehen und wurden gebraucht. Es gelang ihnen, als Kenner der Löcher des staatlichen Apparates ein altes Haus zu kaufen und die Zuweisung zu ertricksen. Und sie hatten zwei Autos, einen alten Trabant und für Peter Teglas einen Wartburg als personengebundenen Dienstwagen. »›Was will man mehr?‹, hätte ein gut eingepasster DDR-Bürger gesagt. Aber die Enge, das Eingesperrtsein hinter Mauern, Repressalien, die gefühlte Resignation, die Doppelmoral und Bespitzelungen verbiegen die aufrechtesten Menschen«, meint Teglas erregt.

Teglas berichtet von einer Begebenheit, die zeigt, wie gut das DDR-System darin war, Menschen in Angst und Unsicherheit zu versetzen: »Eines Tages fand unsere Tochter einen Zettel in ihrer Schulmappe. Darauf stand: ›Du musst nicht als Werbeschaf des Westens herumlaufen, du katholische Sau.‹ Das Problem war: Sie hatte eine Jeans an, die wohl als Jeans aus einem Westpaket zu erkennen war. Natürlich legten wir Protest ein, aber der Schreiber war nicht zu ermitteln.« Auch durfte die Tochter nicht, wie sie sich damals wünschte, Erzieherin werden, sondern sollte den Beruf des Drehers erlernen. Es hieß, für sie komme mit ihrer Einstellung und ihrem Elternhaus ein pädagogischer Beruf nicht infrage. »Da reichte es meiner Frau und mir!« Sie beschlossen, die DDR zu verlassen, und stellten am 26. April 1983 einen Ausreiseantrag.

Den Antrag stellte Teglas nicht, ohne sich vorher mit Vertrauten in der Kirche besprochen zu haben. Hellmut Puschmann, damals Leiter der Ost-Berliner Caritas und nach der Wende Präsident des Deutschen Caritasverbands, gab ihm den Tipp, auf Familienzusammenführung zu setzen, da Teglas' Mutter im Westen lebte. »Mit der Begründung Familienzusammenführung konnte jeder sein Gesicht behalten.« Im Antrag stand dann, dass Teglas bei seiner alten kranken Mutter sein wolle. Das habe zwar »keiner geglaubt«, das sei ihm aber egal gewesen. Puschmann, der frei reisen durfte, sorgte dafür, dass Teglas' Mutter von dessen Ausreisewunsch und auch Johannes Rau, damals Ministerpräsident von Nordrhein-Westfalen und später Bundespräsident, vom Fall Teglas erfuhr. »Mein Name ist auf die Rau-Liste gekommen, das hat die ganze Sache ein wenig beschleunigt«, erklärt Teglas. Aber aus Kirchenkreisen gab es nicht nur freundliche Worte für Peter Teglas: Glaub nicht, dass du in der Bundesrepublik bei uns einen Fuß in die Tür bekommst, hieß es, oder dass er seine »Herde« verlassen wolle.

Kurz nach der Antragstellung wurde Peter Teglas »zur Klärung eines Sachverhalts« in die Abteilung Inneres beim Rat des Kreises einbestellt. »Ich wurde da in einen Raum geführt, da gab es innen keine Türklinke, in der Ecke stand ein Tonbandgerät, mir gegenüber saß ein Mann von der Stasi, der das Gespräch geführt hat.« Psychologisch gut geschult und über die Lebensgeschichte von Teglas gut informiert sei der Mitarbeiter des Ministeriums für Staatssicherheit gewesen, er habe immer wieder versucht, das Gespräch ins Politische zu lenken. Teglas hatte den Stasi-Mitarbeiter zuvor einmal gesehen, wie er »mit einem Netz voll Bier« aus der Kaufhalle kam. Daraus habe er eine Gesprächsstrategie entwickelt. Immer wenn es etwas kniffelig wurde, lenkte er das Gespräch auf das Thema Alkohol. In den Betrieben werde zu viel getrunken, Suchterkrankungen seien ein großes Problem. »Damit habe ich mir ein bisschen Luft verschafft, um mich auf die Fragen zu konzentrieren.« Obwohl Peter Teglas dem Herrn von der Stasi so Paroli bieten konnte, war es ein mulmiges Gefühl, und bis heute denkt er nicht gern daran zurück. Vier bis fünf derartige Gespräche habe es gegeben, Drohungen wie: »Sie werden die DDR niemals verlassen!« seien gefallen. Einmal kam Stasi-Mann K. sogar zu ihm nach Hause. »Ich habe den nur in den Korridor gelassen und ihn dann gefragt, was er von mir will.« Der Stasi-Mann habe gefragt, woher er den weißen Zement für sein Haus hatte, ob die Caritas den besorgt habe und ob er ihm auch etwas davon beschaffen könne. Teglas' Antwort: Das werde »schwer möglich sein«. Ein Trick oder echtes Interesse? Das kann Peter Teglas nicht einschätzen.

Auch abseits dieser Gespräche spielte das Regime seine Spielchen mit der Familie. Teglas erzählt: »Mehr als einmal stand spätabends vor unserem Einfamilienhaus ein großes schwarzes Auto mit laufendem Motor, in dem zwei Männer saßen und mir mit einem Lächeln die Einfahrt in meine Garage erst einmal versperrten und dann nach Aufforderung mit einem Lächeln freigaben. Können Sie sich vorstellen,

Peter Teglas, 2019 (Foto: Sebastian Weiermann)

wie das für meine Frau war, die zitternd im Haus auf mich wartete und befürchtete, dass man uns vielleicht die Kinder wegnehmen könnte?«

Über die geplante Ausreise aus der DDR sprachen Teglas und seine Familie mit fast niemandem. Seine Frau verlor zwar ihren Job als medizinisch-technische Assistentin nicht, aber ihre Kolleginnen trauten sich wohl nicht mehr, mit ihr zu reden, und sie hatte das Gefühl, dass sie hinter ihrem Rücken tuschelten. Und sie, die zuvor oft als Stütze der Abteilung gewürdigt worden war, wurde nun übers platte Land geschickt, um Röntgenaufnahmen zu machen.

Das Ausreisedatum erfuhr die Familie erst unmittelbar bevor es im Dezember 1985 so weit war. »Da hatten wir vielleicht 'ne Woche Zeit.« Um die Umstände der Ausreise möglichst unangenehm zu gestalten, mussten Ausreisewillige zum Beispiel nachweisen, dass keine Schulden offen seien, und sich bei mehreren Behörden abmelden.

Bei einer Sache war Peter Teglas sehr vorsichtig. Zu einem bestimmten Termin musste die Familie bei einem Notar erscheinen, um ihr Haus zu »verkaufen«. »Wir hatten gehört, dass es passieren konnte, dass Ausreisewillige ihr Haus verkaufen mussten, um anschließend auszuziehen, und teilweise jahrelang warten mussten, bis sie tatsächlich die DDR verlassen durften.« Man kann sich kaum vorstellen, wie es sich angefühlt haben muss, als der Notar sich zunächst weigerte, dem »Kaufvertrag« hinzuzufügen, dass der Vertrag erst gültig werden soll, wenn die Familie Teglas die DDR verlassen hat.

Immer wieder kommt Peter Teglas im Gespräch auf den Umgang mit ihm in der Kirche zurück. Einige, wie sein direkter Vorgesetzter und Hellmut Puschmann, seien loyal gewesen, hätten ihm gesagt, wenn er von der Ausreise überzeugt sei, müsse er das machen. Unglücklich seien sie mit der Entscheidung trotzdem gewesen, weil die Kirche viel in die Ausbildung von Teglas investiert hatte. Er arbeitete im ganzen Bistum Berlin als Fürsorger. Andere, auch gute Freunde, hätten ihren Unmut zum Ausdruck gebracht und ihn offen einen Verräter genannt. Nachdenklich merkt er an: »Psychisch war die Gesamtsituation für mich eine Katastrophe, ich habe mich auch als Verräter gefühlt. Aber den Kindern gegenüber war es goldrichtig.«

Für die Kinder muss die Ausreisesituation besonders schwer gewesen sein. Die Tochter war 13, der Sohn zehn Jahre alt. Zunächst erzählten Peter und Regina ihnen nichts von dem Ausreiseantrag. Aber die Kinder merkten schnell, dass sie in der Schule von den Lehrern kritisch beäugt wurden. »Als ich gemerkt habe, dass meine Kinder meine Rechnung bezahlen müssen, ging das für mich zu weit.« Am Tag bevor die Familie Teglas ausreiste, seien Kathrins Schulfreundinnen gekommen, um sie zu Hause zu verabschieden. »Da waren auch die Kinder von Genossen dabei.«

Am Bahnhof Friedrichstraße wurde es noch einmal ernst für die Familie Teglas. Regina und die Kinder hatten die Kontrolle passiert, Peter allerdings nicht. Ihm waren Einreise- statt Ausreisedokumente ausgestellt worden. »Ich dachte, jetzt behalten die Schweine mich hier.« Äußerlich ruhig sagte er der Familie, es müsse nur eine Kleinigkeit geregelt werden. »Ich hatte aber wirklich Angst.« Ob das eine bewusste Provokation war oder einfach nur ein Fehler, das weiß Teglas nicht. Nach einigen Telefonaten der Grenzer durfte auch er auf den West-Bahnsteig und in den Zug nach Hagen einsteigen. »Am liebsten hätte ich geheult«, erzählt er mit brechender Stimme. Bei der Fahrt spielte sich ein Gedankenchaos ab: »War das die richtige Entscheidung? Darf ich meine Kinder so entwurzeln?«

Die Entscheidung stellte sich für Peter Teglas als richtig heraus. Die Familie ging nach Hagen. Seine erste Stelle nach drei Monaten in der Bundesrepublik war eine Mutterschaftsvertretung. Mit intensiver Unterstützung seiner Frau und seines Chefs absolvierte er ein Psychologiestudium und machte sich im Bereich der Paar- und Sexualtherapie und der Supervision für psychologische und ärztliche Psychotherapeuten einen Namen.

Über die Ausreise sagt Teglas heute: »Im Verhältnis zu vielen anderen, die ausgereist sind, sind wir durchgekommen wie in einem gepolsterten Mercedes, das wurde mir später klar. Im Übergangslager Gießen bekam ich mit, dass viele Menschen, die ausreisten, im Gefängnis waren, in Suizidversuche getrieben wurden, in ihrer Psyche verstört waren. Froh bin ich, dass ich aufgrund meines Berufs einigen durch die Stasi Verstörten später in meiner Arbeit etwas helfen durfte.«

Peter Teglas lebt heute noch in Hagen. Er betreibt dort eine eigene Praxis als Diplom-Psychologe und Psychologischer Psychotherapeut. Eine Sache treibt Peter Teglas noch um: Als er vor Jahren seine Stasi-Akte einsah, waren dort nur Berichte aus seiner Zeit als Bausoldat zu finden. Im Sommer 2018 fragte er bei der Behörde noch einmal nach, und es hieß, es gebe weitere Fundstellen. Allerdings werde es noch mehr als zwei Jahre dauern, bis er die Akten einsehen könne. »Ich hoffe, dass ich das noch erlebe.« Auch in die alten Kirchenakten möchte er noch Einblick nehmen.

Gerald Praschl

»Ich wollte meine Heimat nicht SED und Stasi überlassen«

Roland Jahn wurde im Juni 1983 in die Bundesrepublik abgeschoben.

Roland Jahn war seit Anfang der 1980er-Jahre in Jena ein bekannter Oppositioneller. Eigentlich wollte er die DDR nicht verlassen. Nach Monaten im Gefängnis überredete ihn sein Anwalt, einen Ausreiseantrag zu stellen. Obwohl er den nach seiner Entlassung widerrief, wurde er aus der DDR zwangsausgewiesen.

»Roland, das hat alles keinen Sinn, deine Freunde stellen alle Ausreiseanträge, wenn du hier rauskommst, holt dich niemand mehr ab. Die sind dann alle schon im Westen.« Innig beschwört Rechtsanwalt Wolfgang Schnur seinen Mandanten, der seit Monaten in Stasi-Haft in Gera sitzt. Es ist der 19. Januar 1983.

Seit seiner Verhaftung vor fast fünf Monaten ist der 29-jährige Roland Jahn standhaft geblieben. Und all die Jahre zuvor auch. Seitdem er Anfang 1977 von der Uni geflogen war, weil er dort kritische Fragen zur Ausbürgerung Wolf Biermanns gestellt hatte, widerstand er allen Versuchungen, klein beizugeben. Im Gegenteil, je mehr sie ihn, seine Freunde und am Ende sogar seine Eltern und seine Geschwister schikanierten, desto mehr stärkte das seinen Willen, gegen den Strich zu bürsten.

Schikanen habe es viele gegeben: die Exmatrikulation, verbunden mit einem Studienverbot für die ganze DDR, den Job als Hilfsarbeiter, den sie ihm zur »Bewährung in der Produktion« zugewiesen hatten, die Drangsalierung durch die Stasi. Und die Drohungen gegen seine Eltern, vor allem seinen Vater Walter, der als Konstrukteur beim VEB Carl Zeiss Jena und Jugendleiter beim DDR-Oberligisten FC Carl Zeiss Jena einiges mehr zu verlieren hatte als der Sohn.

Aus dem einstigen Studenten für Wirtschaftswissenschaften Roland Jahn, der Anfang der 1970er-Jahre noch pflichtgemäß seinen Wehrdienst bei der Bereitschaftspolizei geleistet hat, ist ein aufmüpfiger Oppositioneller geworden, der nicht einfach nur dagegen sein will. Er will auch etwas dagegen tun. Erst recht, nachdem 1981 sein Freund Matthias Domaschk, genannt »Matz«, 23-jährig unter mysteriösen Umständen in der Stasi-Untersuchungshaftanstalt Gera ums Leben kam – da, wo nun auch er seit Anfang September 1982 hinter Gittern sitzt. Der Tod des Freundes hat Roland Jahn in seinem Handeln weiter bestärkt. »Jetzt erst recht. Das nehmen wir nicht hin!«, geht es ihm durch den Kopf. Er hat Kontakte zur Westpresse, unter anderem berichtete der RIAS in West-Berlin 1982, dass Jahn und seine Freunde zu Domaschks erstem Todestag an vielen Laternenpfählen in Jena eine Todesanzeige geklebt hatten. Zur Parade am 1. Mai 1982 stellte er sich – rechts mit Hitler-Bart, links mit Stalin-Bart – neben die Tribüne. Mit einer polnischen Fahne an seinem Fahrrad demonstrierte er »Solidarität« mit der in Polen verbotenen Gewerkschaft Solidarność. Und vieles mehr.

In Jena fühlt er sich mit seiner oppositionellen Einstellung alles andere als allein. Mit einer gewissen Solidarität kann er also auch jetzt rechnen, denkt Jahn. Wie war das damals, 1975? Polizei und Stasi hatten eine Party von 40 Jugendlichen gestürmt, angeblich hatten sich Nachbarn über die laute Musik beschwert. Wenig später waren vier von ihnen, darunter eine 18-Jährige, wegen »Öffentlicher Herabwürdigung« und Widerstand gegen ihre Festnahmen zu sechs bis zwölf Monaten Gefängnis verurteilt worden. Rund 100 junge Jenaer sammelten damals für die Anwaltskosten und nahmen in Kauf, selbst ins Visier der Stasi zu geraten.

Aber nicht wenige Gleichgesinnte verlassen die DDR. Zuletzt im Sommer 1982 Jahns Freund Peter »Blase« Rösch. Die Stasi schikanierte ihn so lange, bis er resigniert einen Ausreiseantrag stellte.

Aber Jahn wollte nicht in den Westen. Heute sagt er: »Ich war ein notorischer Dableiber. Bleiben oder gehen spielte in unseren Diskussionen eine große Rolle. 1977 gab es eine große Ausreisewelle in meinem Freundeskreis. Die einen, wie der Jenaer Jugenddiakon Thomas Auerbach, wurden vom Westen aus politischer Haft freigekauft. Andere flohen im Kofferraum in den Westen. Später gingen viele mit Ausreiseantrag, wie Olaf Weißbach oder Siegfried Reiprich, die als Studenten wie ich von der Uni geworfen wurden. Für mich waren eine Flucht oder ein Ausreiseantrag kein Thema, das wollte ich auf keinen Fall. Ich war sehr verbunden mit Freunden, Familie und meiner Heimatstadt Jena. Ich wollte mich einmischen und meine Heimat nicht SED und Stasi überlassen. Und ich dachte, wenn ich davor weglaufe, werde ich mein ganzes Leben auf der Flucht vor denen sein. Ich habe gehofft, dass ich mit intelligentem Protest etwas bewegen kann. Und dass sie mich mit ihren Gesetzen nicht fassen können, wenn ich es geschickt anstelle. Wie naiv das war, merkte ich erst später. Die konnten alles, für die galten keine Gesetze. So wie es mir später einer der Stasi-Vernehmer sagte: ›Es kommt nicht darauf an, wer recht hat, sondern wer die Macht hat. Und die haben wir!‹«

Am 1. September 1982 holten sie ihn mitten in Jena vom Fahrrad und brachten ihn in die U-Haft nach Gera. Hartnäckig verweigerte er jede Aussage. Das sei die beste Taktik, hat er in *Vernehmungsprotokolle*, dem Buch von Jürgen Fuchs, gelesen, einem anderem Jenaer, der rund fünf Jahre zuvor das Gleiche in der Stasi-U-Haftanstalt Berlin-Hohenschönhausen durchgemacht hatte und nun im Westen war.

Roland Jahn mit dem Plakat »Verzichtet auf Gewalt« und einem Bild von der Künstlerin Eve Rub am 18. März 1983 in Jena (Robert-Havemann-Gesellschaft, RHG_Fo_HAB_11511, Foto: Bernd Albrecht)

Jahn ahnte, dass es diesmal sehr ernst werden würde. »Denken Sie an Ihre Tochter«, habe ihm der Vernehmer gedroht. Bis zur Einschulung werde er sie wohl nicht wiedersehen. Kurz darauf verhafteten sie Rolands Lebensgefährtin Petra, verhörten sie zehn Stunden lang, drohten ihr, die Dreijährige komme ins Heim, wenn sie nicht kooperiere.

Dann durfte seine Mutter Lieselotte ihn in der Haft besuchen. Die Stasi-Offiziere hofften, dass sie ihm seinen hartnäckigen Widerstand ausreden oder ihn zumindest verunsichern würde. Die Mutter berichtete ihm, dass sie seinen Vater, der kurz zuvor einen Herzinfarkt erlitten hatte, im FC Carl Zeiss Jena, wo er jahrzehntelang die Jugendmannschaft trainiert hatte und Ehrenmitglied war, unter Druck setzten, sich von seinem Sohn zu distanzieren. Zurück in der Zelle, brach Jahn weinend zusammen. Es waren seine dunkelsten Stunden in Stasi-Haft.

Am 17. Januar 1983 soll endlich die Gerichtsverhandlung stattfinden. Zuvor hat er sich wochenlang nicht rasiert und trägt einen stattlichen Schnauzbart. Zur Verhandlung will er, wie schon ein Dreivierteljahr zuvor bei der Maidemonstration, mit seinem Hitler-Stalin-Bart erscheinen. Doch die Stasi-Leute ahnen wohl schon, was er vorhat. Sie kommen in seine Zelle und legen ihm Rasierzeug hin. »Der Bart muss ab, Herr Jahn!« Als er sich weigert, fallen sie über ihn her. Einer drückt ihm von hinten den Hals zu und würgt ihn, für kurze Zeit verliert er das Bewusstsein. Als er wieder zu sich kommt, ist der Bart abrasiert. Zum ersten Mal haben sie körperliche Gewalt angewendet. »Vielleicht war das genauso bei Matz«, schießt es ihm durch den Kopf. »Einer dreht durch, langt zu, und es ist vorbei.«

Bei der Gerichtsverhandlung wird Roland Jahn wegen »Öffentlicher Herabwürdigung der staatlichen Ordnung« zu 22 Monaten Haft verurteilt. Dieser Paragraf 220 des DDR-Strafgesetzbuchs ist einer jener Willkürparagrafen, die der »sozialistische Rechtsstaat« gern benutzt, um Kritiker mundtot zu machen. »Die Gewalt in der Zelle und die Verurteilung gaben mir den Rest«, erinnert sich Roland Jahn. »Jetzt hatten sie mich da, wo sie mich schon lange haben wollten.«

Und so fallen die Worte seines Anwalts Wolfgang Schnur, dem er vertraut, am 19. Januar 1983, kurz nach dem Urteil, auf fruchtbaren Boden. »Dann bist du schon an einem Punkt, wo du überlegst: Was macht das für einen Sinn, lange Zeit im Gefängnis zu bleiben, und wenn du rauskommst, ist das, was dir den Halt gegeben hat in deiner Stadt, in deinem Land, nämlich deine Freunde, nicht mehr da.« Ihm fällt die Postkarte ein, die ihm eine ausgereiste Freundin aus Paris geschickt hat, darauf ein Foto mit dem Eiffelturm: »Lieber Roland, ich hoffe, dass du auch bald so schöne Sachen machen kannst wie wir«, schrieb sie. Die Gedanken schießen durch seinen Kopf: »Zelle oder Eiffelturm? Wie hoch ist eigentlich der Preis, den du hier zahlst? Es gibt doch noch ein anderes Leben als das hier in der DDR.« Die Ansichtskarte hat ihn als Post von draußen in der Zelle erreicht. Die Karte ist echt – dass sie ihm in der Haft zugestellt worden ist, wo sie ihm ansonsten fast jegliche Post von Angehörigen verweigern, ist eine der Zersetzungsmaßnahmen der Stasi. Und sie wirkt. Zumal Anwalt Schnur noch verspricht: »Vielleicht ist die Sache für dich schon in 14 Tagen vorüber.«

»Wolfgang, du hast recht, das macht keinen Sinn mehr, hierzubleiben«, sagt er zu Schnur. »Was soll ich schreiben?« Der Anwalt schlägt ihm einen Text vor. Von »freiwillig« ist die Rede, das ist Schnur ganz wichtig.

Roland Jahn
69 Jena
Käthe-Kollwitz-Straße 14
z. Zt. 65 Gera PSF 272

Gera, den 19. 1. 1983

Betrifft: Antrag auf Entlassung aus der Staatsbürgerschaft der DDR

Nach gründlichen Überlegungen bin ich zu der Auffassung gelangt, daß die Voraussetzungen für die Entfaltung meiner Persönlichkeit bei der Verwirklichung meiner Sozialismusvorstellungen in der DDR nicht gegeben sind. Aus diesem Grunde bitte ich freiwillig um die Entlassung aus der Staatsbürgerschaft der DDR und die Ausreise nach Berlin (West).
Roland Jahn

Jahn ahnt nicht, dass Schnur im Dienst der Staatssicherheit steht. Der vermeintliche Vertrauensanwalt vieler DDR-Oppositioneller agierte schon seit Mitte der 1960er-Jahre als IM »Torsten« für das Ministerium für Staatssicherheit. Tatsächlich stimmt einiges von dem, was Schnur berichtet hat: Zehn von Jahns Freunden, darunter Petra, sitzen inzwischen selbst in Haft, haben Ausreiseanträge gestellt, mehrere werden die DDR in den nächsten Monaten per »legaler Ausreise« verlassen. Was nicht stimmt, ist Schnurs Darstellung, seine Freunde und Mitstreiter »draußen« hätten ihn längst aufgegeben – im Gegenteil. Über Mittelsmänner in Ost-Berlin, darunter der Schriftsteller Lutz Rathenow, sind sie in Kontakt mit den Westmedien, die inzwischen mehrmals über Roland Jahns Inhaftierung berichtet haben. Ende 1982 versammelten sich Jenaer Oppositionelle zweimal zu Schweigekundgebungen. Und am Tag der Gerichtsverhandlung gegen Jahn am 17. Januar 1983 bemühten sich einige von Jahns Freunden vor dem Gerichtsgebäude vergeblich um Einlass – Anwalt Schnur lief an ihnen vorbei.

Was sich bewahrheiten sollte, ist Schnurs Ankündigung einer schnellen und für Jahn sehr überraschenden Lösung. Direkt nach dem Urteil wird Jahn zur Verbüßung seiner Haft in das Gefängnis von Cottbus verlegt. Doch dort ist er nur kurz. Am 15. Februar wird er von Cottbus zurück in die U-Haftanstalt der Staatssicherheit in Gera verlegt, wo er zuvor fünf Monate lang immer wieder verhört wurde. Er ahnt, dass etwas Besonderes bevorsteht.

Tatsächlich werden Jahn und alle seine zwischenzeitlich ebenfalls inhaftierten Jenaer Mitstreiter wenige Tage später entlassen, darunter Petra (um ihr gemeinsames Kind kümmerten sich während der Haft beider die Großeltern). Die Begründung der plötzlichen Freilassung: Zwar hätten alle Verhafteten Gefängnisstrafen verdient, doch sei die Gesellschaft der DDR inzwischen so weit gefestigt, dass es einer Vollstreckung der Strafen nicht mehr bedürfe. In Wahrheit ist der zunehmend auf ein gutes deutsch-deutsches Geschäftsklima angewiesenen SED-Führung der politische Preis zu hoch geworden.

Den Bürgerrechtlern erscheint ihre plötzliche Freilassung als ihr großer Sieg. »Es war ein Triumph«, sagt Jahn. »Wir hatten erkannt, der

Staat ist nicht allmächtig. Es war auch ein Zeichen, dass man in einem Unrechtsstaat nicht nur eingesperrt werden kann, wenn die Führung es will. Sondern dass man auch entlassen werden kann, wenn es diesem politisch passt. Es schien mir klar, dass die Berichte über unsere Inhaftierung in den Westmedien, darunter drei Tage vor unserer Entlassung ein Bericht von Franz Alt im ARD-Magazin *Report*, dazu entscheidend beigetragen hatten. Es war eine große Ermutigung, dazubleiben und weiterzumachen.« Jahn ist überrascht, dass er, anders als Wolfgang Schnur ihm das vermittelte, draußen von vielen Freunden herzlich empfangen wird. »Da waren sogar viele neue Leute, die ich vorher noch gar nicht kannte und die erst durch die ganze Affäre auf uns aufmerksam geworden waren.«

So gründen Jahn und seine Freunde zwei Wochen nach seiner Entlassung eine neue Oppositionsgruppe, die Jenaer Friedensgemeinschaft, und tippen dazu ein Gründungsmanifest. Von einem gemeinsamen Gefühl der Ohnmacht, des Entmündigtseins ist darin die Rede, von der in Ost wie West grassierenden Angst vor einem Atomkrieg und ihrem Protest gegen die Aufstellung neuer SS-20-Raketen in der DDR und Pershing-II-Raketen in der Bundesrepublik.

Als Erstes ruft die Friedensgemeinschaft zu einer Demo auf. Am 18. März 1983, dem 38. Jahrestag der Bombardierung Jenas durch britische und amerikanische Kampfflugzeuge, wollen sie mit einer Schweigeminute auf dem Markplatz in Jena an die Schrecken der Bombennächte erinnern. Es ist eine der ersten Demonstrationen von DDR-Oppositionellen in den 1980er-Jahren außerhalb der geschützten Räume der evangelischen Kirche. Sie sorgt für Aufsehen. Denn Roland Jahn und einige Mitstreiter ziehen mit Transparenten durch die Stadt: »Verzichtet auf Gewalt!«, »Entrüstet Euch!«, »Militarismus raus aus unserem Leben!« Weit kommen sie nicht. Nach ungefähr 100 Metern werden sie von Stasi-Leuten in Zivil umringt, die ihnen gewaltsam die Transparente entreißen. Sie treten den Rückzug an. Dass sie nicht inhaftiert wurden, verbuchen sie als Erfolg. Zudem berichten wenige Tage später die von Jahns Netzwerk informierten Westmedien, darunter die in weiten Teilen der DDR empfangbaren *Tagesthemen* der ARD, über die Demo. Der riskante Einsatz hat sich gelohnt.

Seinem Ausreiseantrag, den er in der Haft gestellt hat, widerspricht Roland Jahn. Bei der Abteilung Inneres erklärt er, dass er nicht aus der DDR ausreisen wolle und der Ausreiseantrag nichtig sei. »Für mich ist das nicht rechtens. Was ich in Haft unterschrieben habe, gilt nicht«, ist seine Argumentation. Ermutigt von der Demo, plant er weitere Protestaktionen, knüpft neue Kontakte zu Berliner Oppositionellen.

In Ost-Berlin trifft Roland Jahn in der Wohnung von Rainer Eppelmann seinen Anwalt Wolfgang Schnur wieder, der ein seltsames Anliegen hat: Er brauche seine Unterschrift! Jahn solle ihm schriftlich bestätigen, dass er den Ausreiseantrag in der Haft freiwillig gestellt habe. Man drohe, ihm die Anwaltszulassung zu entziehen, und behaupte, er habe Jahn erpresst, einen Ausreiseantrag zu schreiben. Jahn versteht nicht ganz, warum oder vor wem Schnur sich fürchtet, aber er unterschreibt das Schriftstück.

Jahn erinnert sich: »Viele Menschen wollten die DDR verlassen und konnten nicht. Und mich bedrängten sie, endlich zu gehen. Mehrmals kamen Mitarbeiter der Abteilung Inneres in der Wohnung meiner Eltern vorbei, um mir mitzuteilen, dass mein Ausreiseantrag genehmigt sei und ich gehen solle. Einmal holte mich der Leiter der Abteilung Inneres persönlich aus der Badewanne, so wichtig war ihm das. Ich habe denen jedes Mal gesagt, dass mein Antrag nichtig sei und ich bleiben werde.«

Doch am 6. Juni 1983 genehmigt der Minister für Staatssicherheit der DDR Erich Mielke persönlich den »Maßnahmeplan« zur gewaltsamen »Entlassung aus der Staatsbürgerschaft der DDR / Übersiedlung in die BRD des Jahn, Roland«. Eine solche Abschiebung eines DDR-Bürgers in den Westen hat es zuvor noch nicht gegeben – selbst bei Wolf Biermann nicht, der 1976 in Abwesenheit, während einer Konzertreise in den Westen, ausgebürgert worden war.

Jahn ahnt nichts von der Falle, die ihm auf Mielkes Befehl hin gestellt wird. Am 7. Juni 1983 genießt Jahn in der Jenaer Innenstadt die Sonne, trifft sich mit Freunden, geht Eis essen. Zu 17.45 Uhr haben sie ihn aufs Amt bestellt. Er denkt, es geht darum, dass er beantragt hat, die Wohnung eines Bekannten zu übernehmen, der nach einer genehmigten Ausreise die DDR verlassen hat. Im Wohnungsamt angekommen, empfängt ihn der Stadtrat für Wohnungswesen und erklärt, er müsse kurz mitkommen zur Abteilung Inneres in einem anderen Verwaltungsgebäude ein paar Hundert Meter weiter. Dort sei in der Wohnungsangelegenheit noch etwas zu klären. In der Abteilung Inneres angekommen, eröffnet ihm deren Leiter, Jahn werde hiermit aus der Staatsbürgerschaft der DDR entlassen. »Hier ist Ihre Urkunde, nehmen Sie diese bitte entgegen und unterschreiben Sie!« »Das fällt aus«, antwortet Jahn. Da packen ihn schon zwei weitere Männer. Sie verdrehen ihm die Arme und schleppen ihn zum Hinterausgang. Dort wartet das Transportkommando, mehrere Autos der Stasi, ein Streifenwagen der Volkspolizei. Sie fahren ihn zu seiner Wohnung in der Käthe-Kollwitz-Straße, er soll noch etwas Gepäck holen dürfen. Beim Aussteigen passen sie einen Moment nicht auf, Jahn flüchtet in ein nahes Mietshaus, über die Treppe bis in die oberste Etage, vier Männer rennen ihm hinterher. Oben wohnt eine Freundin, sie ist zu Hause, hört sein hektisches Klopfen, macht schnell die Tür auf, lässt ihn in die Wohnung und schließt die Tür wieder zu. Er scheint seinen Häschern entkommen zu sein und überlegt, was er machen soll. Sich ans Fenster stellen und damit drohen, sich hinabzustürzen? »Nein«, denkt er, »die lassen dich vielleicht einfach springen, dann bist du auch aus dem

Verkehr gezogen.« Schließlich brechen die Stasi-Leute die Wohnungstür auf, stürzen sich auf ihn, legen ihm Knebelketten an. So gefesselt, zerren sie ihn auf die Straße, wo 20 oder 30 Passanten die Szene beobachten. »Denkt bloß nicht, ich hätte einen umgebracht!«, ruft Jahn ihnen zu. »Ich will nur nicht in den Westen!«

Er wird in ein Auto gestoßen, die lange Fahrt geht über Kahla und Saalfeld ins 70 Kilometer entfernte Probstzella, wo der Interzonenzug die Grenze nach Bayern überquert und wegen der Grenzkontrollen einen kurzen Halt einlegt. Am späten Abend erreichen sie den Grenzbahnhof. Da der nächste Zug gen Bayern erst am frühen Morgen fährt, wird Jahn in einem kleinen Raum der Grenzstation eingesperrt. Gegen drei Uhr morgens trifft der Interzonenzug aus Berlin ein. Es sind überwiegend Westdeutsche und West-Berliner an Bord, auch einige DDR-Rentner, die reisen dürfen. Jahn wird in den letzten Waggon verfrachtet und in ein leeres Abteil gesperrt. Dann rollt der Zug an.

Sieben Minuten später erreicht er Ludwigsstadt in Bayern. Die zwei bayerischen Grenzbeamten, die den jungen Thüringer entdecken, der im letzten Waggon gegen die Tür hämmert, staunen nicht schlecht.

Die Nachricht von der spektakulären Ausbürgerung geht noch am selben Tag durch die Medien. »Zum ersten Mal junger Deutscher mit Gewalt aus seiner Heimat abgeschoben«, titelt am nächsten Tag die West-Berliner Zeitung *B.Z.* Die *Tagesschau* meldet den Fall, via Westfernsehen wird er damit auch in der DDR bekannt. *Der Spiegel* widmet dem Fall eine zweiteilige Reportage und titelt am 20. Juni: »Du bist wie Gift – Roland Jahn über seinen Rausschmiß aus der DDR«. Spätestens jetzt kennen viele seinen Namen.

Das zwingt die SED-Führung, Stellung zu nehmen. Als angeblichen Beweis, dass es sich nicht um eine gewaltsame Ausbürgerung, sondern um eine von Jahn gewollte und von den Behörden genehmigte »legale Ausreise« handelte, lässt die DDR-Staatsicherheit über die Pressestelle des Ministerrats Kopien von Jahns in der Haft gestelltem Ausreiseantrag an die in der DDR akkreditierten Westkorrespondenten verteilen.

Auf den Vorwurf Jahns, der Ausreiseantrag sei ihm durch seine Verurteilung abgepresst worden und er habe ihn nach seiner Haftentlassung widerrufen, hat man ebenfalls eine plausible Antwort, die, schriftlich gebrieft von den Offizieren der Stasi-Hauptabteilung IX, der DDR-Staatssekretär für Kirchenfragen Klaus Gysi übermittelt. »Diese Lüge wird von Rechtsanwalt Schnur überzeugend widerlegt. Jahn hat ihm schriftlich bestätigt, dass er den Antrag freiwillig und eigenhändig schrieb«, heißt es dort. Vielmehr habe Jahn eine schriftliche Rücknahme seines Antrags auf Entlassung aus der Staatsbürgerschaft »gegenüber den Staatsorganen und gegenüber Rechtsanwalt Schnur« abgelehnt.

Jahn weist diese Darstellung zurück. In einem Brief, den er Ende Juni 1983 an den DDR-Staatsratsvorsitzenden Honecker schreibt, argumentiert er noch einmal, dass er den Ausreiseantrag in der Haft unter Zwang und hohem psychologischen Druck verfasst habe. Dass er zweitens den Antrag nach seiner vorzeitigen Haftentlassung im Februar 1983 sofort für nichtig erklärt und gegenüber dem Ministerium des Innern erklärt habe, es sei sein ausdrücklicher Wille, Bürger der DDR zu bleiben. »Ich fordere Sie auf, die notwendigen Schritte zur Absicherung meiner Rückkehr in die DDR einzuleiten«, schließt Roland Jahn seinen Brief an den SED-Chef. Wohl wissend, dass das aussichtslos ist.

Erst Ende 1989 konnte Roland Jahn wieder unbehelligt nach Jena reisen – nach der Friedlichen Revolution und dem Mauerfall, an denen er nicht unwesentlich beteiligt war. Aber das ist eine andere Geschichte. Seit 2011 ist Roland Jahn Bundesbeauftragter für die Unterlagen des Staatssicherheitsdienstes der ehemaligen DDR.

Ronny Müller

»Sehnsucht nach dem Kurfürstendamm«

Angelika Brauner war 13, als die Mauer gebaut wurde, und fühlte sich immer in den Westen gehörig. 1983 wollte sie endgültig rüber.

Sie wartete, bis ihre Söhne aus dem Gröbsten heraus waren, ehe sie 1983 für sich und die Tochter einen Ausreiseantrag stellte. An ihrem Arbeitsplatz, in der Berliner Kneipe »Zur letzten Instanz«, sollte sie Kollegen bespitzeln, damit sie eher rauskomme. Sie ließ sich nicht erpressen und wurde 1986 aus der DDR entlassen.

Das Restaurant »Zur letzten Instanz« liegt wie ein aufgeschlagenes Geschichtsbuch an der alten Stadtmauer nahe dem Berliner Alexanderplatz. Sogar Napoleon soll hier schon gespeist haben. Bei anderen Staatsmännern wie Jacques Chirac und Gerhard Schröder ist der Besuch verbürgt. Charlie Chaplin und Heinrich Zille waren auch da. Der eine oder andere hat sich vielleicht am historischen Kachelofen gewärmt. Seit 1621 gibt es die Gastwirtschaft, die sich als älteste Berlins bezeichnet. Den Namen trägt sie erst seit 1924, um die Ecke befindet sich das Amtsgericht. Angelika Brauner war fast 20 Jahre nicht mehr in dem rustikalen Restaurant. Die Rentnerin schaut sich neugierig um und blättert in der Speisekarte. Dabei serviert sie das Abenteuer ihrer Ausreise aus der DDR.

Die Geschichte beginnt ein paar Straßenzüge weiter. Angelika Brauner, geboren am 12. Juli 1948, wuchs zwischen Hackeschem Markt und

Angelika Brauner vor ihrer ehemaligen Arbeitsstätte »Zur letzten Instanz«, 2018 (Foto: Ronny Müller)

Rosenthaler Platz auf. Sie war Einzelkind, die Mutter alleinstehend, der Vater lebte im Westteil Berlins. Dort verbrachte sie einen Großteil ihrer Freizeit. »Ich habe Verwandte und Freunde besucht oder bin ins Kino gegangen. Auch die Grüne Woche habe ich geliebt.«

Doch auf einmal war es vorbei mit den Ausflügen. Als die Mauer gebaut wurde, war sie 13 Jahre alt. »Das war ganz, ganz schlimm«, erinnert sich Angelika Brauner. »Es hat sich zwar abgezeichnet, dass da etwas passiert. Aber für mich war es unvorstellbar, dass man eine Mauer durch die Stadt baut.« Das Mädchen wollte das Unvorstellbare mit eigenen Augen sehen. Um es zu begreifen. Noch am 13. August 1961 eilte sie zur Bernauer Straße. Sie beobachtete, wie ein Volkspolizist eine Stacheldrahtrolle überwand und in den Westteil der Stadt floh. Die Szene erinnert an den Polizisten Conrad Schumann, der zwei Tage später auf gleiche Weise flüchtete. Das Foto seines Sprunges wurde berühmt.

Für Angelika Brauner war Schumann so etwas wie ein Vorbild. Ihr war klar: Sie will auch in den Westen, zu ihren Verwandten in Charlottenburg und Spandau, wieder am Kurfürstendamm einkaufen und ins Kino gehen. Dort fühlte sie sich zu Hause. Doch ihre Mutter blockte alle Fluchtgespräche ab. »Sie wollte nicht rüber, weil ihr Vater im Osten lebte. Ich habe meine Mutter aber nicht verstanden, so baute sich auch eine Mauer zwischen uns beiden auf.«

Angelika Brauner fand in einer Gruppe Jugendlicher Gleichgesinnte. »Wir waren 14, 15 Jahre alt und wollten alle rüber.« Gemeinsam heckten sie Pläne aus. Doch eines Tages sah sie zwei ihrer Freunde im Westfernsehen. Sie waren auf einen anfahrenden Zug gesprungen und geflüchtet. »Ohne mich«, sagt sie heute noch mit einer Prise Entsetzen. »Ich habe geschrien. Daran hatte ich zu knabbern, dass sie ohne mich gegangen sind.« Dieser Vorfall zementierte ihren Wunsch, die DDR zu verlassen.

Doch zunächst beendete Angelika Brauner die Schule und absolvierte eine Ausbildung im Einzelhandel. 1965, mit knapp 17, bekam sie ihren Sohn Marco. »Ich bin Spießruten gelaufen. Nicht einmal meine Mutter hat richtig zu mir gehalten, ich habe furchtbar gelitten. Außerdem gab es kaum Krippenplätze.« 1967 heiratete sie. Ein Jahr später folgte Sohn Pierre. Angelika Brauner arbeitete bei einem Hochzeitsausstatter und bediente einige Prominente der DDR. »Man musste das Beste draus machen, ich habe nicht jeden Tag geheult«, sagt sie über den Alltag im Sozialismus. »Viele Menschen im Osten waren toll und hilfsbereit. An meinem Ziel hatte sich aber nichts geändert.«

Es trat jedoch erst einmal in den Hintergrund: Tochter Patricia kam 1976 zur Welt. Angelika Brauner arrangierte sich im Arbeiter-und-Bauern-Staat, passte sich aber nicht an. Eintritt in die Staatspartei SED? Niemals. Auch die Kinder knoteten sich weder die Halstücher der Pionierorganisation um, noch streiften sie das blaue Hemd der

Freien Deutschen Jugend über. Zu Wahlen ging sie nicht, selbst wenn sie an der Tür ihrer Wohnung in Lichtenberg dazu aufgefordert wurde. Sohn Marco durfte einmal mit einem USA-T-Shirt in die Schule, das er von der Westverwandtschaft bekommen hatte. Ein Klassenfeind im sozialistischen Klassenzimmer – eine Provokation. Marco wurde nach Hause geschickt. »Da war ich wie eine Rakete in der Schule, das Shirt hätte auch aus dem Intershop im Osten sein können«, empört sich die Mutter noch immer.

Als die beiden Jungs groß waren, wurde das Thema West-Berlin wieder präsenter. Die Ausreisewelle der 1980er-Jahre übt einen Sog aus auf Angelika Brauner, die mittlerweile geschieden war. »Immer mehr von meinen Freunden sind gegangen. Ich habe mich gefragt, wie ich hierbleiben kann. Es wäre ein Horror gewesen, das ewig zu ertragen. Natürlich war ich auch ein bisschen geblendet vom Luxus im Westen.« 1983 stellte sie einen Ausreiseantrag für sich und ihre Tochter. Sohn Pierre war erst 15. »Ich bin aber davon ausgegangen, dass der Antrag ein paar Jahre dauert. Die Jungs wollten dann selbst einen Antrag stellen.« Der Schritt fiel ihr nicht schwer, sie war davon überzeugt, dass es das Richtige war. Deshalb fühlte sie sich stark genug, den vor ihr liegenden Weg zu bewältigen.

Nicht einmal vor der Staatssicherheit hatte sie Angst. Einmal hätten drei Männer im Lichtenberger Amt auf sie gewartet. »Sie haben sich nicht vorgestellt.« Angelika Brauner war sich sicher, dass die Stasi dabei war. »Guten Tag, mein Name ist Brauner, und wer sind Sie?«, schmetterte sie den Männern zur Begrüßung entgegen. Dann sei sie belehrt worden, nur eine schlechte Mutter bringe ihr Kind ins kapitalistische Ausland. Doch sie entzog sich der Stasi-Argumentation. »Ich kannte den Westen viel besser als sie«, sagt sie und nippt an ihrem Pfefferminztee. »Der schmeckt wie eingeschlafene Füße.« Angelika Brauner nimmt eben kein Blatt vor den Mund.

Manchmal stellte sie sich bei den Gesprächen stur. »Wenn ich nicht reden wollte, wollte ich nicht.« Man könne auch anders, habe der Mann gedroht. »Na dann!« Angelika Brauner war frech und gab sich selbstbewusst. »Wenn ich heute überlege, was da hätte passieren können«, sagt sie und streicht den Tischläufer glatt. Man spürt, wie die Emotionen in ihr brodeln. »Aber ich hätte nicht riskiert, dass ich ins Gefängnis muss.« Die Situation nagte trotz des resoluten Auftretens an ihr. »Es hat mir Angst gemacht, nicht zu wissen, wer Freund und wer Feind ist.« Von einem Vormieter hatte sie das Telefon übernommen, ein Privileg in der DDR. »Ich bin sicher, dass mein Telefon damals belauscht wurde.« Auch wenn sich später in der Stasi-Akte kein Beweis fand. »Beim Telefonieren hat es geknackt. Ich bin meist zur Post gegangen in der Hoffnung, dort nicht abgehört zu werden.« Vor dem Haus habe oft ein verdächtiges Auto gestanden. »Ganz klar, dass wir bespitzelt wurden.« Seit dieser Zeit ist es ihr wichtig, einen Spion in der Wohnungstür zu haben.

Auch eine Freundin und Arbeitskollegin war auf sie angesetzt. Das erfuhr Angelika Brauner später aus ihrer Stasi-Akte. »Es war eine große menschliche Enttäuschung.« Seit 1981 war sie in der »Letzten Instanz« angestellt und empfand den Arbeitsplatz als Privileg. »Man war ein bisschen stolz, hier zu arbeiten«, sagt sie und lässt den Blick über die barocke Wendeltreppe, den Ziegelfußboden und die Wandvertäfelung schweifen. Eisbein sei schon damals eine der Spezialitäten gewesen. Heute steht es als »Zeugenaussage« in der Karte. Hinter der »Verhandlungspause« verbergen sich Königsberger Klopse. Angelika Brauner verzichtet an diesem Tag auf eine kulinarische Zeitreise und nestelt an Salz- und Pfefferstreuern herum. »Die wurden früher sehr gerne geklaut, ich musste regelmäßig neue besorgen.«

In den 1980er-Jahren war sie Wirtschaftsleiterin und saß im Hinterzimmer des Restaurants. Dennoch wusste sie, was zwischen Tresen und Tischen ablief. »In der Letzten Instanz gab es viel Westpublikum, die Leute sind mit Bussen vorgefahren worden.« Wenn Gäste mit D-Mark bezahlten, tauschten einige Servicekräfte das Geld heimlich um und legten DDR-Mark in die Kasse. Das vermutete zumindest die Stasi. Sie bot Angelika Brauner an, ihr ein paar Stolpersteine aus dem Weg in den Westen zu räumen. »Sie haben gesagt, sie können meine Ausreise beschleunigen, wenn ich ihnen berichte, wer sich Valuta in die eigene Tasche steckt. Aber ich habe gesagt: ›Ich bin Schlange stehen aus der DDR gewohnt, ich kann warten.‹«

Es war ja auch noch einiges zu klären. Angelika Brauner besaß ein paar Antiquitäten. Etwa einen Sekretär, einen Schuhschrank, eine Vase sowie eine Sammlung Hieb- und Stichwaffen. »Bevor ich sie hätte ausführen dürfen, musste ich nachweisen, dass sie nicht zu bestimmten Epochen gehören.« Sie klapperte Museen ab und suchte Gutachter, doch es war schwierig, Experten zu finden. Deshalb verkaufte sie die Sachen nach und nach. Das finanzielle Polster sollte sie später brauchen, nachdem sie aufgefordert wurde, ihre Arbeit in der »Letzten Instanz« aufzugeben. Ihr Chef hatte zuvor jeden Monat einen Bericht über sie verfassen müssen. »Ich habe gesagt, er kann jedes Mal den gleichen Text abgeben.« Denn an ihrer Einstellung zur DDR änderte sich nichts. »Er hat geschrieben, ich sei unbelehrbar.«

In dieser Zeit gaben ihr die Kontakte auf einer Wiese am Sport- und Erholungszentrum Friedrichshain Halt und Zuversicht. Dort trafen sich Menschen, die der DDR den Rücken kehren wollten. Der Austausch mit Gleichgesinnten tat ihr gut. Freude und Enttäuschung lagen jedoch nah beieinander. »Wenn jemand nicht mehr kam, war man ein bisschen traurig. Aber es machte gleichzeitig Mut, weil man gesehen hat, dass es geht.« Die Ausreisewilligen mussten vorsichtig sein, wem sie sich anvertrauten. »Natürlich waren auch Spitzel dabei. Ich habe beim Sprechen immer die Hand vor den Mund gehalten.« Bis weit nach der Wende habe sie diese Eigenart nicht abgelegt. »Ich wurde oft gefragt, warum ich das mache. Ich habe das gar nicht mehr gemerkt.« Bis heute möge sie lautes Reden nicht. Als am Nebentisch in der »Letzten Instanz« eine italienische Reisegruppe heißblütig die nächste Unternehmung diskutiert, schaut sie etwas verständnislos hinüber.

Ihr Blick verliert sich in der Ferne, als sie über einen Vorfall im Jahr 1985 spricht. Nach einer Betriebsfeier an der Schönhauser Allee in Prenzlauer Berg wartete sie an der Straße auf ein Taxi. Plötzlich wurde sie von einem Mann überfallen und in einen Hausflur gezerrt. »Er hätte mich umgebracht. Meine Rettung war eine Frau, die zufällig auf der anderen Straßenseite auf dem Balkon rauchte und Hilfe holte.« Als beim nächsten Amtstermin gegen den Westen agitiert wurde, sprach sie den Überfall an. »Es ist im Osten passiert, und niemand konnte mich beschützen«, habe sie betont. »Da haben die Männer kein Wort mehr gesagt. Das habe ich genossen.« Von ihrem Durchhaltewillen musste sie nun niemanden mehr überzeugen.

Am 18. September 1986 durfte Angelika Brauner mit ihrer Tochter die DDR verlassen. Wie lange vorher sie über den Termin informiert worden war, weiß sie nicht mehr genau. Es war zumindest genügend Zeit, um eine Abschiedsfeier zu organisieren. Zehn oder elf Freunde lud sie in ein Restaurant an der Friedrichstraße ein. »Ich hatte gar keine Lust zu gehen, es war so lustig«, erinnert sie sich. Doch zwischen ihr und ihrem Vater lag nur noch der sogenannte Tränenpalast – die Ausreisehalle am Bahnhof Friedrichstraße. »Macht euch einen schönen Tag«, habe sie zu den Freunden gesagt und ihr restliches DDR-Geld auf den Tisch gelegt.

Kurz vor dem Ziel war Angelika Brauner zerrissen zwischen der Vorfreude auf ihren Vater und die Freiheit – und der Sorge, wann sie ihre Söhne wiedersehen würde. »Das war hart. Ich habe mich wie eine Rabenmutter gefühlt und gefragt, ob ich alles richtig mache.« Die Söhne hatten jedoch großes Verständnis für die Ausreise. »Meine Jungs wussten, warum ich das mache. Sie haben mich unterstützt und mir das Versprechen gegeben, dass sie hinterherkommen.« Dem ältesten Sohn Marco sei klar gewesen, »wo Mutter hingehört, ihre ganzen Angehörigen waren im Westen«. Er leistete seit 1985 seinen Wehrdienst bei der Nationalen Volksarmee ab. Wegen der Ausreise seiner Mutter fühlte er sich in Sippenhaft genommen. »Ich wurde in eine Art Strafkompanie kommandiert. Wir haben unter anderem im Tagebau gearbeitet.« Für ihn gab es nur einen Weg: »An meinem letzten Tag bei der NVA bin ich aus dem Kasernentor raus und habe sofort einen Ausreiseantrag gestellt.«

Tochter Patricia wollte ihr Zuhause und ihre Freunde allerdings nicht verlassen. »Ich wollte nicht weg, ich war sauer und traurig, ich hatte doch meine Freunde«, erzählt sie. Ihre Mutter habe der damals Zehnjährigen gesagt, dass sie eines Tages dankbar sein werde. »Ich wusste, dass im Westen das Schlaraffenland ist. Aber mir ging es doch nicht schlecht im Osten.« Allerdings war sie auch gespannt auf West-Berlin, wo bereits ihr Vater lebte. »Ich war kein ängstliches Kind. Wichtig war mir aber, dass ich meine Barbie-Puppe mitnehmen konnte.«

So passierten Mutter, Tochter und Barbie-Puppe den Tränenpalast und wurden in West-Berlin von Angelika Brauners Vater empfangen. Das neue Leben begann jedoch nicht euphorisch. »Ich wollte nicht reden, ich wollte einfach nur gucken, konnte mich gar nicht sattsehen«, erinnert sich Angelika Brauner an die Heimfahrt im Auto ihres Vaters. Tochter Patricia lernte in einem Jugendclub schnell neue Freunde kennen und besuchte ab und zu allein ihre Großmutter in Ost-Berlin. »Ich hatte auf beiden Seiten der Mauer eine schöne Kindheit.« Ihr Bruder Marco verließ die DDR am 1. September 1988. Schon lange vor der Ausreise wurde der Friseur von seinem Arbeitgeber nicht mehr bezahlt. »Sie haben mir gesagt, wenn ich aufmucke und nicht mehr arbeiten komme, melden sie mich an die Stasi, und dann darf ich nicht raus. Aber das hat mich nicht umgeworfen.« 14 Monate nach seiner Ausreise öffnet sich der Eiserne Vorhang.

Den 9. November 1989 erlebte Angelika Brauner in Dänemark. »Ich habe geheult, weil ich nicht in Berlin war.« Erst nach dem Mauerfall sah sie ihren Sohn Pierre wieder. Er hatte in der DDR eine Freundin und eine kleine Tochter. Für den 11. November 1989 bekam Angelika Brauner eine Einreisegenehmigung für Ost-Berlin. Es war der Tag von Pierres Hochzeit. Wegen des Tohuwabohus zwei Tage nach dem Mauerfall dauerte es an der Grenze jedoch sehr lange. Angelika Brauner: »Als wir im Standesamt ankamen, lief bereits die Trauung. Pierre wollte gerade Ja sagen, als ich die Tür aufmachte. Da haben wir uns erst einmal in den Armen gelegen und geweint. An diesem Tag habe ich meine Enkelin das erste Mal gesehen.«

Wenig später sagt Tochter Patricia einen Satz, der ihrer Mutter noch heute ein wenig Gänsehaut bereitet: »Mutti, du hast alles richtig gemacht.«

Angelika Brauner hat im Westteil Berlins viele Jahre im Einzelhandel gearbeitet. Sie hat fünf Enkel sowie einen Urenkel und lebt im West-Berliner Bezirk Steglitz-Zehlendorf. Der Ausflug zur »Letzten Instanz« hat ihr Spaß gemacht, auch wenn die Zeitreise sie aufgewühlt hat. Nach Lichtenberg, wo sie früher wohnte, fühlt sie sich nicht hingezogen. Sie ist sehr aktiv, treibt regelmäßig Sport. Einen der beiden Jugendfreunde, die ohne sie geflüchtet waren, hat sie Jahrzehnte später in ihrem Fitnessclub zufällig wiedergetroffen.

Constantin Hoffmann

»Okay, jetzt oder nie«

Nachdem die 18-jährige Christiane Hille 1984 ihre Ausreise beantragt hatte, flog sie von der Schule.

Das war vier Wochen vor dem Abi. Sie hatte gehofft, dass es nur ein paar Wochen dauert, bis sie das Land verlassen kann. Aber es wurden mehr als zwei Jahre.

Plötzlich stellten immer mehr Freunde Ausreiseanträge. Christianes beste Freundin Bettina zum Beispiel, 17 Jahre alt, wie sie. Deren Eltern hatten den Antrag 1983 abgegeben. Die Mutter war Dozentin an der Kunsthochschule Burg Giebichenstein, der Vater Mathematiker. Eine »lockere« Familie. »Heute würde man sagen, sie waren grün-alternativ«, sagt Christiane, die in Halle-Neustadt im selben Block wie sie wohnte. Das Mädchen war oft dort, gehörte quasi zur Familie.

In jener Zeit hörte man immer wieder den Spruch: »Der Letzte macht das Licht aus.« »Und man merkte: Alle guten Leute, die einem wertvoll waren, mit denen man wichtige soziale Beziehungen pflegte, hatten plötzlich einen Ausreiseantrag laufen«, erzählt Christiane und blickt nachdenklich, fragend. Ihre Eltern waren geschieden. Sie lebte bei ihrer Mutter, einer Kosmetikerin. Nun stand auf einmal für Christiane die Frage im Raum: Was für eine Zukunft habe ich, wenn ich hierbleibe? Sie machte Abitur, aber die Schulzeit fand sie bedrückend. »Da war dieser Zwang, besonders im Fach Staatsbürgerkunde. Die Ideologie, dieses ständige Mitspielenmüssen, das hat mich einfach total angewidert«, schildert Christiane ihren damaligen Gemütszustand. »Als junger Mensch hat man Ideale. Man bringt es nicht so einfach übers Herz, immer wieder zu heucheln.«

Es begann bereits in dem Alter, wo man langsam geistig wach wird, in der ersten, zweiten Klasse. Da sagte die Mutter zu ihr: »Du darfst aber nicht in der Schule erzählen, was wir heute im Fernsehen angeschaut haben.« Gemeint war das Westfernsehen, was die Staatsmacht nicht mochte. Diese Doppelgesichtigkeit wurde dem Kind mit der Zeit immer deutlicher. »Die einen stecken es weg und sagen sich, das ist nun mal so, die anderen eben nicht. Die wollen dann auch mal provozieren, wollen Fragen stellen. So hat sich das langsam gesteigert«, fasst Christiane ihre damalige Situation zusammen.

Das aufgeweckte Mädchen ging mit ihrer Freundin immer dahin, wo die, wie sie sagt, »coolen Leute« waren. Dazu gehörten für sie Anhänger der Friedensbewegung »Schwerter zu Pflugscharen« und der Umweltbewegung, die dem Staat ein Dorn im Auge waren. Diese Leute traf man damals vor allem in der evangelischen Kirche. Dort bekamen die Mädchen mit, dass manche wegen ihres Engagements ins Gefängnis mussten. Für die wurde dann in der Jungen Gemeinde gebetet.

Einmal, auf dem Heimweg von einem Kirchentreffen, abends um sieben, also zu einer ganz manierlichen Uhrzeit, wurden die Freundinnen von zwei älteren Herren in Zivil an der Bushaltestelle am Hallmarkt angehalten. Die Staatsmacht trat einschüchternd in Aktion. Ein Grund für die Kontrolle wurde nicht genannt. Die Männer nahmen die Personalien auf und bestellten die beiden für den nächsten Tag aufs Polizeipräsidium. Dort erwartete die Mädchen das Programm für Schwerverbrecher: Fingerabdrücke, Schreibproben, Fotos. »Man hat uns schon angesehen, dass wir keine grauen Mäuse waren«, sagt Christiane und freut sich immer noch sichtlich darüber. »Wir waren schon besonders gekleidet. Und wir waren stolz darauf!« Das steht sogar in ihrer Stasi-Akte: »Sie ziehen sich immer sehr auffällig an.« Selbst davon haben sich die Genossen provoziert gefühlt. Und die Mädchen fragten sich bereits damals: »Was ist denn in diesem Land los?«

Im März 1984 wurde Christiane 18 Jahre alt. Im Juni sollte sie das Abiturzeugnis bekommen. Am Abend des Geburtstags kam ihr und Bettina in der Stadt ein Freund entgegen, aus dem es freudig herausbrach: »Hey, übermorgen kann ich ausreisen!« »Was, du auch?« Das schlug bei ihnen ein wie ein Blitz. Der Freund erzählte euphorisch: »Wir haben nur vier Wochen gewartet. Das sind jetzt diese Kredite, das ist so super, das geht jetzt so schnell.«

Er meinte den Milliardenkredit für die klamme DDR, den der damalige bayerische Ministerpräsident und CSU-Chef Franz Josef Strauß eingefädelt hatte. Im Gegenzug hatte die SED-Führung der Bundesrepublik einiges versprochen. Dazu gehörten, neben dem Abbau der Selbstschussautomaten an der Grenze zum Westen, auch Erleichterungen von Ausreisen und Familienzusammenführungen.

Christiane dachte an diesem Abend: »Okay, jetzt oder nie!« Drei Tage nach ihrem 18. Geburtstag stellte sie einen Antrag auf Ausreise aus der DDR, am 18. März 1984. Später wurde ihr klar: »Das war natürlich ganz dumm, unmittelbar vor dem Abitur.« Sie hatte die Eignungsprüfung an der Burg Giebichenstein bestanden und von dort eine Zusage, also schon einen Studienplatz in der Tasche. Aber im Kopf kreiste immer der eine Gedanke: »Das ist das Zeitfenster, wenn ich das jetzt verpasse ...« Es gab damals auch immer wieder Gerüchte, dass es nun schneller gehen sollte – und nun einen Beweis: der Freund, der so gejubelt hatte. Christiane wusste nun auch, wie es geht: »Hingehen, zur Abteilung Inneres beim Rat des Stadtbezirks Halle-Neustadt und den selbstgeschriebenen Antrag abgeben.«

Dort musste sie ewig warten. Als sie erklärte, dass sie einen Ausreiseantrag stellen wollte, schaute der Mann auf der anderen Seite des Schreibtischs verwundert: »Das geht nicht, das können Sie nicht!« Er fragte nach dem Warum. »Aus religiösen Gründen«, schmetterte Christiane ihm entgegen. Das war ihr Zauberwort. Diesen Grund hielt sie für unangreifbar in diesem religionsfeindlichen Staat. Aber es half nichts. Der Genosse hatte nur eine Antwort parat: »Sie kommen hier nicht raus, niemals!«

Einen Tag später holte man sie aus dem Unterricht. Im Direktorenzimmer hieß es: »Was machen Sie denn? Das meinen Sie doch nicht ernst?« »Doch«, antwortete Christiane. Sie muss das sehr überzeugend rübergebracht haben, denn man machte kurzen Prozess: »Sie werden von der Schule suspendiert!« Dann wurde die Abiturientin nach Hause geschickt. Sie durfte nicht mehr in die Klasse zurück.

Christianes Schulkameradin Ina Liebmann erinnert sich noch lebhaft an das ungewöhnliche Geschehen an der Schule: »Es war so, als ob etwas ganz Schlimmes passiert war! Die Schule veranstaltete ein Riesentheater, eine Hetzkampagne, unter der ich gelitten habe. Hauptakteur war ein Lehrer, der später selber ausgereist ist. Mehrere Klassen mussten sich in der Aula zur ideologischen Vergatterung versammeln. Es war wie ein Schauprozess, ohne dass die Angeklagte zugegen war.« Die Lehrer verkündeten, Christiane habe die Möglichkeit zum Abitur vom sozialistischen Staat geschenkt bekommen und trete diesen nun mit Füßen. Man habe mehrfach versucht, die Schülerin davon abzubringen. »Völlig aus der Luft gegriffen«, kommentiert Christiane. Von einer anderen früheren Mitschülerin hatte sie später gehört, dass es hieß, sie wolle ausreisen, weil sie schöne Klamotten und mehr Luxus wollte, nicht aus politischen Gründen. »Der Zeitpunkt der Antragstellung hatte die Lehrer sicher irritiert, vier Monate vor dem Abitur«, meint die damals Verstoßene.

Ina berichtet von einer Liste, die herumgegeben wurde, auf der alle unterschreiben sollten, dass sie jeglichen Kontakt zu Christiane abbrechen würden. »Ich erinnere mich, dass ich das absolut nicht unterschreiben wollte. Und ich kann bis heute nicht sagen, ob sie mich nicht doch dazu gezwungen haben. Die hatten panische Angst vor Nachahmern! Das wurde mir später klar. Das war für mich der Anlass zu sagen: Jetzt treffe ich mich mit der Schulkameradin.« Christiane hatte keine Angst wegen des Schulverweises. Damit hatte sie gerechnet – und gehofft, auch nur vier Wochen warten zu müssen bis zur Ausreise.

Christiane stellte ihre Mutter vor vollendete Tatsachen. Beifall habe die nicht geklatscht. Aber sie war selbst »westlich orientiert«, hatte einige Freundinnen, welche die DDR verlassen durften, weil sie Westmänner geheiratet hatten. Und das war im Grunde auch ihr Ziel. Wohl durch ihre Tochter bestärkt, bewegte sie sich jetzt ebenfalls. Durch eine Freundin vermittelt, die nach Schweden ausreisen durfte, lernte sie einen Schweden kennen, den sie 1985 heiratete. So verließ die Mutter die DDR noch vor der Tochter. Die Wohnung, in der sie mit ihrer Mutter gelebt hatte, durfte Christiane nicht behalten. Ihr wurde eine in einem anderen Block in Halle-Neustadt zugewiesen. Bei ihrer neuen Nachbarin vermutete sie, dass sie für die Stasi spitzelte. Über bestimmte Dinge habe sie sich mit ihren Freunden nur auf der Straße unterhalten. »Man wusste nicht, wer für die Stasi spitzelte, mit wem man überhaupt offen reden konnte«, sagt Christiane. Möbel hatte sie in der neuen Wohnung kaum noch, sie lebte quasi aus Koffern, weil sie ja immer auf dem Sprung war.

»Nach dem Rauswurf aus der Schule gingen die Probleme richtig los«, erzählt Christiane weiter. Und sie lacht wieder herzlich, wie eine, die völlig im Reinen mit sich ist und über den Dingen steht. »Was schlimm angefangen hat, wurde schlimmer.« Halt gaben ihr die Hoffnung, bald am Ziel ihrer Träume zu sein, und die Familie ihrer Freundin Bettina. Dort war sie nun noch öfter.

Einmal in der Woche setzte sich die 18-Jährige in das Wartezimmer der Abteilung Inneres. »Wie eine Schmeißfliege«, sagt sie wieder lachend. Nach kurzer Zeit machten ihr die Genossen klar, dass sie arbeiten gehen müsse. Entweder würde sie innerhalb von zwei Tagen etwas finden, oder ihr werde etwas zugewiesen. Das war dann eine Tätigkeit als Reinigungskraft im Altersheim, mit Schichtdienst und Dienstbeginn morgens um fünf Uhr. Sie fuhr mit der S-Bahn von Neustadt zusammen mit den Arbeitern der Chemiewerke. Eine ganz andere Welt. Das war sie nicht gewöhnt. »Damals in einem Altersheim zu putzen, musste man mögen«, sagt Christiane leicht sarkastisch. »Die Desinfektionsmittel fraßen sich durch die Handschuhe und haben so gestunken, dass man das Zeug nie losgeworden ist. Überall waren Kakerlaken. Der Kammerjäger hatte einen Dauerauftrag.« Die Stationsschwester war wohl instruiert worden, wie sie mit dem »renitenten Mädchen« umgehen sollte. Ihren Arbeitsalltag schildert Christiane so: »Die blödesten Sprüche galten mir, für die schlimmste Kacke eingeteilt wurde ich, das Aschenputtel.« Ihr war klar, dass sie das nicht lange durchhalten würde.

Ein halbes Jahr später erzählten ihr Freunde von einem privaten Buchladen in Halle, in der Steinstraße. Die Inhaberin stellte das offensichtlich bedauernswerte Geschöpf sofort ein. Eine bessere Zeit mit normalen Arbeitszeiten folgte. Freundliche Leute kamen ins Geschäft. Es gab interessante Buchlieferungen. Von manchen Titeln wurden nur fünf oder zehn Stück geliefert, die unter dem Ladentisch weggingen. Christiane sagte dann vorher Freunden Bescheid. Es gab wenig Geld, aber Geld hatte damals sowieso kaum eine Bedeutung.

Das Leben der jungen Frau mit dem Ausreiseantrag nahm noch eine andere überraschende Wendung. Sie war ungewollt schwanger geworden. Aber sie wollte das Kind, trotz der schwierigen Umstände. Ihrer Mutter verheimlichte sie das zunächst. »Die wäre sonst nicht ausgereist«, erklärt sie. Die frisch gebackene Großmutter erfuhr es, als sie von Schweden aus in Halle anrief.

Doch noch einmal zurück: Nach der Ausreise ihrer Mutter saß die Tochter wieder einmal in der Abteilung Inneres. Da hieß es: »Sie wissen ja, Sie kommen niemals in die BRD. Aber wir könnten eventuell über eine Familienzusammenführung zu Ihrer Mutter nach Schweden nachdenken. Dafür müssten Sie den Ausreiseantrag ändern.« Reflexartig lehnte Christiane ab. »Ich will aber nicht nach Schweden«, schleuderte sie dem Mann hinter dem Tisch entgegen. Doch inzwischen waren eineinhalb Jahre seit ihrem ersten Antrag vergangen, sie war etwas mürbe. »Von wegen nur vier Wochen warten ...« Also änderte sie schließlich den Antrag. Daraufhin hieß es: »Solche Anträge bearbeiten nicht wir, sondern das Polizeipräsidium am Hallmarkt.« Merkwürdig war es schon, dass ein Ausreiseantrag in die Bundesrepublik, die doch als Ausland galt, bei der Abteilung Inneres beantragt werden konnte. Und den Antrag für Schweden stellte man bei der Polizei. Dort saß ihr ein Typ gegenüber, wie ein Stein, und sagte nur: »Das geht nicht.« Trotzdem konnte sie den Antrag dort lassen.

Wieder tat sich monatelang nichts. Mit Christianes Bauch wuchs die Sorge, dass die Genossen die Schwangerschaft bemerken würden. »Dann lassen die dich auf keinen Fall mehr raus«, ging ihr durch den Kopf. »Was mache ich dann?« Sie bekam Panik und dachte: »So geht es nicht mehr weiter.« Wieder saß sie bei der Abteilung Inneres und erklärte: »Schweden war ja wohl nichts. Ich ziehe Schweden zurück und stelle erneut einen Antrag für die BRD!« Wieder hieß es: »Vergessen Sie das!« Etwas später entdeckten die Genossen den gewachsenen Bauch und erklärten klipp und klar: »Schwanger können Sie sowieso nicht ausreisen. Und wer ist eigentlich der Vater?« Das behielt die werdende

Mutter für sich. Ihr Antrag lag weiter bei der Behörde auf dem Tisch. Manchmal wurde Christiane einbestellt. Dann keimte Hoffnung auf. Doch die Genossen wollten nur wissen, ob sie den Antrag aufrechterhalte. Das waren wohl Psychospielchen. Umso größer war eines Tages die Überraschung: »Frau Hille, Ihre Ausreisegenehmigung ist da«, hieß es plötzlich. »Okay, wann?«, fragte sie kurz angebunden. »Erst mal müssen Sie das Kind austragen, vorher kommen Sie nicht raus.«

»Jetzt war alles anders«, erzählt sie. »Ich hatte das Zeitgefühl verloren, nachdem mir gesagt worden war: ›Sie kommen niemals raus.‹ Zeit hatte kaum noch eine Bedeutung. Nun plötzlich war sie wieder enorm wichtig. Dann sitzt du da und wartest, und das Kind kommt auch noch zwei Wochen später.« Aber alles ging glatt, ein gesunder Sohn kam zur Welt. Mit dem ging sie wieder zu den Genossen. Es gab keine Neuigkeiten. Sie dachte: »Die wollen mich kleinkriegen.« Einige Zeit später kam endlich die gute Nachricht: »Sie dürfen ausreisen, innerhalb von 48 Stunden, aber nur wenn Sie uns den Vater nennen.« »Nee, mach ich nicht«, erwiderte die junge Frau. Sie hatte ja kein Vertrauen zu denen. »Sie können das Kind mitnehmen«, hieß es. »Aber wir müssen wissen, wer der Vater ist, damit es hinterher nicht irgendwelche diplomatischen Verwicklungen gibt.« Sie nannte den Namen und bekam im Gegenzug einen Laufzettel. Darauf standen die Sparkasse und diverse Behörden, bei denen sie sich abmelden musste. Die Ausreise war nun doch nach Schweden bewilligt worden. Christiane erklärte wieder, dass sie gar nicht nach Schweden wolle. Das nahmen die Genossen zur Kenntnis. Sie wollte nach Gießen, weil sie wusste, dass es dort ein Aufnahmelager für Übersiedler gab. Der Tag, den die Genossen für ihre Ausreise bestimmt hatten, war der Geburtstag ihrer besten Freundin, die ihr wie eine Schwester war. Christiane glaubt, dies war kein Zufall: »Das war noch eins von ihren Psychospielchen.« Denn Bettina und ihre Eltern hatten ihren Ausreiseantrag schon ein Jahr vor

Christiane Hille, 2019
(Foto: Constantin Hoffmann)

Christiane gestellt und bis zu diesem Zeitpunkt keinerlei Hinweis, dass es klappen könnte.

Die scheidende DDR-Bürgerin ging zum Bahnhof, wo sie für den 5. Juni 1986 eine Fahrkarte nach Gießen kaufen wollte. Für derartige Sonderreisen gab es extra einen Schalter. Dort erfuhr sie, dass an diesem Tag nur ein Zug gehe, mit dem sie nachts in Fulda ankomme, und dass der Zug von dort nach Gießen erst am nächsten Morgen fahre. Das ließ Christiane nicht mit sich machen. Schnurstracks lief sie wieder zur Abteilung Inneres und erklärte: »Das können Sie doch auch nicht wollen, dass ich mit einem Säugling nachts auf einem Bahnhof im Westen strande!« Die sonst so verknöcherten Genossen ließen sich erweichen und erlaubten, dass sie einen Tag später mit einem früheren Zug ausreiste. So war sie am Ende doch noch beim Geburtstag ihrer Freundin.

Der Zug fuhr am 6. Juni 1986 in Leipzig los. Christiane hatte einen Kinderwagen, mit vielen Baumwollwindeln beladen, und einen großen Pappkoffer dabei. Das war alles. Einige ihr wichtige Bücher hatte sie schon Freunden in Stuttgart geschickt. Im Zug saßen nur Rentner, die durften ja in den Westen reisen. Für die war Christiane natürlich ein Ereignis: eine junge Mutti mit Kind! »Sie werden Ihren Weg machen«, hieß es, »Sie sind ja noch so jung!« Und sie dachte: »Jung, na toll, aber sonst ...?« Sie war angespannt. Bis zum letzten Moment fürchtete sie, es könne noch etwas dazwischenkommen, dass man sie wieder aus dem Zug holte. Außerdem hatte sie Bedenken, weil ihr Visum für Schweden bestimmt war und die Fahrkarte für Gießen. Die DDR-Grenzer verzogen aber keine Miene. Die westdeutschen Kontrolleure schauten allerdings etwas überrascht. »Tja. Nun erkläre das mal ...« Aber alles ging gut. Aus den erhofften vier Wochen Wartezeit bis zur Ausreise aus der DDR waren mehr als zwei Jahre geworden. Das Aufnahmelager in Gießen hat Christiane in guter Erinnerung. 1986 war es dort noch leer. Sie hatte ein Achtbettzimmer für sich und das Baby allein. Alles war unkompliziert. Nach den Formalitäten bekam sie wenige Tage später Geld für die Weiterreise zu ihren Freunden nach Stuttgart.

Heute ist Christiane Hille Architektin und lebt mit ihrem kanadischen Ehemann Jay, einem Professor für Visuelle Kommunikation, in Weimar. Zum Vater ihres inzwischen erwachsenen Kindes hat sie ein entspanntes Verhältnis. Ihre Geschichte in der eingemauerten DDR und ihren Weg heraus fasst die willensstarke Frau mit den Worten zusammen: »Extreme Situationen bringen extreme Entscheidungen mit sich.«

Peter Pragal

»Unsere Kinder sollten keine Duckmäuser werden«

Brigitte und Volker Selig stellten im August 1984 einen Ausreiseantrag aus Sorge um die Zukunft ihrer Kinder.

Sie mussten fast fünf Jahre voller Ungewissheit und Demütigungen warten, bis sie endlich in den Westen durften. Als im November 1989 in Berlin die Mauer fiel, hat Brigitte Selig geweint. Nicht vor Freude, sondern aus Enttäuschung.

Am Morgen des 28. Dezember 1988, kurz nach sieben Uhr, wurde die Familie Selig aus dem Schlaf gerissen. Drei Männer und drei Frauen stürmten in die Wohnung an der Hobrechtsfelder Chaussee 150 in Berlin-Buch und forderten die noch in Schlafanzügen steckenden Eltern auf, sich anzuziehen und mitzukommen. Dr. Volker Selig, Arzt am Städtischen Klinikum Buch, und seine Frau Brigitte versuchten ihre beiden verstörten und weinenden Kinder zu beruhigen. »Die waren völlig aufgelöst«, erinnert sich die Mutter. Als ihre Tochter die fremden Leute fragte, wann Mami und Papi zurückkämen, erhielten sie zur Antwort: »Wir wissen nicht, ob sie überhaupt wiederkommen.«

Das Ehepaar wurde getrennt in verschiedenen Autos vom Typ Lada zur Vernehmung in die Untersuchungshaftanstalt des Ministeriums für Staatssicherheit in der Magdalenenstraße gebracht. Die sie verhörenden Offiziere interessierten sich vor allem für ein Schreiben, das die Seligs zusammen mit anderen Angehörigen eines losen Arbeitskreises unterschrieben und mit der Forderung nach Genehmigung ihrer Ausreise an mehrere DDR-Behörden geschickt hatten. Die Vernehmungen zogen sich über Stunden hin und fanden gleichzeitig in verschiedenen Räumen statt. Die Ehefrau merkte es daran, dass ab und zu ein Mann ins Zimmer trat und sagte: »Ihr Mann hat gerade etwas anderes gesagt.«

Am Abend durften die Eheleute nach Hause gehen. Ein Grund wurde ihnen nicht genannt. Wie die Ehefrau viele Jahre später den Stasi-Protokollen entnahm, hatten die Vernehmer den Eindruck gewonnen, den Ehemann zur Mitarbeit anwerben zu können. Zwei Wochen später tauchten zwei Stasi-Männer in Buch auf und verlangten, Volker Selig zu sprechen. Allein. »Ich komme dazu«, sagte die resolute Ehefrau. Der Versuch, ihren Mann als Spitzel anzuwerben, misslang. In der Stasi-Akte der Seligs liest sich das so: Beim Gespräch mit den Eheleuten sei deutlich geworden, »dass diese nicht bereit waren, unser Organ zu unterstützen«.

Rund 30 Jahre sind seither vergangen. Aber der Vorgang ist Brigitte in allen Einzelheiten präsent. Sie heißt mit Nachnamen nicht mehr Selig, sondern Schneider. In den 1990er-Jahren ist ihre 1973 geschlossene Ehe in die Brüche gegangen. Die heute 73-Jährige hat wieder geheiratet. Sie lebt jetzt als Rentnerin in Potsdam. Ihr geht es gut. Zu ihren Kindern und Enkeln ist es nicht weit. »Gitti«, wie sie im Freundeskreis genannt wird, öffnet bereitwillig Fotoalben und erläutert Bilder aus der Familiengeschichte. Als sie später sorgfältig sortierte Aufzeichnungen auf den Tisch legt, die das Ministerium für Staatssicherheit als Operativen Vorgang »Block« über sie angelegt hatte, weicht die Fröhlichkeit aus ihrem Gesicht.

Die Lektüre bei der Stasi-Unterlagenbehörde im Jahr 1993 hatte sie schockiert. Was sie vorher nur geahnt hatte, stand da schwarz auf weiß: Spitzel und Überwachungsberichte, Zersetzungsmaßnahmen, Pläne, in

Brigitte Schneider, 2018
(Foto: Peter Pragal)

Abwesenheit der Familie die Wohnung zu durchsuchen. »Ich habe die Sachen weggepackt«, sagt Brigitte Schneider. »Ich wollte davon überhaupt nichts mehr wissen.« Ihre Tochter und ihr Sohn möchten bis heute nicht an die Zeit in Ost-Berlin erinnert werden. Weder wollen sie ihren Namen gedruckt sehen noch über ihre Befindlichkeit Auskunft geben. Bei der Mutter ist das Interesse erst in jüngster Zeit wieder erwacht. Inzwischen kann sie ohne Groll über die Jahre unter Stasi-Beobachtung reden. »Hier«, sagt sie und zeigt auf einen Vermerk, »so haben die über uns gedacht.« Ich lese: »Bei dem Ehepaar Selig handelt es sich um Feinde der DDR, die jede sich bietende Möglichkeit nutzen, um ihre negative politische Einstellung zur DDR zum Ausdruck zu bringen.«

Aufgewachsen ist Brigitte, geborene Steffens, in einer Familie, die nicht gerade zur staatstragenden Schicht der DDR zählte. Ihre Großmutter galt als »republikflüchtig«. Sie war nach West-Berlin gefahren und nicht mehr zurückgekommen. Die Eltern betrieben im Ost-Berliner Stadtbezirk Treptow eine Milchbar mit Eisdiele. Ihre Ost-Berliner Wohnung lag nur ein paar Hundert Meter von der bis 1961 offenen Sektorengrenze entfernt. Für Brigitte war es normal, mit ihren Freundinnen abends ins Kino nach Neukölln zu gehen. Zu Hause lief im Fernsehen immer nur das Westprogramm. »Mit der DDR«, sagt sie, »hatten wir null am Hut.«

Wie fast alle in ihrer Schulklasse war Brigitte Mitglied der Freien Deutschen Jugend. Aber statt an der Jugendweihe teilzunehmen, ließ sie sich konfirmieren. Auf die erweiterte Oberschule kam sie wegen ihrer angeblich kapitalistischen Herkunft nur nach heftigem Einspruch. Sie begann ein Chemiestudium, brach dies aber ab, als ihr Antrag auf ein Stipendium ohne Begründung abgelehnt wurde. Der Status ihrer Eltern als selbständige Gewerbetreibende, sagt sie heute, könnte der Grund für die Verweigerung gewesen sein. Stattdessen machte sie eine Lehre als Fotochemiefacharbeiterin und ließ sich im Abendstudium zur Chemotechnikerin ausbilden.

In ihren jungen Jahren war Brigitte an Politik wenig interessiert. »Ich war keine, die besonders rebelliert hat«, sagt sie. »Ich habe mich angepasst.« Das änderte sich, nachdem sie geheiratet hatte und Kinder bekam. Ihr Mann Volker, der nach einer Zwischenstation als Arzt in Weißenfels an der Saale in Berlin-Buch eine Chirurgenstelle übernommen hatte, fühlte sich von der sozialistischen Obrigkeit bevormundet. Wie seine Frau Brigitte war er Mitglied der evangelischen Kirche. Für beide war es selbstverständlich, auch ihre Kinder taufen und am Konfirmationsunterricht teilnehmen zu lassen.

Wann kam der Gedanke auf, die DDR zu verlassen? Brigitte versucht sich zu erinnern. »In den 1970er-Jahren waren wir noch damit beschäftigt, unser Nest zu bauen.« Der Beruf stand im Mittelpunkt. Doch je älter die Kinder wurden, desto kritischer wurde ihr Blick aufs politische System. Als um Aufrichtigkeit bemühte Christen fühlten die Seligs sich vom Opportunismus und der Heuchelei abgestoßen, die sie in ihrem sozialen Umfeld erlebten. Ihre Gespräche drehten sich mehr und mehr um dieses Thema. »Wir wollten doch nicht, dass unsere Kinder Duckmäuser werden und mit gespaltener Zunge reden müssen«, sagt Brigitte. »Nicht immer sagen müssen: Das bleibt aber unter uns. Das dürft ihr nicht anderen erzählen.«

Die Sorge, dass sich an der Unfreiheit nichts ändern würde, trieb sie um. Im Freundeskreis, der überwiegend aus Gleichgesinnten bestand, wurde immer häufiger die Frage erörtert, ob man es wagen könne, einen Ausreiseantrag zu stellen. Anfang August 1984 setzte die DDR, nachdem sie aus der Bundesrepublik einen Kredit über 950 Millionen D-Mark erhalten hatte, Reiseerleichterungen in Kraft. Die Situation erschien günstig. Am 25. August 1984, einem arbeitsfreien Sonnabend, gaben sich die Eheleute Selig einen Ruck und setzten einen Brief auf, mit dem sie unter Berufung auf die 1975 unterzeichnete Schlussakte der Konferenz für Sicherheit und Zusammenarbeit von Helsinki beim Rat des Stadtbezirks Berlin-Pankow ihre Ausreise beantragten. Um jedem Verdacht einer Provokation vorzubeugen, fügten sie den Satz hinzu: »Wir betrachten diesen Schritt als keine politische Demonstration.«

Dass ihr Schritt berufliche Konsequenzen haben würde, überraschte Brigitte und Volker Selig nicht. Sie arbeitete damals als Chemotechnikerin am Krebsforschungsinstitut. Als sie ihren Chef über ihren Ausreiseantrag informierte, sagte der: »Dann können Sie nicht leitende Assistentin bleiben. Sie werden ins letzte Glied zurücktreten müssen.« In der irrigen Annahme, die Familie werde bald ausreisen dürfen, kündigte sie. »Das«, räumt sie ein, »war wohl ein Fehler.« Ihr Mann durfte weiter arbeiten, allerdings nicht mehr als Oberarzt. Wenn Patienten ihn mit seinem alten Titel ansprachen, pflegte er zu sagen: »Ich bin nicht der Oberarzt. Ich bin der Unterarzt.«

Härter traf es die Kinder. Die Eltern hatten ihnen, bevor sie den Brief abschickten, ausführlich erklärt, warum sie die DDR verlassen wollten. Die Tochter, gerade in der Pubertät, klagte, dass sie dann ihre Freundinnen verlieren würde, war aber, wie auch ihr Bruder, mit dem Entschluss der Eltern einverstanden. »Die erkannten nicht die Tragweite und wussten nicht, was auf sie zukommt«, sagt Brigitte Schneider heute. Bald darauf wurden sie mit der Realität konfrontiert. Der Ausreiseantrag der Eltern hatte sich auch in der 4. Polytechnischen Oberschule »Wassili Suchomlinski« herumgesprochen, die der Sohn besuchte. »Verräter!«, zischten ihm häufig Mitschüler zu, die aus staatstreuen Familien stammten. Ein Vorwurf, der den empfindsamen Jungen tief traf.

Seine Schwester bekam die Folgen des Ausreiseantrages noch heftiger zu spüren. Im Sommer 1985 beantragten die Eltern bei der Abteilung Volksbildung, ihre Tochter, die hervorragende Noten vorweisen konnte, in die neunte Klasse der Katholischen Theresienschule Prenzlauer Berg aufzunehmen, wo sie das Abitur ablegen wollte. Die von Nonnen geleitete Bildungsanstalt wurde nur von Mädchen besucht und war die einzige konfessionelle Privatschule in Ost-Berlin und in der DDR. Das Begehren der Eltern wurde vom Bezirksschulrat abgelehnt. Begründung: »Die geplante Kapazität der Theresienschule ist ausgelastet.«

Danach versuchten es die Eltern beim Kirchlichen Oberseminar in Potsdam-Hermannswerder. Dort konnten junge Leute das Abitur ablegen, doch dies berechtigte nur zum Studium der Theologie und der Kirchenmusik. Der Rektor zeigte zwar Verständnis und nannte die Tochter eine geeignete Bewerberin, aber der Ausreiseantrag stehe einer Aufnahme im Wege. Bei dem Mädchen löste die Ablehnung Zukunftsängste aus. In einem volkseigenen Süßwarenbetrieb begann die Tochter eine Lehre. Dort fühlte sie sich unterfordert, litt unter der Atmosphäre des Arbeitskollektivs und war mit ihrem Leben unzufrieden.

Auch im Privatleben spürte die Familie die Folgen ihres Ausreisebegehrens. Freunde, die um ihre berufliche Stellung fürchteten, brachen den Kontakt ab. Vor allem aber litten die Seligs unter dem zunehmenden Druck der Stasi und deren perfiden Methoden der Zersetzung. »Nachts habe ich immer wieder anonyme Anrufe bekommen«, erzählt Brigitte Schneider. »Mal wurde gar nichts gesagt, einfach nur die Nachtruhe gestört.« Zweimal habe jemand gefragt: »Wissen Sie eigentlich, was Ihr Mann treibt, wenn er Nachtdienst hat?«

Um ihrem Antrag Nachdruck zu verleihen, suchten Volker und Brigitte Selig Rat und Unterstützung bei der Ständigen Vertretung der Bundesrepublik bei der DDR, wie sie offiziell hieß. Sie schrieben Briefe an bundesdeutsche Politiker und baten Verwandte im Westen, sich bei Bonner Dienststellen und Regierungsmitgliedern für sie einzusetzen. Dabei waren sie immer darauf bedacht, den DDR-Behörden keinen Vorwand zu geben, sie strafrechtlich zu verfolgen. »Wir wollten sie pieken«, sagt Brigitte Schneider. »Aber es durfte nicht so sein, dass sie uns inhaftierten. Wir hatten große Angst davor, dass unsere Kinder ins Heim kommen könnten.«

Die Ungewissheit über ihre Zukunft drückte auf die Stimmung, besonders die der Kinder. »Sie haben einen Knacks wegbekommen«, sagt die Mutter. »Sie haben ihr Urvertrauen verloren. Das hätte ich ihnen gern erspart.« Jedes Mal wenn die Eltern nach einer neuen Nachfrage ins Rathaus zitiert wurden, kamen sie frustriert zurück. Das merkten auch die Kinder. »Wir lassen Sie nicht gehen, wir brauchen Sie«, bekam der Arzt zu hören. Verbunden mit der Drohung: »Wir können auch anders.«

Im Spätherbst 1988 traf das Ehepaar Selig beim Joggen durch den Schlosspark Buch auf eine Gruppe junger Leute. Sie kamen ins Gespräch und erfuhren, dass diese ebenfalls Ausreiseanträge laufen hatten. Fortan trafen sie sich regelmäßig, um sich bei Spaziergängen über ihre Erfahrungen auszutauschen. Als es auf den Winter zuging, fragten sie bei der evangelischen Kirchengemeinde, ob sie sich dort in einem Raum treffen dürften. Der Gemeindekirchenrat lehnte das ab. Ausreisewillige Christen waren bei zurückbleibenden Gläubigen nicht gerade beliebt. Mehr Verständnis hatte der Pfarrer der Gemeinde, Konrad Hüttel von Heidenfeld, ein über Berlin hinaus bekannter Seelsorger. Er stellte den Bittstellern einen Raum zur Verfügung, verlangte aber als Gegenleistung, dass sie einen Sozialdienst leisteten. »Dann sind wir Frauen ins Altenheim gegangen und haben Pflege gemacht«, berichtet Brigitte Schneider. »Und die Männer haben im Keller Putz abgeklopft.«

Je häufiger die Ausreisewilligen zusammenkamen, desto stärker wurde der Wunsch nach einer gemeinsamen Aktion. Sie gründeten den Christlichen Arbeitskreis Hoffnung und formulierten am 4. Dezember 1988 ein zweiseitiges Schreiben, in dem sie von den DDR-Behörden »eine menschenwürdigere Behandlung« ihrer Ausreiseanträge verlangten. Unterschrieben wurde die Petition von einem guten Dutzend Mitglieder. Sie war an den DDR-Innenminister adressiert, ging aber auch an den Außenminister und an das DDR-Komitee für Menschenrechte.

Der Appell veranlasste die Stasi, ihre Ermittlungen gegen die Ausreiseantragsteller zu forcieren. Dazu gehörte die vorübergehende Festnahme des Ehepaares Selig. Seit dessen erstem Antrag waren bereits mehr als vier Jahre vergangen. Jahre, in denen Eltern wie Kinder immer wieder zwischen Bangen und Hoffnung schwankten. Bekannte, die später als die Seligs ihren Übersiedlungswunsch bekundet hatten, waren längst ausgereist. »Für uns war es eine furchtbare Zeit«, sagt Brigitte Schneider. In der DDR gab es für sie keine Zukunft mehr. Und die im Westen lag wie in einem Nebel.

Die Familie hatte schon fast die Hoffnung aufgegeben, da erhielt sie endlich grünes Licht. Auslöser für den Sinneswandel der Staatsmacht könnte die Tatsache gewesen sein, dass Volker und Brigitte Selig sowie ihre Kinder auf einer Petitionsliste des damaligen schleswig-holsteinischen Ministerpräsidenten Björn Engholm standen. Die Tochter, die im Mai volljährig geworden war, bestand darauf, als nunmehr erwachsene Person ein eigenes Ausreisegesuch zu stellen. Als Zeichen ihres Protestes gegen die Diktatur. In einem Schreiben an den Rat des Stadtbezirks wies sie an ihrem Geburtstag darauf hin, dass sich an dem 1984 von den Eltern auch für sie gestellten Übersiedlungsantrag nichts geändert habe und auch nichts ändern werde.

Bis zum festgelegten Ausreisetag am 13. Juni 1989 blieben der Familie nur wenige Wochen Zeit. Listen für den Zoll mussten geschrieben, der Transport von Möbeln und Hausrat organisiert werden. Mit den Kindern gingen die Eltern noch mehrmals ins Theater. Irgendwie musste das DDR-Geld ausgegeben werden. Zur Verabschiedung am Bahnhof Schönefeld waren Brigittes Eltern, ihr Bruder und eine Freundin gekommen. »Es war eine traurige Angelegenheit«, erinnert sie sich. Für den D-Zug 444 der Deutschen Reichsbahn mit Ziel Bundesrepublik hatten sie keine Platzkarten. Eltern und Kinder suchten sich ein leeres Abteil. Drei junge Männer setzten sich dazu. »Die sagten keinen Ton«, erzählt die Mutter. »Wir auch nicht. Es war gespenstisch.« Im DDR-Grenzübergang Marienborn stiegen die Männer wortlos aus. In einem Stasi-Protokoll wurde notiert: »Ausreisezeit 15.36 Uhr – Keine Feststellungen.«

Als der Zug die Grenze zur Bundesrepublik passierte, stand Familie Selig am Fenster. Gemeinsam mit anderen Menschen, die dem Arbeiter-und-Bauern-Staat den Rücken kehrten. Haben sie diesen Moment gefeiert? »Na klar«, sagt Brigitte Schneider und lacht. Schon vor Helmstedt, dem ersten Bahnhof im Westen, knallten die Korken. »Wir hatten eine Flasche Sekt und echte Gläser mitgenommen, auch für die Kinder.« Die anderen Reisenden hatten nur Pappbecher. »Wir wollten das neue Leben stilvoll beginnen.« Doch bei aller Freude und Erleichterung war da auch ein flaues Gefühl der Unsicherheit. »Wir wussten nicht, ob wir gut landen würden. Ob die Kinder das packen.«

Das neue Leben im Westen ließ sich gut an. Im Aufnahmelager Gießen, wo sie wegen der beengten Verhältnisse im Gang auf Stockbetten schlafen mussten, war die Familie nur wenige Tage. Dann bekam sie Quartier in einer nahe gelegenen Bildungseinrichtung der SPD, von wo aus die Seligs ihre Ämtergänge ins Lager absolvierten. Danach stellte ihnen ein Verwandter während seiner Urlaubszeit sein Haus zur Verfügung. Und sein Auto dazu. Volker und Brigitte Selig konnten es kaum erwarten, eine Arbeit aufzunehmen. In Wuppertal wurden sie fündig. Er bekam eine Anstellung am örtlichen Klinikum, sie beim Wupper-Verband, für den sie aus Talsperren Wasserproben entnahm. Eine passende Wohnung fanden sie auch.

Aber dann kam der 9. November 1989. Am Abend hatte Brigitte davon gehört, dass in Berlin die Grenze geöffnet werde. Sie setzte sich vor den Fernseher und sah fröhliche Menschen, die auf der Mauer tanzten. »Das darf doch nicht wahr sein!«, entfuhr es ihr. Die Jahre des Wartens gingen ihr im Schnelldurchlauf durch den Kopf. Das alles hätten sie sich sparen können, dachte sie: die berufliche Zurücksetzung, die Überwachung durch die Stasi, die Benachteiligung der Kinder, die Ablehnung durch Freunde, die schlaflosen Nächte, die Ungewissheit. Fünf weitgehend verlorene Jahre. »Ja, ich habe geheult«, sagt sie. »Aber nicht vor Freude, sondern aus Enttäuschung.«

Heute ist vom damaligen Frust bei Brigitte Schneider nichts mehr zu spüren. Sie lebt mit ihrem jetzigen Ehepartner, einem pensionierten Geschäftsmann, in gesicherten Verhältnissen. Sie erfreut sich an sechs gemeinsamen Enkeln und ist zufrieden, in Potsdam zu wohnen und nach zahlreichen Ortswechseln in Westdeutschland zu ihren »heimatlichen Wurzeln« zurückgekehrt zu sein. Zu keinem der Mitunterzeichner aus dem Christlichen Arbeitskreis Hoffnung hat sie heute noch Kontakt.

Matthias Meisner

»Sechs Koffer und ein pubertierendes Kind«

Die Erfurter Lehrerin Ingrid Lauten wartete mehr als vier Jahre auf die Ausreisegenehmigung und arbeitete in dieser Zeit als Kassiererin.

Sie war sehr gern Lehrerin. Nachdem sie 1984 einen Antrag auf ständige Ausreise aus der DDR gestellt hatte, musste sie an der Kasse einer HO-Verkaufsstelle arbeiten. Sollte an ihr ein Exempel statuiert werden?

»Warum konnte dieser eigenartige und merkwürdige Staat so lange existieren?« Ingrid Lauten hat es sich auf dem Sofa bequem gemacht – und findet keine Antwort auf die Frage. Januar 2019, in ihrer gemütlich eingerichteten Wohnung in Frohnau, am nördlichen Stadtrand von (West-)Berlin, seit 1991 ihr Heimatbezirk. Sie kramt in Erinnerungen: 1944 geboren im thüringischen Sonneberg, Studium am Pädagogischen Institut in Erfurt. Lehrerin für Deutsch und Russisch, sie betont: »in dieser Reihenfolge«.

Ingrid Lauten ist eben erst zurückgekehrt aus Ägypten. Sie hat am Roten Meer gemeinsam mit ihrem Ehemann ihren 75. Geburtstag gefeiert. Und sie blickt entspannt zurück auf ihr Leben – sowohl auf das in der DDR als auch das in West-Berlin, wohin sie im Dezember 1988 übersiedelte, knapp ein Jahr vor dem Mauerfall.

Sie hat die Daten im Kopf: Am 28. August 1984 stellte Lauten, damals Lehrerin an der 42. Oberschule im Erfurter Norden, die den Namen

Lenins trug, ihren ersten Antrag auf Entlassung aus der Staatsbürgerschaft der DDR. Es sollten Dutzende folgen – die Einlieferungsbelege der Post für die Einschreiben mit Rückschein hat sie erst vor Kurzem weggeworfen. »30 bis 40 waren es bestimmt«, sagt sie, »ich war fleißig.« Am 6. Dezember 1988 wurde ihr von den Behörden mitgeteilt, dass sie die DDR bis Mitternacht des Folgetages zu verlassen habe. Nach – auch das hat sie exakt ausgerechnet – vier Jahren, drei Monaten und neun Tagen. »Das war prägend«, sagt sie rückblickend über die Wartezeit.

War es nicht so, dass Ingrid Lauten sehr lange gern gelebt hat in der DDR? »Ich wollte nicht weg«, sagt sie rückblickend. »Es hat mir wahnsinnigen Spaß gemacht, in Erfurt Lehrerin zu sein.« Was nicht bedeutet, dass sie dem System unkritisch gegenüberstand. Es fing schon an, als sie Anfang der 1960er-Jahre ihr Studium aufnahm. »Eigentlich wollte ich Sportlehrerin werden. Doch jeder wusste, dass die Kinder getriezt wurden.« So verwarf sie den Plan, entschied sich für Deutsch und Russisch als Lehrfächer. Englisch oder auch Französisch seien damals praktisch nicht infrage gekommen, sagt sie.

Ihre erste Stellung bekam sie 1967 in Gotha. 1969 wechselte sie an die Goethe-Schule im ehemaligen Ursulinenkloster in Erfurt. Es war eine polytechnische Oberschule mit erweitertem Russischunterricht, so wie die Lenin-Oberschule im Neubaugebiet, an der sie nach 1976 unterrichtete. Fotos aus der damaligen Zeit zeigen eine hochengagierte, lebenslustige und hübsche Frau. »Da ist Leidenschaft zu sehen«, sagt sie beim Betrachten der Fotos. Bei den Schülerinnen und Schülern – sie unterrichtete Russisch ab der dritten und Englisch von der fünften bis zur zehnten Klasse – war sie beliebt. Und sie gab sich, wie sie erklärt, in den Pausen auch sehr viel lieber mit ihnen ab als mit dem Kollektiv im Lehrerzimmer.

Vom Vater ihrer Kinder, einem Arzt, trennte Ingrid Lauten sich 1976. Die beiden Kinder – eine Tochter, Jahrgang 1963, und ein Sohn, Jahr-

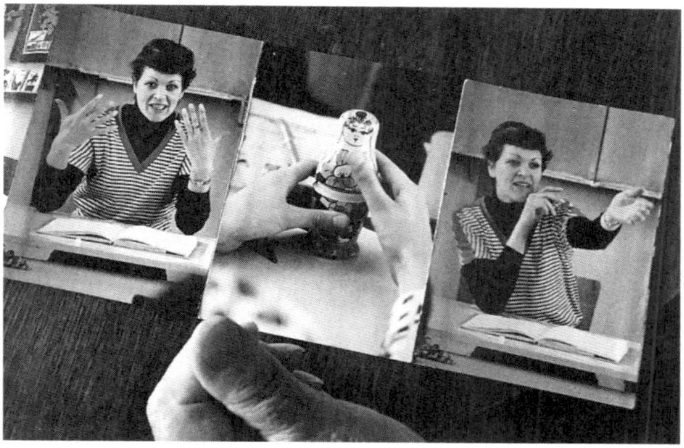

Drei Fotos aus einer Serie von 1977, die Ingrid Lauten als Lehrerin zeigt [Foto: Matthias Meisner]

gang 1973 – blieben bei ihr. Fortan war sie alleinerziehend. Sie hatte eine schöne Wohnung in einem Zweifamilienhaus mit Garten, drei Zimmer, Balkon, Dachkammer, »so richtig kleinbürgerlich, so richtig schön«. Die Lebensverhältnisse seien es nicht gewesen, die sie später getrieben hätten, die, wie es im DDR-Behördenjargon hieß, »ständige Ausreise« aus der DDR zu beantragen. Als Grund für ihr Zögern nennt sie die Angst, nach einem Ausreiseantrag könne ihr der Sohn weggenommen und zu seinem Vater gegeben werden.

Ingrid Lauten war nie im Widerstand. Aber sie machte auch nicht alles mit. Sie reklamiert für sich, ihre Kinder zum Denken erzogen und ermuntert zu haben, Dinge grundsätzlich zu hinterfragen.

Ihre Mutter hätte gern gesehen, dass sie in die Partei eintrat. Und auch die Vorgesetzten ermunterten sie immer wieder zur SED-Mitgliedschaft. Doch das wollte sie nicht. »Ich habe nur gesagt: ›Da habt ihr keine ruhige Minute mehr.‹« Anderes machte Ingrid Lauten mit, sie pflegte mit ihren Schülern die deutsch-sowjetische Freundschaft, fuhr beispielsweise gemeinsam mit ihnen in die Kaserne in Nohra bei Weimar, wo Kulturprogramme aufgeführt wurden. »Paradox« nennt sie ihren Umgang mit Staat und System im Rückblick.

Die Schüler und Schülerinnen wussten, dass ihre Lehrerin der DDR nicht – anders als manch andere Lehrkräfte – treu ergeben war. »Aufgestachelt habe ich nicht«, versichert Ingrid Lauten. Aber manchmal hat sie eben Spielräume genutzt, auch wenn es dem Regime nicht passte. Ein Beispiel: Im Deutschunterricht stand der 1947 erschienene und noch von Stalin genehmigte Roman *Der wahre Mensch* von Boris Polewoi auf dem Plan, das Heldenepos eines Kampffliegers ohne Beine. Ingrid Lauten hechelte den Stoff durch, um, wie sie sagt, danach mehr Zeit zu haben für Böll, Tucholsky und Kästner. »Ich war ein bisschen kritisch und provozierend.« Weil sich die Lehrer der Parallelklasse anders als sie an die Vorgaben hielten, merkten einige Schüler, dass etwas nicht stimmte. Eine zehnte Klasse bot eine Solidaritätsaktion für ihre Lehrerin an. Doch Ingrid Lauten lehnte ab: »Ihr schadet euch und nutzt mir nicht.«

Das Verhältnis zwischen ihr und ihrem Heimatland DDR geriet über die Jahre mehr und mehr in die Schieflage. Eine Freundin brachte sie ins Gespräch, eine Delegationsreise in die Sowjetunion zu leiten. Doch das wurde abgelehnt, Begründung: Frau Lauten sei nicht repräsentabel genug, um die DDR im großen Bruderland zu vertreten. Den Beginn des Abnabelungsprozesses terminiert sie selbst auf das Jahr 1982. Geplant war damals die Teilnahme an einer Lehrerfortbildung am Puschkin-Institut in Moskau. Doch sie lehnte ab, weil sie ihren damals neunjährigen Sohn nicht wochenlang ins Heim stecken wollte. »Das wurde mir dann vorgehalten.«

Richtig heftig wurden die Konflikte 1983. Ihre Tochter versuchte die Flucht aus der DDR, wollte über Ungarn und den Neusiedler See bei Sopron nach Österreich. Der Versuch misslang. Die junge Frau wurde im August verhaftet, zu einem Jahr und vier Monaten Haft verurteilt. Unter üblen Bedingungen saß sie ein, unter anderem in Dessau. Nur ab und an konnte die Mutter ihre Tochter besuchen, bevor diese im

Juni 1984 von der Bundesrepublik freigekauft wurde. Fortan war Ingrid Lauten Mutter einer »Republikflüchtigen«.

Sie zögerte nur wenige Wochen, bis sie den ersten Antrag auf Familienzusammenführung stellte. Neben einer ihrer Schwestern, die in England lebte, war zu diesem Zeitpunkt, im August 1984, der größte Teil der Familie in West-Berlin: neben der freigekauften Tochter auch ihre Mutter, die als Rentnerin übergesiedelt war, die große Schwester, Onkel und Tanten. Warum sie die DDR verlassen wollte? Lauten begründet das mit der generellen »Unfreiheit« und »fehlenden Meinungsfreiheit«, die sie selbst immer mehr spürte. Die fehlenden Reisemöglichkeiten in den Westen seien für sie »nicht so schlimm« gewesen, »ich hatte eh das Geld nicht«. Über private Kontakte hatte sie bis dahin jedes Jahr an die Ostsee fahren können. Sie nähte für einen Bauern Kleidungsstücke und konnte in den Ferien mit ihrem Sohn umsonst bei ihm wohnen.

Nach dem Ausreiseantrag änderten sich die Dinge rasant. Sie hatte ihn am letzten Tag der Sommerferien gestellt. Am Tag darauf wurde ihr eine neue Schule zugeteilt, und es sah ganz nach einer Strafversetzung aus. Doch schon am ersten Schultag wurde ihr mitgeteilt, dass sie mit dem Ausreiseantrag gar nicht erst anzufangen brauche. Sie war nun – was es in der DDR eigentlich gar nicht geben sollte – arbeitslos. Ingrid Lauten erkundigte sich nach neuen Arbeitsstellen: beim Weinhändler, bei einem befreundeten Buchhändler, in einem Schmuckladen. Doch nichts klappte. »Keiner hatte etwas für mich als Lehrerin, die doch nichts Ordentliches gelernt hatte«, sagt sie im Rückblick.

Das ging ein paar Wochen so, Ende Oktober 1984 wurde sie aufs Amt zitiert: »Was arbeiten Sie eigentlich?« Die Abteilung Inneres wies ihr einen Arbeitsplatz zu: Verkäuferin bei HO Industriewaren, einem Ladengeschäft in der Fußgängerzone der Erfurter Innenstadt. Eine Ausbildung gab es für sie nicht. Die gelernte Lehrerin verkaufte nun, den Anweisungen der Vorgesetzten zufolge bekleidet mit einer Dederon-Kittelschürze, Porzellan und Küchengeräte. Sie ließ sich ein auf die andere Welt. Und sagt dazu heute: »Losgelöst von allen gesellschaftlichen Pflichten war es eine fröhliche Zeit, wenn auch ein bisschen hart.«

Ganz schön hart: Denn zum einen verdiente Ingrid Lauten mit knapp 500 Mark nur die Hälfte dessen, was sie als Lehrerin hatte. Dafür musste sie allerdings auch nur halbtags arbeiten, von acht in der Frühe bis Mittag oder von 14 bis 18 Uhr. Anstrengend war es trotzdem, und für das von ihr geliebte Theater am Abend fehlte oft die Energie. Zum anderen musste sie sich auch an das neue Kollektiv gewöhnen. So richtig kam sie mit ihren Kolleginnen nicht zusammen. »Die Giftnudeln«, sagt sie despektierlich, »richtige Zicken.« Im Rückblick glaubt sie, auch Neid sei im Spiel gewesen: »Ich hatte als Ausreiseantragstellerin eine Perspektive, die anderen fehlte.« Sie konnte ihre Tochter in diesen Jahren nur wenige Male sehen: Konspirativ verabredeten sie Treffen in einem Hotel in Cheb (Eger) in der ČSSR.

Die gute Laune ließ sie sich dennoch nicht nehmen – auch wenn es manchmal schwerfiel. »Es war eine schöne Zeit, einfach zu leben und über nichts zu verzagen«, erklärt sie. Das Warten auf die Genehmigung des Ausreiseantrags war trotzdem zermürbend, das Rätseln: Warum dauert es so lange? Sollte ein Exempel statuiert werden, damit andere Lehrer nicht auch einen Ausreiseantrag stellten?

Immer wieder forderte ihre Vorgesetzte Ingrid Lauten auf, den Antrag zurückzuziehen. Doch es gab auch Zuspruch: »Mich kannte ja fast jeder in Erfurt«, berichtet Ingrid Lauten. Mancher kam vorbei, um ein paar freundliche Worte zu wechseln, Verbundenheit zu zeigen. Andere erkundigten sich nach Bückware, Dingen, die es nur eingeschränkt gab, Aluminiumfolie beispielsweise.

Ingrid Lauten blieb hartnäckig. Doch auf die Barrikaden ging sie nach eigenen Worten in dieser Wartezeit nie. Aber »kleine Sticheleien«

behauptet sie für sich. Aus dem Intershop hatte sie ein paar West-Haselnussschnitten, den Waffeln beigelegte Aufkleber klebte sie an die Kasse. Zum Beispiel: »Was sagen Sie als Unbeteiligte zum Thema Intelligenz?« Oder: »Lieber ein breites Grinsen als ein enges Wissen«. Ihrer Chefin war das schon zu viel Widerstandsgeist, Befragungen waren die Folge. Und als sie keine Lust mehr hatte, die Dederon-Schürze bei der Arbeit an der Kasse anzuziehen, musste sie ins Lager, Teller zählen. Ingrid Lauten verzog sich dort mit einem mitgebrachten Reclam-Heftchen zum Lesen in die Ecke.

Daheim wurde derweil das Geld knapp. Ingrid Lauten begann, Teile der Wohnungseinrichtung zu verscherbeln. Für Freundinnen nähte sie Sachen, um sich ein wenig Geld dazuzuverdienen. Ihren Wartburg, den ihr die Westverwandtschaft über den Geschenkdienst Genex besorgt hatte, tauschte sie gegen einen Trabant plus Wertausgleich. »Was haben Sie denn mit ihrem schönen roten Wartburg gemacht?«, fragte der Tankwart ein paar Tage später. »Das passiert, wenn man ihn zu heiß wäscht«, antwortete Ingrid Lauten. Auch wenn die Lage bitterernst war, hatte sie noch einen Witz parat. Glück hatte wenigstens ihr Sohn in der Schule. Der wurde von der Direktion nicht drangsaliert, im Gegenteil. Er musste nicht mehr am vormilitärischen Unterricht teilnehmen und brauchte auch bei der Wandzeitung nicht mehr mitzumachen. »Der Klassenlehrer war tolerant«, sagt Lauten.

Von Anfang an hoffte Ingrid Lauten, dass die Ausreise unmittelbar bevorstehe – auch wenn überhaupt nicht klar war, wann und ob ihr Antrag genehmigt würde. Im letzten Jahr vor der Ausreise kam eine Bekannte auf sie zu: Es sei ein Lager für missliebige Personen geplant, auch sie sei dafür vorgesehen. Die Bekannte war, wie Ingrid Lauten später ihrer Stasi-Akte entnahm, Mitarbeiterin des Ministeriums für Staatssicherheit. Zu Hause fing Ingrid Lauten an, große Teile des Hausrats aufzulisten und in Kisten zu packen.

Schon ab 1985 oder 1986 ging sie an jedem Mittwoch in die Erfurter Augustinerkirche, wo sich Ausreisewillige trafen. Es ging um das Symbol, bei diesen Treffen dabei zu sein. Gesprochen wurde eher über Belangloses. Der Pfarrer hatte die meist 30 bis 40 Teilnehmer der Runden gewarnt, dass er im Anschluss von der Stasi zum Inhalt der Gespräche befragt werde.

Ihren Freunden hatte sie schon vor dem ersten Antrag erzählt, dass sie die DDR verlassen wolle. Jeder sollte Gelegenheit haben, sich zu entscheiden, ob er den Kontakt halten wollte oder nicht. Die allermeisten hielten Ingrid Lauten in dieser schweren Zeit die Treue.

Als Ingrid Lauten am 6. Dezember 1988 erfuhr, dass sie am nächsten Tag mit ihrem Sohn die DDR verlassen dürfe, musste alles rasch gehen. Bis in die Nacht feierte sie mit ihren Freunden in der Wohnung. Die Erinnerungen an den Abend sind ein wenig verblasst: »Da war ich schon auf der Wolke. Da war für mich die Wirklichkeit DDR zu Ende.« In aller Eile wurde gepackt. Mit seinem Pkw mit Anhänger fuhr ein Freund Ingrid Lauten und ihren Sohn zum Grenzübergang Friedrichstraße nach Berlin. Sie hatte sechs Koffer dabei – darin unter anderem Federbetten, Fotos, Kleidung, sogar der geliebte Gänsebräter – und ihren »pubertierenden Sohn«, wie sie erzählt. Der vergaß in der Aufregung die Tasche mit seinen Lieblingsdingen auf der Gartenmauer. Sie durfte später nachgeschickt werden.

Koffer für Koffer schob sie zur Grenzkontrolle, ihr Sohn musste derweil hinten warten. Waren die Formulare richtig ausgefüllt? »Eigentlich hätte ich jede Nähnadel notieren müssen«, sagt Ingrid Lauten. Das Bangen bis zum letzten Augenblick: Darf ihr 15 Jahre alter Sohn wirklich mit? Es ging dann doch alles gut. Am anderen Ende der Barriere warteten die Tochter mit Blumen und ihre Mutter.

Der in Erfurt verbliebene Hausrat, die meisten Möbel, Vasen, Lampen, Bücherkisten, wurde sechs Monate später mit einem Umzugswagen

Ingrid Lauten in ihrer Wohnung, 2019
(Foto: Matthias Meisner)

nach West-Berlin transportiert. Nur ein Jugendstil-Buffet konfiszierten die DDR-Behörden. Es handele sich um »nationales Kulturgut der DDR«, lautete die Begründung. Ingrid Lauten lacht auf: »Jugendstil, nationales Kulturgut der DDR!?« Wie konnte dieses Land so lange existieren?

Nach ihrer Ausreise arbeitete Ingrid Lauten ungefähr zehn Jahre lang als Lehrerin in Berlin-Reinickendorf. Mit ihrem heutigen Mann lebt sie in Berlin-Frohnau. In Erfurt war sie nach dem Mauerfall im November 1989 zu einer Demonstration. Leben wollte sie in der früheren DDR nicht mehr.

Kurt Heidingsfelder

»Wir waren verzweifelte Linke«

Kay Osterloh wurde erst zum »Ausreiser«, als die Staatsmacht und er sich hoffnungslos aneinander abgearbeitet hatten. Am 11. April 1985 wurde er freigekauft.

Als »Rädelsführer« der Jenaer Friedensgemeinschaft wurde er weggesperrt in die MfS-Haftanstalt Gera, dann nach Bautzen II. Osterloh hätte lieber einen Antrag auf politisches Asyl in der Bundesrepublik als einen Ausreiseantrag gestellt. Heute wirft er der SED vor allem vor, die sozialistische Idee verraten zu haben.

Bezirksverwaltung des Ministeriums für Staatssicherheit Gera, in der Nacht zum 14. März 1984. Nach stundenlangem Verhör steht fest: Kay Osterloh, 24, Pferdepfleger am Institut für Impfstoffe, Außenstelle Jena, seit Jahren unter Beobachtung der Hauptabteilung XXII, ist zweifellos linker als die SED erlaubt und muss in Untersuchungshaft. Sein Lebensraum im Knast beschränkt sich auf wenige Quadratmeter. Zwei Liegen, eine links, eine rechts an der Wand, Glasbausteine statt Fenster, ein Waschbecken, ein Klo ohne Sichtschutz. Alles in schmuddeligem Gelb. Keine persönlichen Gegenstände, noch nicht mal ein Bleistift. Keine Privatsphäre. Kein Ausblick. »Ein Scheißhaus mit zwei Betten.« Die Anstaltskleidung sieht aus wie ein billiger Trainingsanzug, »gefühlt 110 Prozent Plaste«. Typisch DDR.

Doch statt mit seinem Schicksal zu hadern, schien Osterloh mit sich und seiner Rolle als Dissident im Reinen zu sein. »Es war mir ja

Kay Osterloh vor einer ehemaligen Zelle in der Haftanstalt Bautzen, wo er 1984 inhaftiert war, 2013 (Foto: Enrico Belmonte)

klar, dass es dazu kommen musste.« Als die Zellentür hinter ihm ins Schloss fiel, habe er trotzigen Stolz empfunden, »jetzt tatsächlich ein politischer Gefangener« zu sein.

35 Jahre später nippt Kay Osterloh in einer Kneipe in der Nürnberger Uhlandstraße an fränkischem Landbier. Er sagt, seit damals kann er nicht pinkeln, wenn jemand anders im Raum ist, aber seelisch oder körperlich gebrochen wirkt er nicht. Osterloh ist ein mittelgroßer Mann mit modischem Hut auf dem kahlen Kopf, schwerer silberner Kette am Handgelenk, wachen Augen und langem, grauem Kinnbart, rein optisch eine Mischung aus Alt-68er und Hipster. Er wohnt gleich um die Ecke zur Miete. Das Vierparteienhaus ist innerhalb weniger Jahre zum zweiten Mal verkauft worden. Es droht Ärger mit den neuen Eigentümern. Aber die Hausgemeinschaft hat sich organisiert und wehrt sich. Gerechtigkeit ist Osterlohs Thema. Immer noch. Sein Geld verdient er als Sozialarbeiter.

Zum Tauchgang in seine Vergangenheit hat der 59-Jährige eine prall gefüllte Aktentasche mit zerlesenem Papier mitgebracht. Urkunden, Ausweise, Stasi-Unterlagen, Schwarz-Weiß-Fotos ... Seine ganze Wahrheit. »Ich kann alles belegen.« Kay Osterlohs Geschichte ist fraglos abenteuerlich, mal zum Lachen, mal zum Weinen und so, wie er sie erzählt, die eines jungen DDR-Bürgers, der entweder so wütend auf das System ist, dass es ihn nicht einschüchtern kann, oder so naiv, dessen Skrupellosigkeit zu unterschätzen. Astrid Sokoll, 60, eine Weggefährtin aus dieser Zeit, die heute in Bamberg lebt, ist sich sicher: »Wir hatten keine Ahnung, in welcher Gefahr wir schwebten.«

Herr Osterloh, in welchen Momenten hatten Sie Angst um Ihr Leben?

»Als ich nackt in der Desinfektionszelle stand, habe ich mich kurz gefragt, ob aus den Duschen Gas rauskommt. Aber das fand ich dann doch zu absurd.«

Die Häftlinge der Staatssicherheit haben keine Namen mehr, Osterlohs Zimmergenosse ist Nummer eins, er selbst wird von den Wärtern als »Gefangener Nummer zwei« angesprochen. Als schwerste Prüfung im Knast erweist sich die Leere des Alltags. Jeden Tag eine halbe Stunde Freigang in schmalen, mit Maschendraht überzogenen Buchten im hoch eingemauerten Hof. Sonst nichts. Nicht mal Verhör. Die Zeit gefriert. »Das war die eigentliche Folter, wochenlang nichts mehr gefragt zu werden, nicht mal von der Stasi.«

Auf alten Schwarz-Weiß-Fotos trägt Osterloh das Haar lang, sehr lang, fast bis zum Bauch. Die »Matte« war ihm wichtig. Weil sie in den 1970er- und 80er-Jahren im Osten, viel mehr noch als im Westen, eine Provokation darstellte. Die Haare sagten: Ich bin anders als ihr. Und Osterloh wollte anders sein – vor allem anders links. Zum »Ausreiser« wurde er erst, als die Staatsmacht und er sich hoffnungslos aneinander abgearbeitet hatten. »Ich habe die Partei nie ernst genommen. Die Fallhöhe zwischen der sozialistischen Theorie und deren Umsetzung war einfach zu offensichtlich.«

Kay Osterloh, 1983
(Foto: privat)

Wie liefen die Verhöre bei der Stasi ab?

»Ich merkte, die wissen viel, aber die bluffen auch. Du sitzt da den ganzen Tag, zwischendrin haut mal einer mit dem Lineal auf den Tisch. Psychoterror. Und irgendwann sagst du halt was.«

Kay Osterloh wurde 1959 in Leipzig geboren. Da war die DDR noch nicht eingemauert, aber schon ein Stück vom Ideal einer sozialistischen, freien Gesellschaft entfernt. Vater Hans hatte den Zweiten Weltkrieg und die russische Gefangenschaft überlebt, 1949, im Gründungsjahr der Deutschen Demokratischen Republik, kehrte er heim. Er arrangierte sich, wurde Bahnhofsvorsteher, erst in Katzhütte, dann in Bad Blankenburg, beides im Thüringer Wald. Erst wenige Monate vor der Inhaftierung seines Sohnes trat er aus der SED aus. Danach besuchte er ihn sowohl in der U-Haft in Gera als auch in Bautzen II. »Das habe ich ihm hoch angerechnet«, sagt Kay Osterloh. Seine Schwester distanzierte sich auf Anraten der Stasi vom Staatsfeind in der eigenen Familie, seiner Mutter schien alles gleichgültig zu sein. Ingeborg Osterloh lebte in der Thüringer Provinz in ihrer eigenen Welt, trug selbst entworfene Mode, extravagante Hüte und ließ sich im Ort mit »Frau Vorsteherin« anreden. Arbeiten ging sie im Gegensatz zu den meisten Müttern in der DDR nicht. »Wir waren das Gespött der Leute.«

Kay Osterlohs ältere Schwester, die »Folklore-Kommunistin«, wurde Lehrerin und machte alles mit, was der Arbeiter-und-Bauern-Staat an korrekter sozialistischer Prägung zu bieten hatte. »Am liebsten wäre ihr gewesen, dass ihr Sohn entweder eine Karriere als NVA-Soldat oder als Sänger der Puhdys eingeschlagen hätte«, spottet der Bruder. »Ich weiß nicht, was schlimmer gewesen wäre.« Eine linksradikale Prägung Osterlohs seitens der Familie lag also eher nicht vor.

In der polytechnischen Oberschule deutete fast nichts darauf hin, dass dieser aufgeweckte, zuweilen etwas vorlaute Jugendliche zum veritablen Unruhestifter heranwachsen würde. Er schloss die Schule ab und begann eine Lehre als Feinoptiker im VEB Carl Zeiss Jena. Am Anfang waren da nur die systemfeindliche Frisur und eine diskussionswürdige Arbeitsmoral. Der Lehrling machte schon mal blau, wenn es am Abend vorher recht lang geworden war. Er war 17.

Zum ersten Wendepunkt in der Sozialisation Osterlohs wurde – wie bei vielen anderen in seinem Alter – die Ausbürgerung von Wolf Biermann 1976. »Das war das Dümmste, was sie machen konnten«, findet Astrid Sokoll. »Bis dahin kannte kaum jemand von uns die Texte von Biermann, aber jetzt war er plötzlich richtig interessant.« Nachdem der kritische Liedermacher von einer Konzertreise in den Westen nicht zurückkommen durfte, gerieten weitere Intellektuelle ins Visier der Staatssicherheit. Führende Jenaer Aktivisten wie Jürgen Fuchs und Thomas Auerbach wurden verhaftet und dann zur Ausreise gezwungen.

Da ahnte Osterloh freilich noch nicht, dass die DDR neun Jahre später mit ihm ähnlich verfahren würde.

Politisch entflammt durch die Biermann-Affäre suchte Osterloh Kontakt zur systemkritischen Jugendszene. Eine Anlaufstelle in Jena bot damals die evangelische Junge Gemeinde (JG) Stadtmitte. Dort trafen sich Lehrlinge, Arbeiter und Studenten, um politische Diskussionen zu führen und illegale Konzerte zu veranstalten. Als Besucher der JG geriet Osterloh zwangsläufig ins Visier der Staatssicherheit. Die bunte Mischung nonkonformistisch denkender Bürger – Ende der 1970er-Jahre stießen die ersten Punks dazu – war dem Regime ein Dorn im Auge und wurde genau beobachtet.

Welche Vorstellung haben Sie von Gott?

»Ich bin Atheist. Pfarrer Schilling (Vordenker der offenen Kirchenarbeit in der DDR) war für mich Kommunist. Aber ich achte Menschen, die aus ihrer Religion heraus die Gesellschaft voranbringen wollen.«

Ab 1978 nahm die Volkspolizei Osterloh und seine Freunde immer öfter ins Visier. Sie wurden willkürlich aufgehalten, nach Papieren gefragt, kritisch beäugt, als »asoziale Elemente« geschmäht oder »als negativ-dekadente Jugendliche«. »Mit der Zeit habe ich den Polizei-Lada erkannt, ohne mich umzudrehen, und zwar nur am Geräusch des Motors«, sagt Osterloh. Unaufgefordert streckte er den Vopos seinen Ausweis entgegen, was diese als weitere Provokation empfanden. Und so war es auch gemeint.

Der junge »Hippie« aus der Provinz und die Staatsmacht schaukelten sich gegenseitig hoch. Wenn Osterloh mit Freunden zu Fuß durch den Thüringer Wald streifte, landete er zuverlässig auf einer Wache. Der Vorwurf: versuchte Republikflucht. Dabei hatte der Delinquent ganz andere Wertvorstellungen als die meisten anderen, die schon rübergemacht hatten oder es vorhatten. Der goldene Glanz des Westens interessierte ihn nicht, wirkte eher abstoßend oberflächlich auf Osterloh. Sein Wahlspruch lautete: »Bleibe im Land und wehre dich täglich.«

Was war am Leben in der DDR gut?

»Vieles. Es gab mehr Zusammenhalt, mehr Gemeinschaftsgefühl. Ich fand auch das Schulsystem in Ordnung und die Rolle der Frau. Es gab ja gute Ansätze ... Mir hat sogar die Hymne gefallen.«

Für Kay Osterloh begann jetzt sozusagen Phase zwei seiner revolutionären Prägung. Bis dahin hatten sich die jungen »Genossen« im Wesentlichen »mit Rotwein zugelötet und ordentlich Musik gehört«. Als FDJ-Chef Egon Krenz 1978 den VEB Carl Zeiss Jena besuchte und die Belegschaft zum Jubeln antreten musste, drängelte sich Osterloh mit einem ganzen Bündel DDR-Fähnchen in die erste Reihe und wedelte damit hysterisch herum, bis Hammer, Zirkel und Ährenkranz in Fetzen hingen und er aus dem Blickfeld der Öffentlichkeit nach hinten gezogen wurde. Der Übergang von solchen Schülerstreichen hin zu wirklich subversivem Verhalten verlief fließend. »Wir fantasierten uns allmählich in die Rolle von echten Widerständlern hinein.«

Nach bestandener Facharbeiterprüfung kündigte Osterloh seinen Job als Feinoptiker. Man habe ihn bei Zeiss sowieso nicht gewollt. Damit verbunden war der Verlust seiner Bleibe im Arbeiterwohnheim. Ohne Arbeit keine Wohnung, ohne Wohnung keine Arbeit, hieß es auf dem Wohnungsamt. Längst als Staatsfeind aktenkundig, hatte Osterloh Glück. Ein ihm wohlgesinnter Veterinärmediziner half ihm, als Pferdepfleger im Institut für Impfstoffe unterzukommen. Ein klassischer Dissidentenjob, den sonst niemand machen wollte. Er bezog eine Bruchbude in der Jenaer Innenstadt, die sich alsbald zu einem konspirativen Treffpunkt der kleinen Gruppe politischer Sinnsucher entwickelte.

In der erwachenden Friedensbewegung mischten Osterloh und sein Kumpel »Mao«, der eigentlich Christian heißt, lustvoll mit, und zwar im ganz linken Flügel. »Mao agitierte uns mit geklautem Propagandamaterial aus der Uni-Bibliothek und dem Abhören von Radio Tirana, wir anderen hielten mit unserem anarchistischen Halbwissen dagegen.«

Wie links sind Sie heute?

»Frei nach Rosa Luxemburg sage ich nach wie vor: Eine vernünftige Gesellschaftsordnung oder Barbarei! Dafür setze ich mich seit vielen Jahren in Nürnberger Kunst- und Kulturinitiativen ein.«

Osterloh und seine Freunde verstanden sich als »militante Pazifisten«. Sie produzierten per Kartoffeldruck und anderen kreativen Methoden erste Flugblätter, die sie in öffentliche Telefonbücher einlegten, in Briefkästen warfen, auf Verkehrsschilder und auf Zugfenster klebten. Zu Kopierern hatten sie keinen Zugang. In einer halsbrecherischen Aktion sprühten sie eine ihrer Parolen mit illegal aus der ČSSR importierten Spraydosen an eine Felswand zwischen Jena-Neulobeda und der Innenstadt, an der täglich Tausende Pendler vorbeifuhren. »SS 20 Nie!« Mehrfach marschierten sie zu zweit in Schulen und hefteten Zettel mit der Aufschrift »Entrüstet Euch!« ans Schwarze Brett.

Die jungen Aufrührer schafften es sogar ins Westfernsehen, *Monitor* und *Report* berichteten über ihre Aktionen. Kay und Christian (»Mao«) wurden in den Sendungen namentlich erwähnt als Mitglieder der Friedensgemeinschaft Jena. Immerhin: Die mediale Aufmerksamkeit bot einen gewissen Schutz. »Menschen, die bekannt waren, konnten sie nicht so leicht verschwinden lassen«, meint Astrid Sokoll.

An alltäglichen Schikanen seitens der Stasi mangelte es hingegen nicht. Die Mitarbeiter von »Horch und Guck« stiegen mehrfach bei Osterloh ein und durchwühlten seine Sachen. Nach einem Umzug bekam seine neue Nachbarin so oft Herrenbesuch, dass die anderen Bewohner des Hauses zu tuscheln begannen. Allerdings hatten die fremden Männer im Schlafzimmer der Kontaktperson (KP) nur eines im Sinn, nämlich durch die Wand zu lauschen. In einem Aktenvermerk vom 30. März 1984, also zu einem Zeitpunkt, als Kay Osterloh schon in U-Haft saß und seine Wohnung trotzdem weiter observiert wurde, heißt es: »Ihr (der Nachbarin) wurde noch mal erläutert, daß sie sich keine Gedanken zu machen braucht und sie ruhig in ihrer Schlafstube schlafen soll, genau so, als wenn wir nicht da wären.« Zur Belohnung gab's auf Staatskosten ein Päckchen Kaffee.

Auch andere aus der Gruppe machten Bekanntschaft mit den ebenso kruden wie perfiden Methoden der Stasi. Astrid Sokoll sprachen in ihrem Hof »zwei wildfremde Typen« an, die ihr drohten, ihr Kind komme in ein Heim, »weil es nicht sozialistisch erzogen wird«.

Wie hart der Staat zuschlagen konnte, wussten die Jenaer spätestens seit dem bis heute nicht aufgeklärten Tod von Matthias Domaschk, einem Freund Osterlohs, der 1981 einen Aufenthalt in der MfS-Untersuchungshaftanstalt Gera nicht überlebte. Zunehmend frustriert von der ständigen Überwachung, von Hausdurchsuchungen und Festnahmen, begannen die vormals »militanten Pazifisten« in alkoholgeschwängerten Runden, mit der Roten Armee Fraktion (RAF) zu sympathisieren. Was Kay Osterloh rückblickend als »sinnfreie Fantasien« einstuft, reichte vom Beschuss der Jenaer MfS-Kreisverwaltung mit Raketenwerfern bis hin zur Vergiftung des Trinkwassers der Behörde. Die Überwacher hörten alles mit. Trotzdem rechnete Osterloh 1984 eher damit, wegen seiner geplanten Verweigerung des Bausoldatendienstes eingebuchtet zu werden als »für den ganzen Quatsch«. Es kam anders.

In krakeliger Blockschrift listete die MfS-Hauptabteilung XXII (Terrorabwehr) mit dem Vermerk »streng geheim« die für die Behörde relevanten Taten des »Osterloh, Kay« auf. Der wahrscheinlich gravierendste Punkt auf der langen Liste: »(...) beschäftigte sich mit pazifistischem, anarchistischem und terroristischem Gedankengut, einschließlich der Herstellung / Anwendung von Brand- und Sprengmitteln sowie Giften«. Ein großes Missverständnis, meint Osterloh rückblickend. »Tatsächlich kam für mich Gewaltanwendung nie wirklich infrage.«

Was war das Schlimmste, das Sie in Ihrer Stasi-Akte gelesen haben?

»Es gab ein paar Leute, die Berichte geliefert haben. Aber ich bin da nicht nachtragend.«

Nach viermonatiger U-Haft in Gera wurden Kay Osterloh und Christian »Mao« K. im August 1984 in nichtöffentlicher Verhandlung – »eine reine Farce« – zu Haftstrafen verurteilt. »Mao« stufte das Gericht als »Rädelsführer« ein, er bekam vier Jahre, sein »Stellvertreter« drei Jahre. Einige Wochen später wurden beide als Erste und Einzige aus der Jenaer Szene mit dem Gefangenenzug, im Volksmund »Grotewohl-Express« genannt, nach Bautzen II verlegt, in den »Hochsicherheitstrakt für politische Sondergefangene«. Der Stasi-Knast lag mitten in der Stadt und war dennoch streng geheim. Die 200 Insassen existierten offiziell nicht. »Wir hätten auch auf dem Mars sein können«, sagt Osterloh. Die meisten anderen Häftlinge hatten zehn, 15, 20 Jahre oder lebenslänglich aufgebrummt bekommen. »Das waren alles antikommunistische Staatshasser. Wir aber waren nur verzweifelte Linke.«

Einen Bruder im Geiste fanden sie in einem ehemaligen Zentralkomiteemitglied der illegalen marxistisch-leninistischen KPD / ML – Sektion DDR, der acht Jahre absitzen musste. Mit ihm gründeten Osterloh und »Mao« gewissermaßen eine revolutionäre Zelle in der Zelle.

Die beiden Häftlinge aus Jena wurden zwar überwacht, »der Fraß ist beschissen« und die langen Haare mussten ab, aber darüber hinaus gab es in Bautzen für sie kaum Repressalien seitens der Gefängnisleitung. »Es ging ihnen hauptsächlich darum, Rädelsführer wie uns wegzusperren.« Bis zu deren Abschiebung in den Westen.

Schon seit der U-Haft in Gera war sich Osterloh sicher, dass man auch ihn loswerden wollte, die meisten seiner ehemaligen Freunde und Genossen waren schon drüben. Und inzwischen war auch er fertig mit dieser DDR, er wollte nicht mehr bleiben. Seine Freundin – so das Druckmittel der Stasi – dürfe allerdings nur mit, wenn er kooperiere. Osterloh ging darauf ein, »zum Schein«, wie er betont. »Ich erklärte mich offiziell als besiegt, habe aber nur gefakte Infos weitergegeben.« Man gestattete ihm, seinen Decknamen als inoffizieller Mitarbeiter selbst auszusuchen, er wählte »Max Anders«. Weil er sich anders sah, nicht als IM.

Osterloh sollte »Ausreisewillige« aushorchen, die im »Weißen Kreis« organisiert waren, weil die Stasi wusste, dass der politische »Überzeugungstäter« mit dieser Gruppe nicht viel am Hut hatte. Allerdings informierte er diejenigen, die er bespitzeln sollte, über seinen IM-Status und lieferte offenbar keinerlei verwertbare Informationen. Das geht aus einer eidesstattlichen Erklärung hervor, die ein Mitglied des Weißen Kreises 1995 für Osterloh abgegeben hat.

Nach insgesamt 13 Monaten Haft öffnete sich die Zellentür außerhalb der normalen Zeit, und Osterloh und »Mao« durften raustreten. Einen offiziellen Ausreiseantrag hatten beide bis dahin nicht gestellt. Da sie den Alleinvertretungsanspruch der Bundesrepublik für das geteilte Deutschland aus tiefstem Herzen ablehnten, zogen sie einen Antrag auf politisches Asyl in der Bundesrepublik der »Ausreise« vor. Letztlich zwang die Stasi sie zu ein paar Zeilen auf einem DIN-A5-Blatt, die sich irgendwie als Ausreiseantrag verkaufen ließen.

Nachdem sie ihre privaten Klamotten zurückbekommen hatten, forderte man Osterloh und »Mao« auf, in einen Kastenwagen zu steigen. »Bei Fluchtversuch wird geschossen«, habe ein Wachmann gedroht. Bis zuletzt zeigte ihnen der Staat seine hässliche Fratze. »Das empfand ich als totale Frechheit«, empört sich Osterloh noch heute, »die wussten doch, dass wir freigekauft wurden.«

Am 11. April 1985 rollten Kay Osterloh, »Mao« und Dutzende weitere »Feinde der Republik« in einem Reisebus gen Westen, vorneweg der Mercedes des berühmt-berüchtigten DDR-Anwalts Wolfgang Vogel. Beim Grenzübertritt riefen etliche Mitfahrer »Deutschland! Deutschland!« Osterloh und »Mao« saßen still daneben. Sie waren ja nicht am Sozialismus verzweifelt, sondern daran, was die SED daraus gemacht hatte. Für den Westen, für den Kapitalismus hatten sie keinen Plan.

Was haben Sie gedacht, als 1989 die Mauer fiel?

»Ich dachte, jetzt läuft das, was ich immer wollte – Massenbewegung auf der Straße. Das hat aber nicht lange gedauert. Nach zwei Wochen hieß es nicht mehr ›Wir sind das Volk‹, sondern ›Wir sind ein Volk‹, und: ›Kommt die D-Mark, bleiben wir, kommt sie nicht, geh'n wir zu ihr!‹ Da erkannte ich meine ehemaligen Mitbürger wieder: Die wollten keinen besseren Sozialismus, sondern sehnten sich nach den vermeintlichen Wohltaten des Kapitalismus. Manche Leute nennen so was ja heute ›Wirtschaftsflüchtlinge‹.«

Kay Osterloh lebt in Nürnberg. Er ist Sozialpädagoge und arbeitet in der Drogenhilfe.

Henry Bernhard

»Plötzlich hatte ich zwölf Freundinnen«

Dominic Rubs Eltern gehörten zur oppositionellen Szene in Jena und wurden 1985 von der Stasi förmlich gedrängt, einen Ausreiseantrag zu stellen.

Dominic war in der 5. Klasse, als er mit seinen Eltern und seinen beiden jüngeren Brüdern nach West-Berlin übersiedelte. Mit der Entscheidung zur Ausreise hatte er nichts zu tun, wohl aber mit deren Konsequenzen. Sein damals kindlicher Blick auf das Geschehen um ihn herum unterscheidet sich erheblich von dem der Erwachsenen. Vieles bekam er schon mit, konnte es aber erst später richtig deuten.

Jede Erinnerung an meinen Cousin Dominic beginnt mit einem Krachen und einem Schrei. Im Winter – es muss um 1980 gewesen sein – waren wir auf dem Eis des Teiches gegenüber vom Haus unserer Großeltern. Da, wo wir im Sommer badeten, in einer Zinkwanne rumschipperten und Kaulquappen fingen. Wir tasteten uns langsam vorwärts. Besonders dick war die Eisdecke nicht. Eigentlich war uns, zumindest mir, dem drei Jahre Älteren, klar, dass das Eis nach hinten hin, wo ein Bach zufloss, dünner wurde. Aber die Neugier war größer als die Vernunft. Das Eis krachte, ich brach ein, Dominic schrie und hörte gar nicht wieder auf damit. Ob er blieb oder Hilfe holte – ich weiß es nicht mehr. Jedenfalls gelangte ich aus eigener Kraft wieder aufs Eis. Das Schlimmste an dem Tag war, dass ich nach dem Eisbad einen Pullover meiner Mutter anziehen musste, was ich hochpeinlich fand,

Dominic Rub, 2019
(Foto: Henry Bernhard)

zumal wir am Abend Dominic nach Jena brachten, wo mich dessen Eltern Eve und Frank sehen würden.

Auch Dominic beginnt die Erzählung seiner Kindheit mit diesen Menschen und Orten: Mama, Papa, unsere kleinen Brüder, Omas, Opas, Onkels, Tanten, Jena und das kleine Dorf Graitschen ganz in der Nähe. Wir haben die gleichen Erinnerungen, die gleichen Assoziationen. Unser Onkel Uwe – da sind wir uns einig – war der Lustigste von allen. Der Jüngste von vier Geschwistern, der kleine Bruder unserer Mütter. Ein Geschichtenerzähler, wie ich sonst keinen kannte. In Graitschen war immer Besuch – unsere Großeltern hatten vier Kinder und ein gutes Dutzend Enkel. Das Essen, der Knödel, der Kuchen reichte immer für alle. Wir Kinder hatten freien Auslauf. Ich kann mich an keine beschränkenden Regeln erinnern. Manches, was wir trieben, war gefährlich; aber die Gefahr gehörte zur Freiheit.

Wenn Dominic und ich heute davon erzählen, dann wird die Zeit noch einmal lebendig. Die langen Sommer, die Süße der Erdbeeren, die mein Opa Pepi anbaute, die grasgrünen Kornäpfel, die wir am liebsten gleich in der Baumkrone aßen. Die Gurken, die Pepi in der Zinkwanne putzte. Der Geruch der Kammer oben im Haus, Uwes altes Zimmer, wo Fotos seiner großen Liebe und Reproduktionen von Rembrandt-Gemälden an der Wand hingen und mit Kohle »Scheiße« an der Zimmerdecke geschrieben stand.

In der Folge der Cousins und Cousinen war mir Dominic neben einer Cousine der Nächste. Und doch weiß ich wenig über das, was uns über Jahre trennen sollte: seine Ausreise in den Westen. Dabei hatte sich alles früh abgezeichnet.

Dominics Eltern Eve und Frank, meine Tante und mein Onkel, wollten sich nicht in den DDR-Mainstream einordnen. Sie gehörten zur Jenaer Friedensgemeinschaft, einer lebendigen oppositionellen Bewegung, die sich im März 1983 gründete und sich für Gewaltlosigkeit, Toleranz und Freiheit engagierte. Damals, als Kind, habe ich wenig davon verstanden. Heute bin ich stolz, wenn in Büchern über die DDR als Symbolfigur für die Friedensgemeinschaft in Jena immer wieder mein Onkel Frank zu sehen ist, der mit stoischer Miene ein von der Stasi zerfetztes Transparent hochhält: »Militarisierung raus aus unserem Leben«. Noch heute erzählt Frank begeistert davon, wie er, der große und muskulöse Steinmetz, die Stasi-Leute, die ihn bedrängten, wegstieß und »Frieden« rief. Dominic hat all das damals miterlebt: »Ich war mit auf diesen Demos in Jena. Und ich wusste, dass meine Eltern etwas taten, was nicht erwünscht war. Die Leute auf der anderen Seite, Stasi und Polizei, haben meinen Papa ins Gefängnis geworfen! Aber ich wusste, dass er einer von den Guten war.« Er und seine kleinen Brüder mussten auch zusehen, wie Stasi-Männer ihren Vater von einer Demo weg in einen Hauseingang zerrten.

Eve und Frank waren schon damals Maler. Ich mochte den Geruch von Ölfarben und Firnis, der überall dort in der Luft hing, wo sie gerade wohnten. Ihre frühen Bilder sind mir noch heute in ihrer Düsternis in Erinnerung. Alles war braun und beige, die Gestalten erkennbar als Freunde, als zwielichtige Spitzel, als schmierige Vertreter der Staatsmacht, als Schweine. Ich wusste, dass sie nicht ausstellen durften, weil sie politisch nicht gelitten waren. Ich erinnere mich an ein Bild, auf dem der Bösewicht einen roten Sowjetstern an der Mütze trug. Ich weiß nicht mehr, ob ich das gut oder schlecht fand, auf jeden Fall: aufregend. In Graitschen saß im Sommer etwas abseits der Familie die Runde ihrer Freunde: Langhaarige oft, Unangepasste, Oppositionelle. Dominic, gefragt, ob er damals eine Spannung wahrgenommen habe: »Nein. Das eine waren Freunde, das andere war die Familie. Ich hatte mit beiden ein gutes Verhältnis.« Obwohl er noch ein Kind war, wusste Dominic, was die Freunde seiner Eltern besprachen: »Da wurden Demos organisiert, Flugblätter entworfen, Absprachen über gemeinsame Aktionen getroffen. Ich habe immer alles mitbekommen.« Dafür ist er noch heute dankbar: dass er überallhin mitgenommen wurde, zu Demonstrationen, zu Freunden der Eltern, abendelang, oft bis nachts. Dass er zuhören konnte, wenn sie über Widerstand sprachen, diskutierten, stritten, feierten, sangen.

Aber er hat auch traumatische Erinnerungen: etwa an die Zeit, als sein Vater 1983 in der Stasi-Untersuchungshaft saß. Natürlich ging es um die Bilder, auf denen sich die Stasi-Leute als Schweine dargestellt sahen. Offiziell versuchten sie aber, Frank Rub ein Devisenvergehen anzuhängen. »Dass es nicht so lange dauern möge, das war für mich am wichtigsten.« Dominic erinnert sich an Hausdurchsuchungen der Stasi: »Hausdurchsuchung war das Schlimmste. Mama hat rumgeschrien, wollte sie nicht reinlassen. Sie wurde zur Seite gestoßen. Alle Regale, Schränke haben sie durchwühlt. Es ging um irgendwelche Papiere.

Meine beiden kleinen Brüder und ich saßen verstört in der Küche oder gingen dann hoch zu Opa Hermann, der zwei Etagen über uns wohnte.« Oft habe die Stasi vor dem Haus gestanden, stundenlang, tagelang, und die Familie verfolgt, wenn sie mit dem Auto wegfuhr.

Entnervt stellten Dominics Eltern 1985 den Ausreiseantrag in den Westen. Sie wurden von der Stasi förmlich dazu gedrängt. In Jena, in der DDR hätten sie kein normales Leben mehr führen können. Die SED wollte Ruhe in Jena. Dominic war damals in der vierten Klasse. Er ging gern zur Schule, den Werkunterricht mochte er am liebsten. Er war gern Jungpionier mit weißer Bluse und blauem Halstuch. »Das war eher eine Pfadfindergemeinschaft, auf kommunistische Art und Weise. Das hat mir immer Spaß gemacht. Die Lieder von damals kann ich heute noch.« Sicher, ein, zwei Lehrer hätten ihn auf dem Kieker gehabt, weil seine Eltern nicht der Norm entsprachen, aber das sei ja an jeder Schule so gewesen. Und dennoch: »Ich habe mir öfter einen Tadel vor dem Appell abholen müssen. Das ging bei mir schneller als bei den anderen.« Seine Mutter habe »Tag und Nacht mit mir geübt, bis ich geheult habe. Ich sollte unbedingt gut in der Schule sein.« »Deine Eltern sind Verräter«, haben zwei Klassenkameraden mal zu ihm gesagt, aber sonst erinnert er sich an eine schöne Schulzeit in der DDR.

Dominics Vater erinnert sich genauer: Der Direktor der Schule habe Dominic öffentlich herabgewürdigt, als der Vater im Gefängnis saß. Und wenn es nur eine Untersuchungshaft war. »Assi-Eltern« haben manche Lehrer sie genannt, erinnert sich Eve. Die Klassenlehrerin aber habe Dominic beschützt. Auch das gab es.

Der Ausreiseantrag zeitigte auch unerwartete Wirkungen: »Wenn du in den Westen kommst, wie ist das dann?« Das Thema schien andere mehr zu beschäftigen als Dominic selbst. »Warum weiß ich das noch? Weil ich plötzlich zwölf Freundinnen hatte, die mir alle Liebesbriefe schrieben! Die hatten natürlich die Hoffnung, dass ich in den Westen komme. Deswegen weiß ich heute noch viele Namen von den Mädels. Dann wurde ich eingeladen von den Mädels, ihre Aufkleber angucken. Ich war ja erst elf oder zwölf. Und die waren ja viel reifer als ich; die hatten schon Poster von Bonnie Bianco und Pierre Cosso an den Wänden. Aber die Mädels wussten: Der geht vielleicht in den Westen.« Und könnte von dort vielleicht irgendetwas schicken ...

Wie die Lehrer auf den Ausreiseantrag reagierten, daran erinnert er sich nicht mehr. Er selbst wollte gar nicht weg, hatte seine Familie, seine Freunde in Jena und Graitschen. »Ich habe in den Tag gelebt«, so wie es normal ist für ein Kind, für das übermorgen schon ferne Zukunft ist. Die bevorstehende Ausreise kümmerte ihn im Alltag wenig. Dabei saßen sie zu Hause schon inmitten von gepackten Koffern, Kisten, Kartons. Wochenlang.

Eines Tages im November 1985 – Dominic ging nun in die fünfte Klasse – kam die Klassenlehrerin zu ihm: »Dominic, du musst gehen. Ich will mich noch von dir verabschieden.« Sie hatten einen Ausreisetermin. Am nächsten Tag sollten sie raus. Dominic konnte sich nicht mal von allen Freunden verabschieden, so schnell ging es. »Ich wusste nicht, dass ich sie nicht wiedersehe, aber ich habe es gespürt.« Zu Hause hieß es, die wichtigsten Sachen zusammenpacken. Was er mitgenommen hat? »Nicht viel, glaube ich. Ein Messer, das mir Opa geschenkt hat, eine Uhr.« Dominics Bruder Frank erinnert sich hingegen, dass sie schon ein, zwei Wochen vor der Ausreise nicht mehr in die Schule gingen. Und dass seine Klassenlehrerin ihm alles Gute wünschte.

Der Vater fuhr Eve und die drei Jungs am nächsten Morgen mit dem Trabant nach Berlin. Er hatte noch ein paar Dinge in Jena zu regeln und wollte dann nachkommen. Sie gingen zu Fuß über die Grenze. Auf der anderen Seite wartete Onkel Uwe. Er war schon zwei Jahre zuvor ausgereist. »Die Familie ging weiter im Westen«, sagt Dominic heute.

Und ich kann ihn gut verstehen, denn Onkel Uwe habe ich genauso geliebt. Es war keine Situation vorstellbar, in der er nicht noch einen Scherz gemacht hätte.

Der Westen, West-Berlin, hat Dominic und seine Brüder sofort fasziniert. Die Gerüche, die Farben, die verschiedenen Kulturen im Wedding und in Kreuzberg! Schon in Jena hatte er bei einer tunesischen Familie etwas Arabisch gelernt. Klar fehlte ihm die Heimat, aber für Heimweh war wenig Zeit.

Ich kann mich an die Ausreise kaum erinnern. Und doch: Bevor sie rübergingen, durfte ich mir bei Eve und Frank ein paar Schallplatten aussuchen, die sie nicht mitnehmen wollten oder konnten. Also musste ich gewusst haben, dass sie bald gehen würden. Und doch ist in meiner Erinnerung die Freude über die Platten dominant. Ich war 16. Noch heute durchweht mich ein Schauer der Freude und des schlechten Gewissens, wenn ich »Love You Live« von den Rolling Stones oder »Electric Ladyland« von Jimi Hendrix auflege.

Doch Dominic verschwand nicht ganz aus meinem Leben. Er und seine Brüder durften in den Ferien in die DDR einreisen – und waren in Graitschen. Wie hat er den Kontrast zwischen Ost und West empfunden? »Ich war einfach nur zu Hause in Graitschen. Das war eben das Landleben. Und das andere war West-Berlin.« Mit Opa Hermann in Jena war er viel wandern. Das Drachensteigen sei das Schönste gewesen, sagt er.

Nachdem die Mauer gefallen war, besuchte ich sie in West-Berlin. Dominic war gerade 16 geworden, und wir gingen zusammen in ein Konzert: The Men They Couldn't Hang, britischer Folk-Punk.

1991 kehrten Dominics Eltern und seine Brüder in den Osten zurück und bauten ein Haus und ein Atelier in Graitschen. Dominic kam nach dem Realschulabschluss nach und machte in Jena sein Abi. Heute ist er glücklicher Vater eines Sohnes. Die Standardtermine einer Familie – Hochzeiten und Beerdigungen – haben uns nach langer Funkstille wieder nähergebracht. Er betreibt mit Freunden in Berlin-Wedding eine Firma, die Möbel aus Insolvenzmassen verwertet. Sein Rückblick auf die DDR ist milde. Die Idee einer solidarischen Gemeinschaft ist ihm sympathisch, aber eben nicht auf Kosten der Freiheit und der Menschenwürde.

Cornelia Günther

»Aktion Störenfried«

Der Arzt Volker Simon und seine Frau, die Schwester der Sängerin Veronika Fischer, stellten 1985 in Gotha einen Ausreiseantrag.

Fünf Spitzel wurden daraufhin auf Dr. Volker Simon angesetzt. Die Stasi installierte Abhöranlagen in ihrem Haus und hörte Telefonate ab. Obwohl Veronika Fischer, die bereits 1981 nach West-Berlin übergesiedelt war, in Talkshows auf die Situation ihrer Schwester und ihres Schwagers aufmerksam machte, dauerte es mehr als vier Jahre, bis die Familie die DDR verlassen durfte.

> »Es war ein Land, mein Land, einmal mir so verwandt,
> dass ich weinte als ich es verlor ...
> War ein Land, mein Land – und war es doch nicht mehr,
> Als es die Menschen band an sich mit Macht und Hinterlist.
> Ich hab's geliebt, gehasst, geliebt, gehasst –
> Doch nie war es mir gleich.«

Mit diesen Zeilen des Lieds »Es war ein Land« aus dem Jahr 1993 sprach Veronika Fischer, eine der erfolgreichsten Sängerinnen der DDR, vielen DDR-Bürgern aus dem Herzen. Ihr Weggang aus der DDR hatte mich sehr traurig gemacht, zumal man aus dem Westen nicht mehr so viel von ihr hörte. Veronika Fischer hat 2018 unter dem Titel *Woher Wohin* ihre Erinnerungen aufgeschrieben.

Im Sommer 2018 traf ich sie auf einer Gartenparty. Monika Ehrhardt-Lakomy, die Witwe des 2013 verstorbenen Liedermachers Reinhard Lakomy, feierte das 40. Jubiläum des Albums *Geschichtenlieder*. Veronika Fischer erzählte mir von ihrer Schwester Sabine Simon aus Gotha, die in den 1980er-Jahren gemeinsam mit ihrem Mann einen Ausreiseantrag gestellt hatte. »Sie hat viel durchgemacht«, sagte sie und vermittelte mir den Kontakt zu ihr.

Im Dezember 2018 besuche ich die Simons in Schlitz, einer Kleinstadt bei Fulda. Sabine Simon, deren Ähnlichkeit mit ihrer Schwester Veronika mir sofort auffällt, empfängt mich mit Kaffee und selbst gebackenem Apfelkuchen.

Die Simons hatten ihre Ausreise am 22. April 1985 beantragt: Volker Simon, damals kommissarischer Leiter der Abteilung Innere Medizin an der Poliklinik Gotha, Ehefrau Sabine Simon, Medizinisch-technische Assistentin (MTA), und ihre zwei Kinder, damals neun und acht Jahre alt.

Wie kam es dazu? Volker Simons Mutter und sein Bruder lebten bereits in Darmstadt. Zwei Mal hatte er sie zu runden Geburtstagen besucht. Er sah, wie gut es sich in der Bundesrepublik lebte, was ein Arzt sich leisten und wohin er reisen konnte. Außerdem war die Schwester von Sabine Simon, Veronika Fischer, schon seit 1981 in West-Berlin. So reifte bei beiden der Wunsch, ebenfalls in den Westen zu gehen. Vor seiner dritten Westreise im Sommer 1984 beschloss das Paar, dass Volker Simon die Gelegenheit nutzen würde, dort zu bleiben. Die Familie sollte nachkommen. Das Ehepaar wollte für seine Kinder »eine ordentliche Ausbildung und weltoffenes Reisen«, begründen sie den Ausreisewunsch.

Tatsächlich blieb Volker Simon im August 1984 in Darmstadt. Es war allerdings nicht so einfach wie gedacht, eine Arztstelle zu bekommen. Damals gab es etwa 10 000 arbeitslose Ärzte in der Bundesrepublik. Simon übernahm zunächst eine sechswöchige Schwangerschaftsvertretung in den Städtischen Kliniken Darmstadt, danach eine Vertretung in einer anderen Klinik. Eine Festanstellung bekam er nicht. »Wohlgefühlt habe ich mich nicht. Dazu kam die Sehnsucht nach Frau und Kindern«, erinnert sich Volker Simon.

Sabine Simon wurde in dieser Zeit mehrmals von der Staatssicherheit verhört und befragt, ob sie in die Fluchtpläne ihres Mannes eingeweiht gewesen sei. Sie verneinte. Sie wurde bedrängt, ihren Mann anzurufen und zur Rückkehr zu bewegen. Schließlich wurde ihr mit einer Zwangsräumung des Hauses gedroht, weil es im Grundbuch auf den Namen ihres Mannes eingetragen war. Der Druck auf die zurückgebliebene Familie wurde immer größer. Volker Simon erinnert sich: »Nach einem Vierteljahr war die Situation so unerträglich, dass ich mich entschloss, nach Gotha zurückzufahren, allerdings nur unter der Prämisse der Straffreiheit.« Diese wurde ihm tatsächlich zugesichert. Vielleicht weil in der DDR dringend Ärzte gebraucht wurden.

Im Dezember 1984 reiste Volker Simon am Grenzübergang Gerstungen wieder in die DDR ein. Er wurde von zwei Zollbeamten aus dem Zug geholt. Er musste seinen Koffer öffnen, jedes Kleidungsstück wurde umgedreht. Dann musste er in einen gelben Wartburg steigen, darin saßen zwei Herren von der Staatssicherheit. Sie fuhren mit ihm Richtung Autobahn. An der Autobahnausfahrt Erfurt Ost ging es in den Steigerwald, danach weiter auf Waldwegen. Auf einmal stand ein anderes Auto mit Lichthupe vor ihnen. »Es war wie in einem Krimi.« Das andere Auto fuhr voraus, der Wartburg hinterher. »Wie aus dem Nichts tauchten plötzlich mehrere Datschen auf mit angeketteten Hunden davor. Es war unheimlich.« Volker Simon hatte keine Ahnung, wo er sich befand. Er wurde in ein Haus gebracht. Seine Familie durfte er nicht benachrichtigen. In Gotha wartete Sabine Simon vergeblich auf ihren Mann, der in jener Nacht zwei Stunden verhört wurde. Er sollte aufschreiben, warum er so lange in der Bundesrepublik geblieben war. Im Zimmer über ihm wurde telefoniert. Den Gesprächsfetzen, die er mitbekam, entnahm er, dass es Pläne gab, ihn für drei Monate in ein Umerziehungslager zu schicken. Doch am nächsten Tag wurde er nach Gotha gebracht, er bekam eine Woche Hausarrest.

Aus seinen Stasi-Unterlagen erfuhr er später, dass damals eine Akte über eine »Aktion Nelke« angelegt worden war, sein Deckname »OBM2« (Observation Mediziner 2). Daraus geht hervor, dass die Staatssicherheit während seines Hausarrests sowohl seine Post kontrollierte als auch sein Haus mithilfe von Abhöranlagen von den Nachbarhäusern aus abhörte. Am 1. Februar 1985 durfte Volker Simon seine Arbeit in der Gothaer Klinik wieder aufnehmen.

Hatte es so etwas je zuvor gegeben? Jemand kommt von seiner Westreise nicht in die DDR zurück und überlegt es sich nach ein paar Monaten doch anders. Er wird weder verhaftet noch degradiert. Viele in seinem Umfeld wurden misstrauisch. »Wir sind von Kollegen geschnitten worden, denn keiner konnte glauben, dass ich nach vier Monaten im Westen straffrei an meinen alten Arbeitsplatz zurückkehre. Wir kannten viele Fälle misslungener Flucht- oder Ausreiseversuche, und alle waren inhaftiert worden, nur ich nicht. Also musste man mich geworben haben, für die war ich jetzt Mitarbeiter der Stasi«, beschreibt Volker Simon, was man vermutlich über ihn gedacht und geredet hat. Es war der Beginn einer schrecklichen Zeit für die Simons. Beide wollten nur noch weg. Weg aus Gotha und weg aus der Atmosphäre des Misstrauens und der Angst. Sabine Simon: »Nachbarn haben uns nicht mehr gegrüßt, auch Freunde wandten sich ab. Wir konnten ja auch nicht alles erzählen. Da haben wir gesagt, wir halten das nicht mehr aus.«

Sie begründeten ihren formlosen Ausreiseantrag mit der Pflegebedürftigkeit von Volker Simons Mutter. Von da an führte das MfS

Volker Simon nicht mehr unter »Aktion Nelke«, sondern unter »Aktion Störenfried«. Es folgten Zersetzungsmaßnahmen wie auch Versuche, das Ehepaar zur Rücknahme des Antrags zu bewegen. Volker Simon wurde als kommissarischer Abteilungsleiter abgesetzt, durfte jedoch als Internist ohne »Chefzulage« weiterarbeiten. Medizinische Vorträge, die er bei der Urania in Gotha gehalten hatte, waren ihm nicht mehr gestattet. Auch den sogenannten Schwesternunterricht durfte er nicht mehr erteilen. Offizielle Begründung: Er sei ein »schlechtes Vorbild für unsere Jugend«, erinnert er sich.

Sabine Simon, die als MTA in einer kleinen Klinik, die zum Krankenhaus Gotha gehörte, arbeitete, erfuhr keine Degradierung. Sie erinnert sich jedoch daran, wie sie von ihren drei Kolleginnen »schief angeguckt« wurde. Eine Kollegin habe immer wieder versucht, sie auszufragen, was sie sehr verunsicherte. »Ist die bei der Stasi? Will sie mich aushorchen?«, solche Gedanken quälten sie ständig. Sie versuchte so normal wie möglich weiterzuarbeiten, was gut war, denn sie hätte ansonsten im Westen keine Arbeitslosenunterstützung erhalten.

Kurz nach der Antragstellung wurden dem Ehepaar Simon die Personalausweise entzogen. Stattdessen erhielten sie den sogenannten PM 12, einen Ersatzausweis. Ob in der Sparkasse oder bei Behörden, mit einem PM 12 war man sofort erkennbar als einer, mit dem etwas nicht stimmte: Er wurde an Haftentlassene, sozial Auffällige, politische Gegner und auch an Ausreiser ausgegeben. Die Simons fühlten sich kriminalisiert. Auch Urlaubsreisen ins sozialistische Ausland waren mit dem Ersatzausweis nicht mehr möglich.

Wie haben die Kinder auf den Ausreiseantrag der Eltern reagiert?, möchte ich wissen. Bis Anfang Juli 1989 haben sie ihren Kindern nichts davon erzählt. Als sie von einigen Fachlehrern, besonders dem Musiklehrer plötzlich ungerecht behandelt wurden, ließen sich die Eltern beschwichtigende Ausreden einfallen. Sie wussten, dass der Schuldirektor von der Staatssicherheit über ihren Ausreiseantrag informiert worden war. »Dieser war allerdings sehr nett«, betont Sabine Simon. »Der hat sich nichts anmerken lassen. Auch die Klassenlehrerin war loyal.« Ihre Kinder wurden jedoch aus dem Tennisclub ausgeschlossen und zu einigen Kindergeburtstagen nicht mehr eingeladen. Die Simons haben versucht, die Kinder von all dem fernzuhalten. Im Haus wurde kein Wort über den Ausreiseantrag verloren, da sie ahnten, dass sie abgehört wurden. Später erfuhren sie: »Zwei Abhöranlagen waren in unserem Haus installiert: einmal im Telefon und einmal in der Klingel.« Als Bereitschaftsarzt musste Volker Simon telefonisch erreichbar sein. Kurz nach der Antragstellung war das Telefon plötzlich gestört, und jemand kam ins Haus, um es zu reparieren. »Und da haben sie uns oben eine Abhöranlage im Flur eingebaut«, sagt Sabine Simon. In den Stasi-Akten lasen sie später auch, dass sie aus den Nachbarhäusern mithilfe von Richtmikrofonen abgehört wurden. »Jedes Gespräch über die Ausreise haben wir im Wald geführt, oder wir sind zum Boxberg gefahren, zwölf Kilometer entfernt«, so Volker Simon. Zum Telefonieren mit ihrer Schwester Veronika fuhr Sabine Simon zu ihren Eltern nach Wölfis. »Grundsätzlich konnten wir in dieser Zeit nur vorsichtig telefonieren, wir wurden ja abgehört«, bestätigt mir auch Veronika Fischer. »Ich spürte immer diese psychische Belastung und die Not, in der meine Schwester sich befand. Sie litt. Und auch mein Schwager.«

Aus dem dicken Aktenordner, den Volker Simon mir zeigt, geht hervor, dass er von fünf inoffiziellen Mitarbeitern (IM) bespitzelt wurde. Zwei waren besonders aktiv. Der eine war ein Patient von Volker Simon. Von ihm befanden sich 100 Seiten in Simons Stasi-Akte.

Noch umfangreicher berichtete IMS (IM zur Sicherung gesellschaftlicher Bereiche und Objekte) »Claudia Neumann«. Dahinter verbarg sich seine Sprechstundenhilfe. Jahrelang hatte sie mit ihm zusammengearbeitet. Die beiden verband, so Simon, ein vertrauensvolles und herzliches Verhältnis. Umso schockierender war es, als er 1996 erfuhr, dass sie über ihn intensiv und ausführlich an die Staatssicherheit berichtet hatte. Zwischen dem 9. September 1986 und dem Tag der Ausreise entstanden mehr als 180 Seiten. »Claudia Neumann« berichtete nicht nur detailliert, was ihr Chef tat und sagte, sie leitete auch Informationen aus vertraulichen Patientengesprächen an die Staatssicherheit weiter. Vor allem von Patienten, die ebenfalls einen Ausreiseantrag gestellt hatten.

Die Sprechstundenhilfe, die durch die dünnen Wände der Poliklinik gut mithören konnte, hatte laut Stasi-Unterlagen 32 konspirative Treffen mit ihrem Führungsoffizier. Sie sollte Volker Simon aushorchen, indem sie ihn gezielt zu politischen Ereignissen befragte. Sie wurde sogar aufgefordert, »Sendungen des BRD-Fernsehens, insbesondere des ZDF zu verfolgen, um inhaltlich im Gespräch mit Dr. S. auf die genannten Probleme eingehen zu können«. Weiter heißt es in der Stasi-Akte: »Auf dieser Basis kann der Dr. S. zu entspr. Reaktionen veranlaßt werden, aus denen auf etwaige Handlungen und Pläne geschlußfolgert werden kann.«

Am 13. Mai 1988 wurde Volker Simon zum Rat des Kreises Gotha bestellt. Dort teilte man ihm ohne Begründung mit, dass sein Ausreiseantrag abgelehnt wurde. Er konnte nicht glauben, dass drei Jahre Wartezeit umsonst gewesen sein sollten. Im Hörprotokoll mit der Unterschrift von IMS »Claudia Neumann« steht dazu: »Im Verhalten des Dr. S. ist zunehmend eine Aggressivität zu merken. Es zeigt sich in ständigem Schimpfen über seine Sache insbesonders, daß nur gegen ihn intrigiert wird. Dabei fallen wiederholt solche Äußerungen wie *dieser Saustaat.*« »Claudia Neumann« sollte ihn laut Unterlagen dazu verleiten, Bundeskanzler Helmut Kohl bei einem Besuch 1988 in Gotha um Unterstützung für seine Ausreise zu bitten. Sie sollte ihn außerdem dazu bringen, sich an die Ständige Vertretung der Bundesrepublik in Ost-Berlin zu wenden. Beides tat Volker Simon nicht. In seinen Stasi-Unterlagen konnte er nachlesen, dass MfS-Mitarbeiter sowohl beim Kohl-Besuch als auch vor der Ständigen Vertretung auf ihn gewartet hatten, um ihn festzunehmen.

Warum tut ein Mensch so etwas?, fragte ich mich und suchte die ehemalige IMS in Gotha auf. Über einen Eintrag im Telefonbuch fand ich ihren Sohn. Er hatte keine Ahnung, dass seine Mutter damals als IM tätig war. Ihre Beweggründe interessierten ihn ebenso wie mich.

Im Februar 2019 gibt es ein Treffen im Wohnzimmer seiner Eltern in Gotha. Seine Mutter hatte als Krankenschwester gearbeitet, bevor sie 1980 als Sprechstundenhilfe bei Volker Simon in der Poliklinik anfing. Sie war nicht in der SED und habe sich nie als besonders linientreu hervorgetan. Ihr kleines Glück bestand für sie darin, dass sie Anfang 1986 zum ersten Mal anlässlich des 50. Geburtstags ihrer Schwester nach Dortmund reisen durfte. Als ihr Neffe sie im selben Jahr zu seiner Hochzeit nach Dortmund einlud, beantragte sie ihre zweite Westreise. In Erwartung einer erneuten Genehmigung ging sie zur Polizeidienststelle, um ihren Pass abzuholen. Doch diesmal wurde ihr Antrag abgelehnt mit der Begründung, dass man »mich jetzt nicht mehr in den Westen reisen lassen könne, da ich für Herrn Dr. Simon arbeite, der einen Ausreiseantrag gestellt hatte. Ich war stocksauer auf ihn«, erzählt sie. Was habe sie denn mit dem Ausreiseantrag ihres Chefs zu tun, fragte sie sich. Nachdem man ihr ein bisschen Zeit gegeben hatte, ihrem Unmut freien Lauf zu lassen, wurde sie in ein Nebenzimmer gebeten, »wo drei Herren von der Staatssicherheit mit meinem Pass auf mich warteten«, berichtet sie. Diese boten ihr an zu helfen, dass sie die Reisegenehmigung erhalte. Sie müsste sich kooperativ zeigen und über alles berichten, was ihr Chef sagte, machte und plante.

Sie dachte damals nicht lange nach, erzählt sie, und unterschrieb die IM-Verpflichtung. Umgehend erhielt sie ihre Reisegenehmigung und konnte zur Hochzeit ihres Neffen nach Dortmund fahren. In ihrem Reisepass der DDR, den sie mir als Beweis zeigt, sehe ich die Aus- und Einreisestempel und auch, dass sie bis 1989 einmal pro Jahr in den Westen fahren durfte, 1989 sogar gemeinsam mit ihrem Mann.

Hatte sie denn kein schlechtes Gewissen, ihren Chef für eine Westreise an die Stasi zu verraten?, frage ich. Nach einem Augenblick des Schweigens sagt sie: »Man muss nichts schönreden.« Mehr nicht. Und während sie schweigt, versucht ihr Mann, sie zu verteidigen. Seine Frau habe dem Dr. Simon doch nicht geschadet. Schließlich durfte er ja ausreisen. Auch andere hätten lange auf ihre Ausreise warten müssen. Immerhin habe er bis zu seiner Ausreise weiter als Arzt arbeiten können. Damit sei er doch schon privilegiert gewesen. Andere hätten ihre Jobs verloren oder seien in den Knast gegangen. Seine Ehefrau fügt hinzu: »Warum wollte er denn in den Westen? Ihm ging es doch gut. Er war ein bei Kollegen und Patienten anerkannter und beliebter Arzt, er hatte ein Haus, eine Frau und zwei Kinder.« Zu den Inhalten einiger Hörprotokolle, aus denen ich ihr vorgelesen habe, will sie sich nicht äußern. Von dem Besuch Helmut Kohls in Gotha habe sie nichts gewusst, beteuert sie.

Am Ende bleibt strittig, was genau »Claudia Neumann« berichtet und was ihr Führungsoffizier niedergeschrieben hat. Eigentlich wollte sie etwas Ähnliches wie Dr. Simon: Sie wollte in den Westen, wenn auch nur besuchsweise.

Die Zeit verging. Sabine Simon erinnert sich an mehrere Leute in Gotha, die nach ihnen Ausreiseanträge gestellt, ihre Bewilligung jedoch bereits erhalten hatten. Das war zermürbend. Aber aufgeben wollten die Simons nicht. »Ich versprach, mit meinen Möglichkeiten zu helfen«, bestätigt mir Veronika Fischer. Sie machte öffentlich, dass ihre Schwester und ihr Schwager 1985 einen Ausreiseantrag gestellt hatten und seit drei Jahren darauf warteten, die DDR verlassen zu dürfen.

Sabine und Volker Simon, 2019 (Foto: Cornelia Günther)

»In Talkshows versuchte ich, auf das Schicksal meiner Schwester und ihrer Familie aufmerksam zu machen. Aber viel Bewegung spürte ich nicht«, berichtet Veronika Fischer. Sabine und Volker Simon sind allerdings davon überzeugt, dass die Sängerin ihr »Schutzschirm die gesamten vier Jahre hindurch« war. Aus den Akten zur »Aktion Störenfried« geht hervor, dass MfS und SED-Führung nichts mehr fürchteten als eine öffentliche Darstellung, wie mit Ausreisewilligen in der DDR umgegangen wurde.

Am 1. Januar 1989 trat eine neue Reiseverordnung in Kraft: Besuchsreisen und Ausreisen in die BRD »aus humanitären Gründen« sollten nun leichter möglich sein. So stellten Sabine und Volker Simon am 10. Januar 1989 erneut einen »Antrag auf ständige Ausreise nach dem Ausland«, wie das nun offizielle Antragsformular hieß. Weitere Monate vergingen. Am 18. Juli 1989 erhielt die Familie den Bescheid, dass sie innerhalb der nächsten elf Tage die DDR verlassen dürfe.

Bis dahin müsse sie aber ihr Haus verkaufen – eine Bedingung für die Ausreisegenehmigung. Der Käufer überwies den Simons 50 000 Mark der DDR für ihr Haus und das dazugehörige Grundstück auf ein Sperrkonto. Die Simons empfinden das noch heute als einen

Akt der Demütigung. Vor allem ihre Tochter habe den Verlust des Hauses ihrer Großeltern und Eltern nicht verkraftet, verrät mir Sabine Simon. Der ideelle Verlust wiege schwerer als der materielle. Sie klagten später auf Rückübertragung, doch ohne Erfolg.

Die letzten zehn Tage. Die Schikanen hörten nicht auf. Wertgegenstände durften nicht mitgenommen werden, zum Beispiel eine Ausgabe von *Maria Stuart* von Friedrich Schiller aus dem Jahr 1804, auf die die Simons stolz waren. Auch ihr Auto durften sie nicht mitnehmen. Sie verkauften es am 27. Juli 1989, dem Tag der Ausreise, auf dem Weg zum Bahnhof. Sie brauchten es bis zum Schluss, um den sogenannten Laufzettel – die Abmeldungen bei den Behörden – abzuarbeiten. Der Umzug musste in Westmark bezahlt werden. Die »Entlassungsurkunde aus der DDR-Staatsbürgerschaft« kostete 100 DDR-Mark, erinnern sich die Simons.

> »Es war ein Land gebaut auf Sand und einen Traum.
> Und als das Land verschwand, blieb nur der Traum,
> auf dem es stand.«
> *Aus: »Es war ein Land« von Veronika Fischer*

Volker Simon arbeitete bis zu seinem 64. Lebensjahr als Chefarzt in einem Krankenhaus bei Fulda. Auch Sabine Simon fand schnell Arbeit als Röntgenassistentin. Die Familie hat ein neues Haus gebaut. Nach Gotha zieht sie nichts mehr. Ihre Ausreise haben sie nie bereut, obwohl kurz darauf die Mauer fiel. Da hatten sie schon hinter sich, was vielen ihrer Landsleute noch bevorstand – das Zurechtfinden im neuen Land.

Beate Bossdorf

»Ich war so wütend«

Familie Marusch wählte ein besonderes Datum für den Ausreiseantrag: den 17. Juni 1985, den Jahrestag des Volksaufstandes von 1953.

»Das mussten wir denen noch mitgeben«, sagt die Mutter. Es dauerte drei Jahre, bis die damals 15-jährige Anja Marusch mit ihren Eltern und ihrem Bruder die DDR verlassen durfte.

Es hatte unten geklingelt, und dann war dieser fremde Mann die Treppe heraufgekommen, den Anja noch nie gesehen hatte. Langer schwarzer Mantel, mitten im Sommer. »Sind deine Eltern da?«, hatte er grußlos gefragt. »Nein, wieso?« Die 15-Jährige stand mit verschränkten Armen in der offenen Tür. Besuche von Unbekannten bedeuteten selten etwas Gutes. Der Mann schien kurz zu überlegen. Dann streckte er ihr einen Umschlag entgegen. »Hier, für deine Eltern«, sagte er, drehte sich um und ging.

Anja Marusch und ihre Mutter Evelyn sitzen in einem Café in Berlin-Steglitz. Gemeinsam tauchen sie ein in eine Zeit, die mehr als 30 Jahre zurückliegt. Vieles ist vergessen, manches unscharf geworden. Aber etliches ist noch immer ganz klar.

So wie dieser späte Nachmittag des 5. Juli 1988. Die Eltern waren auf einen Sprung bei den Großeltern und Anja und Sandro, ihr elfjähriger Bruder, allein zu Hause. Nun hielt das Mädchen diesen Brief in der Hand. Es gibt Momente im Leben, deren Tragweite man erst viel später erfasst. Aber Anja erkannte sofort: Hier passiert gerade etwas Besonderes.

»Ich wusste ganz genau, was in dem Umschlag war! Ich habe meine Schuhe angezogen und bin losgerannt. Die ganzen drei Kilometer zu den Großeltern gerannt, ohne Pause. Am Himmel über mir hing eine riesige schwarze Gewitterwand, es war wie im Film. Mir war klar: Ich kann jetzt nicht warten, bis die Eltern wieder zu Hause sind!«

Anja hatte sich nicht geirrt. In dem Brief stand, ihre Eltern sollten sich umgehend in Dresden bei der Abteilung Inneres einfinden. Ihre ständige Ausreise aus der DDR sei genehmigt.

Drei Jahre zuvor, 1985: Im Städtchen Radeberg bei Dresden entschließen sich Evelyn und Christian Marusch, ihre Familie einzuweihen: Sie wollen das Land verlassen. Die Ideale des sozialistischen deutschen Staates sind nicht die ihren. Und schon gar nicht der Kleingeist und die Spießigkeit, die in der DDR der 1980er-Jahre herrschen. Die Familie hat gerade versucht, aus der Enge ihrer Heimatstadt auszubrechen, noch einmal neu anzufangen. Aber dann kommt die niederschmetternde Nachricht: Sie dürfen Radeberg nicht verlassen.

Evelyn Marusch erzählt: »Wir hatten uns in Potsdam-Babelsberg bei den DEFA-Filmstudios beworben. Die Sache war im Prinzip klar, und wir wurden zum Antrittsgespräch eingeladen. Doch dann verbot uns Robotron den Wechsel!« Das Ehepaar hatte gut bezahlte Stellen im VEB Robotron-Elektronik Radeberg. Evelyn arbeitete als technische Zeichnerin in der Fernseherproduktion, Christian war kurz zuvor in die neu geschaffene Abteilung für »Spezielle Produktion« übernommen worden.

1984 war durch Beschlüsse des Rates für gegenseitige Wirtschaftshilfe und der DDR-Regierung festgelegt worden, das Kombinat Robotron stärker in die Rüstungsproduktion einzubeziehen. In einem streng abgetrennten Bereich wurde unter verschärfter Geheimhaltung an mi-

Anja Marusch, 1985
(Foto: privat)

litärischer Chiffriertechnik und Bordelektronik für Panzer gearbeitet. Wer hier angestellt war, durfte nicht einfach kündigen.

Das fühlte sich für die Maruschs wie lebenslänglich an. Nicht arbeiten und leben zu können, wo man wollte, brachte das Fass zum Überlaufen. Christian Marusch hatte endgültig genug. Conny, sein Bruder, war mit seiner Familie schon im Westen. Die Maruschs wollten ihm folgen, da waren sie sich jetzt sicher. Sie wählten ein besonderes Datum für den Ausreiseantrag.

Evelyn Marusch lächelt: »17. Juni! Den Tag hatten wir mit Absicht ausgesucht. Das Datum war uns wichtig, um ein bisschen zu provozieren. Das mussten wir denen noch mitgeben.« Am Jahrestag des Volksaufstandes vom 17. Juni 1953 verstanden die DDR-Behörden überhaupt keinen Spaß. Es Evelyns Eltern zu sagen, war nicht weniger heikel. »Wir haben sie eingeladen zu uns nach Hause. Bisschen Bierchen, bisschen

Kaffee. Und mein Mann hat mir hinterher erzählt, dass er vorsorglich alle Gläser weit weggestellt hat vom Tisch, bevor er mit der Sache rausrückte. Mein Vater ist blass geworden, aber er hat nichts gesagt.«

Anjas Großvater war ein strammer Genosse und Parteifunktionär. Er liebte seine Tochter und deren Familie. Aber in politischen Dingen waren sie sich selten einig. Dass sie das Land verlassen wollten, für das er so brannte, traf ihn tief. Wirklich überrascht war er allerdings nicht.

Der Ausreiseantrag der Maruschs sprach sich schnell herum im überschaubaren Radeberg. »Ich habe zum Beispiel beim Zahnarzt angerufen«, erinnert sich Evelyn Marusch. »Meine Kronen mussten erneuert werden, und ich wollte einen Termin machen. Und da kriegte ich zur Antwort: ›Solche Kandidaten wie Sie werden bei uns nicht mehr behandelt!‹ Die hatten offenbar die Ansage: ›Bei denen keine großen Sachen. Das lohnt sich nicht.‹ Die Kollegin, die mir gegenübersaß, sagte: ›Was ist denn los mit dir? Du bist ganz blass.‹ Ich bin dann später einfach so hingegangen. Hab mich hingesetzt und gewartet. Irgendwann kam ich doch dran.« Überhaupt machte die Familie im Laufe der Zeit die Erfahrung, dass »aussitzen« eine ganz gute Methode war, mit kleineren und größeren Schikanen im Alltag umzugehen.

Im Prinzip hatten sie noch Glück. Die meisten Ausreiseantragsteller verloren sofort ihre Arbeit und mussten sich mit Gelegenheitsjobs oder viel schlechter bezahlten Stellen über Wasser halten. Evelyn und Christian Marusch wurden von Robotron nur für ein paar Monate zum »Einsatz in der Produktion verdonnert«. Stupide Arbeit am Band, aus »personellen Gründen«, wie es hieß.

Auch in der Schule von Anja, die zum Zeitpunkt der Antragstellung elf Jahre alt war, wussten alle Bescheid. Der Direktor, die Lehrer, die Mitschüler. Bislang war das lebhafte Mädchen sehr beliebt in der Klasse gewesen. »Ich hatte auch nachher sehr guten Kontakt zu den meisten«, sagt Anja. »Natürlich gab es ein paar rote Leuchten, aber der Rest war, ich will nicht sagen: frei im Geist, aber relativ locker, was das angeht. Gerade bei den Jungs hatte ich das Gefühl, die waren sehr interessiert an der ganzen Situation. ›Oh, ist doch super, du kannst in den Westen!‹«

Falls es Kinder gab, deren Eltern ihnen den Umgang mit Anja verboten, dann bekam sie das nicht mit. »Wir waren ja auch schon in einem Alter, wo sich die Kinder das gar nicht mehr haben sagen lassen. Abgesehen davon: Wer wollte das überprüfen?« In der DDR waren in der Regel beide Elternteile berufstätig und kamen erst abends nach Hause. Sie konnten nur hoffen, dass ihre Kinder in der Zeit zwischen Unterricht und Abendessen brav das taten, was die Eltern für richtig hielten. Anjas Clique hing vor der Schule oder an der Bushaltestelle rum oder traf sich im nahen Wäldchen.

»In den ersten Schuljahren hatte ich noch verschiedene Ämter in der Pioniergruppe. Das ging dann natürlich nicht mehr, denn ich gehörte ja offiziell nicht mehr zum Klassenkollektiv. Aber irgendwie waren sie wohl der Meinung, sie müssten mir doch eine Aufgabe geben. Eine Zeit lang sammelte ich also das Essengeld ein. Damit ging ich dann ins Sekretariat und kaufte für die Klasse die Essenmarken. Und alles war immer gut.« Doch eines Tages wurde Anja aus dem Unterricht gerufen. Es fehle Geld, und ihr wurde unterstellt, das Geld gestohlen zu haben. »Ich hatte immer alles in ein Buch geschrieben, das habe ich ihnen gezeigt, aber das war ihnen egal. Darum schien es gar nicht zu gehen. Ich war so wütend und habe mich gleichzeitig total geschämt. ›Die Anja klaut‹, haben manche gesagt. Das fand ich furchtbar.«

Die Eltern versuchten, das Mädchen zu beruhigen. »Lass dich nicht provozieren«, rieten sie ihm. Sie waren geübt darin, Provokationen aus dem Weg zu gehen. Das konnte letztlich darüber entscheiden, ob sie von den vierteljährlichen Terminen bei der Abteilung Inneres in Dresden zu den Kindern zurückkehrten oder ob sie womöglich ins Gefängnis kämen. Und ob sie dann ihre Kinder behalten dürften oder nicht. Ein falsches Wort am falschen Ort zur falschen Person konnte das Schicksal besiegeln. Die Angst war ein ständiger Begleiter.

Es war hart, nie zu wissen, wem man wirklich vertrauen durfte und wem nicht. Jede neue Bekanntschaft konnte von der Stasi inszeniert sein. Jeder alte Bekannte, der plötzlich wieder auftauchte, konnte auf sie angesetzt sein. Und natürlich suchten die Ausreiseantragsteller Verbündete. Menschen, die ihnen zum Beispiel in juristischen Dingen halfen. Oder die einfach verstanden, wie sie sich fühlten in ihrer merkwürdigen Zwischenwelt.

Einmal im Jahr traf sich die Familie in Karlovy Vary in der ČSSR. Der Bruder von Christian Marusch war bereits 1983 mit seiner Frau und seinem Sohn in die Bundesrepublik ausgereist. Wollten sich alle sehen, ging das nur auf »neutralem« sozialistischen Boden. Kurz vor einer solchen Reise bat der Freund einer alten Schulkameradin von Evelyn Marusch, einen Brief mitzunehmen für einen Bekannten im Westen. Onkel Conny sollte ihn weiterleiten. Die Sache kam den Maruschs merkwürdig vor.

»Was war das für ein Brief?« fragt Anja. »Du wirst lachen, ich hab ihn nicht mal gelesen«, antwortet ihre Mutter. »Mein Mann sagte: ›Wir nehmen den mit, aber wir verstecken ihn.‹ Wir waren uns einig, dass das eine Falle war. Und tatsächlich wurden wir an der Grenze zur ČSSR so gefilzt wie noch nie zuvor. Die haben zwar nicht das Auto auseinandergenommen, aber unser Gepäck. Stück für Stück.« »Oh, ja, daran hab ich schöne Erinnerungen«, sagt Anja. »Was hat Papa gesagt? Sogar den Rasierspiegel haben die aufgeschraubt, weil sie gedacht haben, zwischen den beiden Spiegeln liegt was.« »Aber mein Mann, klug wie er war, hatte den Brief in einem hohlen Holm vom Auto versteckt. Wenn die den entdeckt hätten, hätten sie uns drankriegen können. Aber sie haben ihn nicht gefunden. Wir hatten nur Schallplatten von Frank Schöbel dabei.« Evelyn lacht. »Wir mussten ja irgendwas mitbringen.«

Im Laufe der Zeit schärften sich die Sinne der Maruschs. Und sie lebten mit einer traurigen Gewissheit: lieber einmal mehr misstrauen als einmal zu wenig. Auch diesmal sollte sich das bewahrheiten. Der Brief war ihnen tatsächlich von der Stasi untergeschoben worden. Viele der seltsamen und befremdlichen Geschichten wie die mit dem Brief fanden sie später in ihren Stasi-Akten wieder.

Zwischen Antragstellung und Ausreise konnten viele Jahre liegen. Jahre voller Angst und Verzweiflung, Wut und Paranoia. Die Maruschs sind sich sicher, dass ihre Radeberger Wohnung in dieser Zeit mehrfach durchsucht wurde, wenn niemand zu Hause war. Nie fehlte etwas, aber es blieb das Gefühl, beschmutzt worden zu sein. Doch manchmal gab es auch skurrile Situationen. So wie die Sache mit dem Computer. Onkel Conny hatte aus dem Westen einen Computer nach Radeberg geschickt.

»Du glaubst es nicht! Einen Commodore 64, C 64, oder wie das Ding hieß. Ich kann bis heute nicht verstehen, dass die das durchgelassen haben, dieses Westpaket. Mein Vater, mein Bruder und ich haben uns nächtelang hingesetzt und haben uns Snake selber programmiert und Pac-Man.« Ein Heimcomputer war im Osten Goldstaub.

Anja: »Sonst haben sie uns jeden Scheiß aus den Paketen rausgeholt. Jede *Bravo* war ein Riesenproblem. Aber den Computer haben sie dringelassen. Das verstehe ich bis heute nicht. Vielleicht wussten sie ja nicht, was es ist.« Anja lacht. »Da saßen wir dann also im Wohnzimmer mit unserem ollen Robotron-Fernseher und haben Pac-Man gespielt. Da kamen besonders gerne Jungs zu uns zum Spielen. So viel zum Thema Ausgrenzung. Die wären ja auch schön blöd gewesen, wenn sie sich das hätten entgehen lassen.«

Dass bei den Maruschs oft volles Haus war, sah die Stasi garantiert nicht gern. Die Wartezeit auf die Ausreise sollte hart und quälend und vor allem eines sein: abschreckend. Der Ausschluss aus Gemeinschaften wie Sport-, Kultur- und Kunstvereinen sollte zusätzlich zermürben. Den Kindern von Ausreisewilligen erging es nicht anders als ihren Eltern. Sie sollten spüren, dass sie nicht mehr dazugehören. Außenseiter, gar Verräter sind. Andererseits wurden immer wieder Versuche unternommen, sie doch noch vom real existierenden Sozialismus zu überzeugen.

An die letzten Sommerferien vor der Ausreise kann sich Anja Marusch noch gut erinnern: »In diesem Sommer waren sie in der Schule der Meinung, sie müssten mich ins Pionierlager schicken! Vielleicht dachten die: ›Ein bisschen Rotlichtbestrahlung für Anja kann nicht schaden.‹« Eigentlich wurden damit Kinder ausgezeichnet, die sich besonders vorbildlich in der Pioniergruppe engagierten. Während die Kinderferienlager der Betriebe nicht an irgendwelche Leistungen gebunden und weit weniger ideologisch ausgerichtet waren, stand in den Pionierlagern die sozialistische Erziehung im Vordergrund.

»Meine Eltern haben es merkwürdigerweise nicht verboten. Ich fuhr also ins Zentrale Pionierlager ›Klement Gottwald‹ in Papstdorf in der Sächsischen Schweiz. Es lag abgeschirmt im Wald und war durch einen Zaun geteilt. Zuerst dachten wir, auf der anderen Seite, das seien Ungarn. Irgendwann haben wir mitgekriegt, dass das westdeutsche Kinder waren! Wer bitte hat denn seine Kinder in den Osten geschickt? Jedenfalls, als wir das dann mitgekriegt haben, war Halligalli. Die hatten coole Schuhe, Uhren, Musik, Kaugummis. Ich hatte mein Ziel praktisch direkt vor Augen. Also, wenn mich das Pionierlager bekehren sollte, dann ging das definitiv nach hinten los.«

Je länger die Antragsteller auf ihre Ausreise warteten, desto mehr rückten Familie, enge Freunde und Bekannte mit ähnlichem Schicksal zusammen. »Es gab einige in der Firma, die auch einen Ausreiseantrag gestellt hatten, und mit denen hat man sich so ein bisschen zusammengerottet«, erzählt Evelyn Marusch. »Wir hatten im Prinzip

Anja Marusch und ihre Mutter, 2019 (Foto: Beate Bossdorf)

Narrenfreiheit, und das haben wir auch ausgenutzt. Wir sind zu spät gekommen, haben Pausen überzogen und uns als Grüppchen demonstrativ mitten in den Hof gestellt. Wenn sie uns angezählt hätten, dann hätten wir gesagt: ›Lasst uns raus, dann habt ihr die Scherereien nicht! Lasst uns gehen!‹«

Tochter Anja provozierte am liebsten im Staatsbürgerkunde-Unterricht. Hier wurde versucht, die Schüler zu bewussten Mitgliedern der sozialistischen Gesellschaft zu erziehen. Anja stellte kritische Fragen und sorgte für Lacher. Die Lehrerin war schwer genervt und rächte sich auf ihre Weise: Anja bekam immer eine Eins in »Stabü«. Das war ihr schrecklich peinlich.

Doch das pubertierende Mädchen hatte noch ein anderes Problem. Anja war hübsch und lebenslustig, und als sie sich das erste Mal verliebte, war ihre größte Angst, dass sie wegen eines Jungen am Ende vielleicht gar nicht mehr wegwill. Und dass sie dadurch die Ausreise gefährden könnte. Also ließ sie niemanden wirklich an sich heran. Denn so jung Anja damals auch war, sie wusste: Jeder Einzelne in der Familie trug Verantwortung für die anderen und ihren gemeinsamen Traum von einem Leben im Westen.

Alles in allem hätte es Familie Marusch schlimmer treffen können. Die Eltern behielten ihre Arbeit und ihre Wohnung. Die Kinder, insbesondere Anja, ließen sich nicht unterkriegen und behielten den Kopf oben. Knapp anderthalb Jahre vor dem Mauerfall, nach drei langen Jahren Wartezeit, kam im Juli 1988 endlich der ersehnte Brief mit der Ausreisegenehmigung. Der Neustart im Westen gelang ohne größere Komplikationen, auch dank der Unterstützung von Onkel Conny.

Anja Maruschs Vater Christian ist mittlerweile gestorben. Mutter Evelyn, Bruder Sandro und Anja leben bis heute mit ihren Familien im Westteil von Berlin. Anja Marusch weiß nicht, ob sie sich trauen würde, mit ihrem Mann und ihren beiden Söhnen auf eine so gefährliche Reise zu gehen, wie es ihre Eltern damals taten. Sie ist ihren Eltern immer noch dankbar dafür, dass sie damals diesen Mut aufbrachten. Und sie kann jeden verstehen, der bereit ist, alle Brücken hinter sich abzureißen und in ein unbekanntes, vermeintlich besseres Leben aufzubrechen.

Katrin Fiedler

»Wir haben immer die Grenzen ausgetestet«

Der Dresdner Student Peter Pilz stellte 1985 einen Ausreiseantrag und flog von der Uni.

Drei Freunde, die unzertrennlich schienen, feiern Silvester 2018 nach mehr als 30 Jahren wieder zusammen. Während einer von ihnen im Sommer 1987 die DDR verließ, blieben die anderen beiden in der DDR. Sie hatten keine Lust auf Bitterkeit und Abschiedsschmerz.

Es ist Silvester, die Zeit vor Mitternacht – Geisterstunde. Wir sitzen zusammen, drei alte Freunde, und warten auf die Zukunft. Die Vergangenheit perlt in unseren Köpfen wie der Champagner in unseren Gläsern. In den 1980ern nahmen wir uns nicht die Zeit zum Warten. Wir lebten drauflos: wild und fantasievoll. Soll mal jemand sagen, dass wir unfrei waren. Und dennoch, etwas fehlte. Etwas ließ die Menschen hadern. Immer mehr kehrten ihrer Heimat den Rücken. Auch mein Freund Peter. Er stellte 1985 einen Antrag, um die DDR zu verlassen.

Wir sitzen also zusammen, die Uhr tickt die Geisterstunde weg, und wir fragen uns: »Warum wollten damals so viele weg?« »Weil es wie ein Grind war«, erinnert sich Olaf. »Manchmal hat er mächtig gejuckt. Dann wurde gekratzt, bis das Blut kam.« Olaf ist der Dritte im Bunde. Er blieb hier, genau wie ich. Nur Peter ging – wie viele andere auch. Damals, vor mehr als 30 Jahren.

Hatte das alles mit politischem Bewusstsein zu tun? Wir strengen unser kollektives Gedächtnis an und einigen uns auf den kleinsten gemeinsamen Nenner: Es war unsere Jugend. Und wer jung ist, liebt das Risiko – Kopf oder Zahl, Top oder Flop.

Was zum Beispiel dachte wohl der 15-jährige Peter, als er im Herbst 1978 mit seinem Schulkumpel über die damalige Dr.-Rudolf-Friedrichs-Brücke radelte? Die Dresdner Elbbrücke war an diesem Tag für einen Konvoi gesperrt. Ganz Dresden sollte den Kosmonauten Sigmund Jähn, »unseren Helden aus Morgenröthe-Rautenkranz«, mit Hurra-Rufen und »Winkelementen« begrüßen. Als Tandemduo rasten Peter und sein Kumpel mit Deutschlandwimpel am Vorderrad über die heutige Carolabrücke. Sie strampelten sich bis auf wenige Armlängen in den Orbit des ersten Deutschen im All. »Wir haben staatsmännisch gegrüßt, und das Publikum johlte und grüßte zurück«, sagt Peter heute und feixt. In diesem Moment sehe ich das unbedarfte Lachen eines pubertären Jungen. Die Kerle fanden es lustig, bis sie am Ende der Brücke von Stasi-Mitarbeitern abgefangen wurden. »Aber wir waren die Helden«, schwärmt Peter, »und wir kamen im Westfernsehen.« Wochenlang wurde über »Siggi«, unseren Kosmonauten, gesprochen. Alle Schüler, auch Peter und sein Kumpel, hörten im Musikunterricht der Schule die anlässlich dieses großen Ereignisses produzierte Schallplatte *Die Erde dreht sich linksherum*. Da war sie wieder, diese Staatsräson. Sie erzeugte Reibung und stachelte Gedanken an. Auch Peters.

Was man dachte, das wurde im Freundeskreis ausdiskutiert. Voller Idealismus und Leidenschaft stritten wir. So war es auch, als es um das Erinnern an den angloamerikanischen Bombenangriff auf Dresden vom 13. Februar 1945 ging. Was ist richtig? Was ist falsch? Eine offizielle Gedenkveranstaltung gab es damals nicht. Das war uns zu unpazifistisch. Auf eigene Faust verteilten im Herbst 1980 zwei Jugendliche der Gruppe selbst vervielfältigte Handzettel mit einer Einladung zum stillen Gedenken vor der Ruine der Frauenkirche. »Eigentlich war die Aktion nur im Freundeskreis geplant, aber es sprach sich wie ein Lauffeuer herum«, wundert Peter sich noch heute. Das blieb der Stasi nicht lange verborgen. Um die Kontrolle nicht komplett zu verlieren, initiierten die Verantwortlichen für Ordnung und Sicherheit zusammen mit Kirchenvertretern eine Gedenk- und Diskussionsveranstaltung. Die fand in der Kreuzkirche im Zentrum Dresdens statt. Die Menschen sollten von der Straße geholt werden. Doch es kam anders. »Am 13. Februar 1981 strömten so viele Menschen in die Kreuzkirche, dass sie bis auf den letzten Stehplatz gefüllt war«, erzählt Peter. Die evangelische Hauptkirche Dresdens hat mehr als 3000 Sitzplätze und ist der größte Kirchenbau Sachsens. »Man schätzte, dass damals etwa 5000 Menschen drin waren. Es kamen so viele, dass noch Tausende draußen standen und den Altmarkt komplett füllten«, erinnert sich Peter. Im Anschluss an die offiziell »geschlossene kirchliche Veranstaltung« spazierten die Menschen mit Kerzen in den Händen schweigend zur Frauenkirche. Für die Staatsorgane ein schwer zu kontrollierender Zustand. »Vorsorglich war die Stadt für Besucher abgeriegelt worden. Bewaffnete Einheiten überwachten die wichtigen Zufahrten nach Dresden. Internationales Fernsehen war in der Stadt«, erzählt Peter.

Während es draußen brodelte, wurde in der Kirche über das Thema »Schwerter zu Pflugscharen« diskutiert. Die Kirche fungierte als Mittler. Viele Pfarrer balancierten auf schmalen Pfaden. Und Peter war fortan ein Teil groß angelegter Observierungspläne des Ministeriums für Staatssicherheit. Er sei »der Kopf einer negativ-pazifistischen Organisation in Dresden«, las er später in seiner Stasi-Akte. Heute sagt er: »Das war völlig überbewertet, aber diese spontane Frauenkirchen-Aktion begleitete mich bis zur Ausreise.«

Eine Aussage, die unseren gemeinsamen Freund Olaf in der Silvesternacht 2018 / 19 nachdenklich stimmt. Wie war es bei ihm?

»Ich komme vom Dorf«, sagt er. Dort ging es ruhig und angepasst zu. Erst als er als Keramformer in der Sächsischen Porzellanmanufaktur Dresden in Freital arbeitete, wurde sein Leben turbulenter. Fortan stand für ihn die Kunst im Mittelpunkt, und die Freitaler »Porzellanclique«, zu der Peter gehörte – und Gabi, eine junge Gestalterin. Man traf sich auf Feten und fantasierte über neue Kunstprojekte. Peter verliebte sich in Gabi. Doch bevor die Beziehung zu ihr richtig in Fahrt kam, musste er zur Armee. Dann passierte es. Olaf erinnert sich: »Eines Tages auf Arbeit stand Gabi kreideweiß in der Tür und sagte ›Ich habe die Ausreise bekommen.‹ Mir blieb die Luft weg.« Die »Porzellanclique« fragte sich: »Was machen wir jetzt?« Olaf weiß noch, dass er gleich eine lakonische Antwort parat hatte: »Für immer und ewig Tschüss sagen!«

Erst Tage später erfuhr auch Peter davon – in der Kaserne. Während seine Jugendliebe die Republik verließ, schob er seinen Dienst bei der Nationalen Volksarmee (NVA). Auf einem Truppenübungsplatz bei Dauban in der Lausitz bewachte er eine Schranke mitten im Wald und hatte viel Zeit zum Lesen und Schreiben. Dort, wo sich kurz nach der politischen Wende die ersten Wölfe Deutschlands wieder ansiedelten. Die Liebste schrieb fleißig aus dem Westen. Adressiert an seine Eltern, wurden die Briefe von Peters Schwester umgepackt und in die Kaserne versandt. Das war schlau und funktionierte. Bis sie im November 1984 eine Briefmarke mit dem Motiv »Die Torwache« von dem niederländischen Maler Carel Fabritius aufs Kuvert klebte. Auf dem Gemälde schläft ein Wachsoldat – eine Provokation, die den Politoffizier der Kompanie veranlasste, das Siegel zu brechen. Der »Westbrief« wurde entdeckt. »Feindkontakt mit Verdacht auf Geheimnisverrat« lautete die Anklage gegen den jungen Soldaten. Ab ging's nach Löbau in die Arrestzelle – eine vergleichsweise milde Strafe, die der Kompanieführung den Titel »Beste Kompanie« nicht verdarb. Bei nächtlichen Minusgraden pfiff es durch die kaputten Scheiben, 14 lange Tage. »Ach, ich hatte meine Ruhe und schrieb Gedichte an die Wand«, erinnert sich Peter fatalistisch. Er wurde in Unehren aus der NVA entlassen und ging als ausgebildeter Bauzeichner und Abiturient der Arbeiter-und-Bauern-Fakultät Freiberg zum Studium an die Technische Universität Dresden. Peter studierte ab September 1985 Bauingenieurwesen und dachte an Gabi. Während der Rektor den unrühmlichen Armee-Abgang nach einem ernsthaften Gespräch im Rektorat gerade noch tolerierte, exmatrikulierte er Peter einige Monate später. Der Grund: sein Antrag auf Eheschließung mit anschließender Übersiedlung in die Bundesrepublik.

Noch immer perlt der Champagner mit unseren Gedanken um die Wette, und wir sind tief in die vergangenen Zeiten abgetaucht, lachen viel. Aber manchmal wird das Lachen von einem hilflosen Schulterzucken begleitet. Verdammt lang her, die Jugend. Und auch ein wenig schmerzhaft, weil sie voller Brüche und Abschiede war. Ich frage Olaf: »Was hast du gedacht, als unser Freund ging?« Er antwortet trocken: »Wieder einer. Und: Wohin wird das noch führen?« Peter hängt seinen Gedanken nach, und ich erinnere mich: Im Zehnfingersystem tippte ich Ende 1985 seinen Antrag auf Eheschließung auf der Schreibmaschine. Die Typenhebel schnellten in die Höhe und schlugen wie kleine Mahnungen auf. Buchstabe für Buchstabe donnerte aufs Papier. »Tschüss«, dachte ich damals wehmütig. »Top oder Flop«, muss er kalkuliert haben. Die Schreibmaschine übrigens stand in unserer Stube, Seite an Seite mit Möbeln vom Sperrmüll, alte runde Sessel, bedeckt mit weißen Baumwolllaken. Selbst gebaute Regale neigten sich unter der Last der vielen Bücher. Bohemian Style würde man das heute nennen. Mit Literatur, Musikinstrumenten und verrücktem Leben gefüllte Räume waren in unseren Kreisen Standard. Fast so wie die obligate Schrankwand und die vorgefertigte Sanitärzelle im Plattenbau WBS 70.

Peters Antrag auf Eheschließung wurde Mitte 1986 ohne Begründung abgelehnt. »Die Stasi gab mir jedoch den Hinweis, dass ein Antrag auf ständige Ausreise aus der DDR ohne Eheschließung erfolgreicher sein werde«, erzählt er. Deshalb ging ein solcher Antrag von ihm kurze Zeit später in die Post. Von jetzt an tickte die Uhr. Niemand wusste, wie viel Zeit ihm in der DDR noch blieb. Wochen? Monate? Egal! Wir rückten noch enger zusammen, dachten uns »Jetzt erst recht« und blieben kreativ.

»Wisst ihr noch, wie wir Musik gemacht haben?«, fragt Olaf fröhlich in die Runde. »Klar, wir haben den Turmbau zu Babel vertont«, erinnert sich Peter, und ich nicke. Ein »Auftrag« seiner Freundin Gabi, die mittlerweile Gestaltung in Offenbach studierte. Sie bereitete ein Referat zum Thema Vielstimmigkeit vor, über das Sprachengewirr wie beim Turmbau zu Babel. »Wir improvisierten auf alten Instrumenten und wollten eine Polyphonie erzeugen«, weiß Peter noch und grinst. Und Olaf: »Ich habe es noch auf Spulenbändern, aufgenommen mit dem Tonbandgerät ZK 120.« Am Ende, erinnere ich mich, gab es sie wieder, die Leidenschaft an der Debatte. Doch anders als beim Turmbau zu Babel versuchten wir meistens die Sprache unserer Gegenüber zu verstehen. Heraus kamen die kreativsten Ideen und Projekte wie etwa Arbeiten für die Dresdner Künstlerzeitschrift *usw.* Unangepasst, bestückt mit originalen Grafiken und Fotografien, Einlassungen und Gedichten, die ich auf unserer alten Schreibmaschine tippte. Insgesamt 18 Durchschläge, 18 Blaupapiere, in Etappen abgearbeitet – wieder war eine neue *usw.* fertig. Es war einzigartig, was unsere kleine Gruppe Mitte der 1980er rund um den Künstler Michael Brendel herausgab. »Immer 19 Exemplare«, sagt Olaf, »denn ab 20 waren Veröffentlichungen anmeldepflichtig.« Heute findet man die Unikate mit ihren künstlerischen Beigaben im Internet. Auf Auktionen werden sie mit Schätzpreisen ab 1500 Euro eingestuft. Und man findet sie in der Grafiksammlung der Sächsischen Landesbibliothek – ein Stück archiviertes Leben. Unser Leben.

Wir haben Ernst Jandls Lautgedichte für uns entdeckt und Konrad Bayer, der mit seiner avantgardistischen Literatur provozierte. Das inspirierte uns. »Wir haben musikalisch-literarische Programme entworfen und aufgeführt«, erinnert sich Olaf. Sogar eine absurde Oper war dabei. »Es war unsere Ausdrucksform, und wir wollten einfach nur loslegen, etwas anderes machen«, beschreibt er. Ich frage: »War es politisch?« »Aber ja«, sagt Olaf tief überzeugt. Peter ergänzt: »Wir haben immer die Grenzen ausgetestet.« Und ich überlege: Macht das nicht die Jugend aus? Top oder Flop?

Peter schrieb weiter aus dem Osten an Gabi – und Gedichte. Olaf zog von Freital nach Dresden, näher ran ans künstlerische Geschehen. Peter zog von Dresden nach Freital, in die graue Stahlwerkerstadt. Es begannen die letzten Monate seines DDR-Lebens. Von der Uni »geext«, wie wir damals sagten, übernahm er die Wohnung einer ausgereisten Freundin, samt Möbeln – schräg gegenüber der Gaststätte »Zum Goldenen Löwen«, die es heute noch gibt. »Mir wurde eine Arbeit in dem Gasthaus zugewiesen. Heizer in der Nachtschicht«, erzählt er. Später kam ein Freund dazu und arbeitete als Klomann. Ein Gastraum, ein großer Saal mit Bühne – die Arbeiterklasse feierte ausgelassen. Für die Jungs lief es finanziell gut. Der »Goldene Löwe« in Freital war für Peter und seinen Kumpel eine Art Arche Noah. »Dort habe ich mich ziemlich wohlgefühlt«, sagt er heute. Geteiltes Leid war halbes Leid. Der »Löwe« war ein Sammelbecken für gestrandete Existenzen, hier gehörten die Nächte den Verrückten. »Bummi« zum Beispiel, tagsüber Streckenwärter bei der Deutschen Reichsbahn, stand nachts im »Löwen« am Zapfhahn. Und wenn hier Schluss war, zog er weiter in »De Viere« im Deubener Bahnhof. »Das war die Kneipe mit dem höchsten Bier-pro-Mann-Verbrauch in der gesamten DDR, hieß es. Sie hatte bis sechs Uhr morgens geöffnet, 23 Stunden am Tag. Keine Ahnung, wie Bummi das durchgehalten hat«, staunt Peter heute noch.

Peter hielt damals ein Ferkel im Kohlenkeller des »Goldenen Löwen«. Für 20 Mark hatte er das Tier bei einer landwirtschaftlichen Produktionsgenossenschaft (LPG) ergattert und fütterte es nun mit Kneipenabfällen. Kohlrabenschwarz war das Ferkelchen im Kohlenstaub, liebenswert und frech. Gegen eine Flasche Schnaps ließ Peter es für den 30. April schlachten. Denn mit einem Ferkel am Spieß, Olaf und vielen anderen Freunden feierten wir jedes Jahr im Garten der Eltern Walpurgisnacht. Ein »Hoch die Tassen« auf das Leben. Auf unser Leben.

Und dann war plötzlich Schluss – an einem launigen Sommertag im Juli 1987. Peter verließ die DDR. Den Tag seiner Ausreise beschreibt er so: »Ich wurde früh zur Stasi bestellt, gab meine DDR-Dokumente ab, unterschrieb Papiere und bestätigte, dass ich sämtliches Erbe ausschlagen und alle Ansprüche abtreten würde.« Wie gut, dass er vorher schon vieles verschenkt hatte. Seine alte Mandoline etwa. Die übergab er seinem Freund Olaf.

Hab und Gut aufgeteilt, ging Peter noch am selben Abend im Juli 1987 mit zwei Koffern zum Bahnhof Dresden-Neustadt. »Viele Freunde waren gekommen. Sie schwenkten aus dem ›Goldenen Löwen‹ geklaute DDR- und Arbeiterfahnen, und ich fuhr mit dem Zug nach Gießen ins Auffanglager«, erzählt Peter. In der Bahn trank er mit Grenzsoldaten, die am Ende ihres Urlaubs zurück in die Kaserne fuhren, reichlich Schnaps. Als der Zug die Grenze passierte, blickte der damals 23-Jährige aus dem Türfenster des letzten Waggons zurück und fotografierte die Schienen. Der Zug nahm Fahrt auf, und in der Ferne formten sie sich zu einer unscharfen Linie. Ein Schwarz-Weiß-Foto davon gibt es immer noch – eine verschwommene Aufnahme von der langen, riskanten Reise.

Als Peter ausreiste, war Olaf 28. Er sagt: »Plötzlich war er weg. Irgendwann kam ein Brief aus West-Berlin.« Der Kontakt hielt. Unsere kleine Gruppe fuhr regelmäßig nach Prag. Ein tschechischer Maler

Peter Pilz neben der Büste der Kosmonauten Waleri Bukowski und Sigmund Jähn in Potsdam, 2019 (Foto: Thomas Wiersberg)

überließ uns sein in die Jahre gekommenes Gartenhäuschen am Rand der Stadt. Ein wunderbarer Ort für Gelage und Gespräche. Im Anschluss fuhr Peter wieder in den Westen, wir in die DDR.

Im Februar 1989 durfte Olaf zum 65. Geburtstag seines Onkels reisen. »Ich konnte es erst glauben, als ich das DB-Symbol am Bahnhof sah und westlichen Boden betrat«, erzählt er. Kurz ließ er den Onkel hochleben, dann stand Peter mit seinem alten Golf vor der Tür. »Wir klapperten unsere ausgereisten Freunde ab: Wolfsburg, Korbach, Marburg und Köln. Erst litt ich an Reizüberflutung, dann kam die Ernüchterung. Nach einer Woche saß ich mit hennarot gefärbten Haaren im Interzonenzug und sagte mir: ›Es ist nicht alles Gold, was glänzt.‹ Die Frage ›Bleiben oder gehen?‹ hatte sich für mich nach dieser Fahrt erledigt. Plötzlich fand ich mein Leben im Osten weitaus interessanter und aufregender«, sagt er heute.

Draußen leuchtet der Nachthimmel. Wir begrüßen ein neues Jahr und stoßen auf unsere alte Freundschaft an.

Peter Pilz ging 1987 von Gießen nach West-Berlin und studierte an der Freien Universität Geologie und Paläontologie. Seine Jugendliebe blieb in Hessen. Er lebt heute mit Frau und Sohn in Potsdam und arbeitet als Wissenschaftler am Helmholtz-Zentrum Potsdam. Sein Arbeitsweg zum Potsdamer Telegrafenberg führt ihn an der Büste von Sigmund Jähn vorbei.
Olaf Stoy gründete ein Atelier für Kunst und Gestaltung mit angeschlossener Galerie. Er arbeitet als Porzellanplastiker, ist Medailleur und Autor von Prosa und Lyrik – in Freital.

Stefan Locke

»Wir haben alles richtig gemacht«

Familie Lässig aus Saalfeld wartete fast drei Jahre, bis die SED im Mai 1989 endlich ihre Ausreise genehmigte.

Den Entschluss, ihre Heimat zu verlassen, hatte sich die Familie alles andere als leicht gemacht. Um Geld oder materielle Dinge ging es ihr nicht. Am Ende war es einfach das Ergebnis aus Rückschlägen, enttäuschten Erwartungen und zunehmender Hoffnungslosigkeit.

Am 8. September 1988 erscheinen am frühen Nachmittag zwei Kriminalpolizisten unvermittelt auf Gundhardt Lässigs Arbeitsstelle in Saalfeld und fordern ihn auf, »zur Klärung eines Sachverhalts« mitzukommen. Sie zwängen ihn auf den Rücksitz eines Wartburgs und fahren mit ihm aufs Volkspolizei-Kreisamt, wo sie Lässig, nachdem er die Taschen seines Arbeitsanzugs geleert hat, in eine fensterlose Zelle stecken. Die Stahltür und das Eisengitter davor fallen krachend ins Schloss, und fünf Minuten später dröhnt aus einem in die Wand eingelassenen Lautsprecher etwa 40 Minuten lang Marschmusik. »Eine Erklärung, weshalb ich dort eingesperrt wurde, erhielt ich nicht«, wird Lässig vier Tage später in einer Eingabe »An den Staatsratsvorsitzenden der DDR, Herrn Erich Honecker, Marx-Engels-Platz, 1020 Berlin« schreiben, in der er das Verhalten als Verstoß gegen die Menschenrechte und die Verfassung der DDR anprangert. »Durch diese Aktion sollte ich wahrscheinlich psychologisch eingeschüchtert werden«, liest er vor. »Ich empfand es als eine unerträgliche Belästigung und einen groben Verstoß gegen die Würde und Freiheit meiner Person.«

Gundhardt Lässig blickt von einem blauen Aktenordner auf und setzt die Brille ab. »Eine Antwort habe ich natürlich nie erhalten«, sagt er und blättert durch das Konvolut an Schreibmaschinendurchschlägen, die er sortiert in Klarsichtfolien aufbewahrt. »Ein Zeitdokument der Geschichte einer Antragstellerfamilie«, steht in Großbuchstaben auf dem Deckblatt, darunter das Inhaltsverzeichnis, der Ausreiseantrag samt Begründung sowie Dutzende Briefe. »Ich habe praktisch an alle geschrieben«, sagt Lässig: an Willi Stoph, den Vorsitzenden des Ministerrats, an Innenminister Friedrich Dickel, an den DDR-Generalstaatsanwalt, den Staatsrat, an die Abteilung Inneres des Rates des Kreises Saalfeld, an den Thüringer Landesbischof Werner Leich, an Rechtsanwalt Wolfgang Vogel und immer wieder an Erich Honecker. 20 Mal habe er an den Staatsratsvorsitzenden persönlich geschrieben, auch über den Fortgang der Ereignisse an jenem Septembertag.

Im Anschluss an die Musikbeschallung lieferten die Polizisten Lässig in der MfS-Kreisdienststelle ab, wo ihn ein Mitarbeiter nach etwa 30 Minuten Warten erstmals ansprach. »Erst jetzt stellte es sich heraus, dass es sich um eine sogenannte Belehrung handelt«, notierte Lässig. »Diese Belehrung, ich empfand sie als Bedrohung, bezog sich in der Hauptsache auf die Teilnahme meiner Person und meiner ganzen Familie am ökumenischen Friedensgebet.« Die Teilnehmer, fast alle Ausreiseantragsteller, hätten damit versucht, staatliche Stellen zu erpressen, und die Ordnung und Sicherheit der Stadt Saalfeld gefährdet, habe der Mitarbeiter erläutert. »Diese Feststellung konnte ich nicht bestätigen«, schrieb Lässig weiter. »Ich habe mich dagegen verwahrt, daß die Teilnahme an kirchlichen Veranstaltungen vorkriminalisiert wird.« Er lehnte es ab, das Protokoll der »Belehrung« zu unterzeichnen, weil ihm keine Kopie ausgehändigt wurde. Dann durfte er dennoch gehen.

Ähnliche Aktionen kannte Gundhardt Lässig, seit er mit seiner Familie knapp zwei Jahre zuvor die Ausreise beantragt hatte. Von Freunden und Bekannten wussten sie, dass die Genehmigung bisweilen dauern konnte, aber sie rechneten damit, binnen Jahresfrist »drüben« zu sein. Weil es dazu nicht kam, haute Gundhardt Lässig in die Tasten seiner Erika-Schreibmaschine und verfasste Briefe. »Ich konnte nicht einfach rumsitzen«, erzählt er 30 Jahre später in seinem Wohnzimmer in Herbstein, einer kleinen Gemeinde bei Fulda. »Ich musste was tun.« Auf dem Tisch hat er Unterlagen ausgebreitet, Akten, Urkunden, Ausweise, Bescheinigungen – Puzzleteile einer längst vergangenen Bürokratie. »Ich habe schon häufig Angst gehabt um ihn«, sagt Margitta Lässig und schickt ein besorgtes Lächeln hinüber zu ihrem Mann. »Ich hab's oft drauf angelegt, ich habe provoziert«, entgegnet er. »Aber sie haben mich nie weggesperrt.« Seine Frau seufzt erleichtert. Wäre vielleicht alles schneller gegangen, wenn er sich einfach ruhig verhalten hätte? »Kann möglich sein«, sagt Gundhardt Lässig, »genauso gut aber auch nicht. Wer weiß das schon?« Es sei ja alles gut gegangen, sagt Margitta Lässig. »Wir bereuen nichts.« Nein, sagt auch ihr Mann. »Wir würden es genau so wieder tun.«

Den Entschluss, ihre Heimat zu verlassen, hat sich die Familie alles andere als leicht gemacht. »Wir haben wirklich sehr lange mit uns gerungen«, erzählt Gundhardt Lässig. Am Geld oder materiellen Dingen habe es nicht gelegen, beteuert er. »Wir hatten in der DDR alles.« Das Ehepaar verdiente sehr gut; Margitta Lässig arbeitete als Exportleiterin in der Rotstern-Schokoladenfabrik, ihr Mann war Direktor des VEB Kohlehandel Gera. Sie betreute Kunden im NSW (nichtsozialistisches Wirtschaftsgebiet), da Rotstern vor allem für westdeutsche Süßwarenhersteller wie Obella in Frankfurt am Main oder Hitschler in Köln produzierte. In den Westen fahren durfte sie nicht, das erledigte der Betriebsdirektor persönlich; sie hingegen traf ihre Westkunden auf der

Messe in Leipzig oder in Ost-Berlin. Ihr Mann wiederum wurde in der Region »Kohlebaron« genannt; als Chef des Kohlehandels war er für die Versorgung der Kreise Rudolstadt, Saalfeld und Pößneck mit festen Brennstoffen zuständig und hatte bisweilen auch Holzkohle am Lager. »Das war Goldstaub«, sagt Lässig. Seine Kunden »bezahlten« dafür auch mal mit frischem Gemüse, Auto-Ersatzteilen oder Eintrittskarten.

Die Familie, zu der Sohn Daniel und die zehn Jahre jüngere Tochter Victoria gehörten, lebte in Saalfeld in einer großen Altbauwohnung mit Parkett, Flügeltüren, hohen Decken. In den Zimmern standen antike Möbel, an den Wänden hing moderne Kunst. Sie hatten sogar ein Telefon und zwei Autos, einen Lada 1600 und einen Trabant, sowie einen Wohnwagen, mit dem sie zwei Mal im Jahr in den Urlaub fuhren – an die Ostsee und an den Balaton oder an die bulgarische Schwarzmeerküste. »Für uns ging es immer nur vorwärts«, sagt Gundhardt Lässig. Den Eindruck hatte auch die Stasi, die völlig perplex war, als sie von dem Ausreiseantrag erfuhr. »Das ist doch ein Spaß, Herr Lässig«, sagte einer der drei Mitarbeiter, die ihn umgehend in seinem Büro besuchten. »Sie haben doch alles! Wo fehlt es denn?«, löcherten sie ihn. »Was wollen Sie? Was können wir tun?« Aber Lässig schüttelte nur den Kopf. Sein Entschluss sei unumstößlich, erwiderte er. »Nichts können Sie tun, gar nichts.«

Lässigs waren damals Ende 30, sie hatten geackert, sich etwas aufgebaut und immer gehofft, dass sich die Verhältnisse in der DDR zum Besseren wendeten. Immer wieder habe es Hoffnungsschimmer gegeben, sagt Gundhardt Lässig. »In den 1970er-Jahren hatten wir das Gefühl, dass man in der DDR noch was bewegen kann.« Der Wechsel von Walter Ulbricht zu Erich Honecker zum Beispiel, der die Zügel zunächst lockerte, nur um sie kurz darauf mit der Ausbürgerung Wolf Biermanns umso fester anzuziehen. Oder 1975 die KSZE-Schlussakte von Helsinki, die auch die DDR unterzeichnete und sich damit vor aller

Welt zu grundlegenden Freiheitsrechten bekannte. Doch daheim hielt sich die SED-Führung nicht daran, im Gegenteil. Zugleich versuchte die Partei, immer mehr Menschen, auch die Lässigs, von einer Mitgliedschaft zu überzeugen. »Es war ein permanenter Druck«, erzählt Margitta Lässig.

Anfang der 1980er-Jahre verfiel die DDR in eine Lethargie, die Gesellschaft erstarrte. »Nichts ging mehr voran«, sagt Gundhardt Lässig. Der Verfall war besonders in den Betrieben unübersehbar: Das Parteibuch zählte mehr als Qualifikation, SED-Kollegen wurden bevorzugt, auch wenn sie keine Ahnung hatten, die Bürokratie lähmte das Leben. Sohn Daniel wiederum geriet in der Schule unter Druck, weil er an der Konfirmation teilnahm und sich nicht zu drei Jahren Wehrdienst als Voraussetzung für Abitur und Studium verpflichten wollte. Immer mehr Freunde und Bekannte verließen das Land auf Nimmerwiedersehen, auch ihr Urlaubsbekanntenkreis auf dem Campingplatz in Prerow wurde von Jahr zu Jahr kleiner. Sollen wir auch gehen?, fragten sich Lässigs immer häufiger.

»Wir haben uns lange eingeredet, dass es besser werden wird«, sagt Gundhardt Lässig. Ab Anfang der 1980er-Jahre dachten sie darüber nach, einen Ausreiseantrag zu stellen. Sie formulierten ein Schreiben – und legten es beiseite. Gehen oder bleiben? Was ist der richtige Weg? Die Heimat verlassen, noch mal ganz neu anfangen? Wie lange noch warten? Sie diskutierten, lagen nachts wach, quälten sich mit der Frage, was das Beste für die Familie sei. So ging das Jahr um Jahr, bis schließlich nichts mehr ging. Am 23. November 1986, einem Sonntag, gingen sie gemeinsam mit den Kindern zum Briefkasten an der Post und warfen den Antrag ein, adressiert an den »Rat des Kreises, Abt. Inneres, 6800 Saalfeld«. Es habe keinen besonderen Anlass gegeben, der das Fass zum Überlaufen brachte, sagen Lässigs. Es war einfach das Ergebnis aus Zeit, Erwartungen und fortwährenden Enttäuschungen.

Auf ein A4-Blatt hatte Gundhardt Lässig »Antrag auf Entlassung aus der Staatsbürgerschaft der Deutschen Demokratischen Republik« getippt. Es folgten die Namen und Geburtsdaten von ihm, seiner Frau und den beiden Kindern. »Wir möchten nicht länger in einem Land leben, in dem unsere persönliche Freiheit eingeschränkt wird«, begründete er den Entschluss. »Auf Grund immer wiederkehrender seelischer und moralischer Konflikte stellen wir den Antrag auf Aberkennung der Staatsbürgerschaft der Deutschen Demokratischen Republik und Übersiedlung in die Bundesrepublik Deutschland.« Im letzten Absatz berief er sich auf die Konferenz von Helsinki sowie auf das Staatsbürgerschaftsgesetz und die Verfassung der DDR und schloss mit dem Satz: »Wir bitten um Bearbeitung unseres Antrags.«

Als sie es endlich hinter sich hatten, waren sie angespannt, aber auch sehr erleichtert. Sie hatten, so dachten sie jedenfalls, alles geplant. »Wir wussten genau, was ab Montag auf uns zukommt«, sagt Gundhardt Lässig. Ihren Sohn Daniel, damals 14 Jahre alt, hatten sie darauf vorbereitet, dass es in der Schule noch schwieriger werden würde. »Er wusste, dass er die EOS abhaken kann«, sagt Lässig. Dass es am Ende fast drei Jahre dauern sollte, bis die SED sie gehen lassen würde, ahnten sie an diesem Abend nicht.

Am Montagmorgen kam erst mal alles so, wie sie es erwartet hatten. Als Gundhardt Lässig auf Arbeit auftauchte, begrüßte ihn die Sekretärin mit dem Satz: »Da sind drei Herren, die Sie sprechen wollen.« Sie saßen bereits in seinem Büro. Als sie merkten, dass weder Schmeichelei noch Drohungen weiterführten, musste Lässig seine Schlüssel abgeben und mit auf die Dienststelle kommen. »Bis abends haben sie versucht, mich weichzuklopfen«, erinnert er sich. »Dann durfte ich gehen.« Seine Frau musste sich zu dieser Zeit einem Tribunal aus Betriebsdirektor, Parteisekretär und Stasi stellen. »Nehmen Sie sich Zeit, die Sache zu überdenken«, insistierten die. »Wir haben uns die Entscheidung nicht leicht gemacht«, antwortete Margitta Lässig, »aber sie ist gefallen.« Daraufhin wurde sie als Hilfsarbeiterin in die Materialwirtschaft gesteckt, für 500 Mark im Monat, ein Drittel ihres bisherigen Gehalts.

Partei und Stasi versuchten tagelang, das Ehepaar umzustimmen. »Es lief wie eine Lawine auf uns zu, aber sie prallte an uns ab«, sagt Gundhardt Lässig. »Die haben gar nicht verstanden, worum es uns geht, dass Geld und Wohlstand nicht alles sind.« Die Kleinbürgermentalität und das Spießertum der Genossen machen ihn noch heute fassungslos. Er musste der Stasi eine ausführliche Begründung liefern und schrieb auf drei Seiten ungeschönt auf, warum er keine Zukunft in der DDR sah. Er berichtete von kollektiver Verantwortungslosigkeit, Gleichgültigkeit, Schönfärberei, von Behinderungen der Religion, Drangsalierungen in der Schule, Bonzentum, Bigotterie. Am Ende flocht er, ganz DDR-Bürger, sogar noch ein Zitat von Lenin ein: »Wir dürfen unsere Fehler nicht verheimlichen, nur weil der Feind das ausnutzen könnte ...« Lässig erhielt die Kündigung wegen »Nichteignung«, obwohl er erst kurz zuvor zum fünften Mal als »Aktivist der sozialistischen Arbeit« ausgezeichnet worden war.

Er klagte dagegen und verlor, ging in Berufung, legte sich an. »Ich musste irgendwas tun, musste mich doch irgendwie wehren.« Er wurde angewiesen, als Hilfsarbeiter in dem Betrieb zu arbeiten, den er bisher geleitet hatte. Das lehnte er ab, wollte sich einen neuen Job suchen, doch die Stasi verhinderte, dass ihn irgendjemand einstellte. Die Behörden drohten daraufhin, ihn wegen asozialen Verhaltens zu verurteilen. Schließlich durfte er als Gärtner und Heizer im Bergfried-Sanatorium Saalfeld anfangen, zum Monatsgehalt von 400 Mark. Den dort im Vier-Wochen-Rhythmus wechselnden Patienten erzählte er freimütig von seinen Erfahrungen. Die Stasi legte einen Operativen Vorgang (OV) und eine Operative Personenkontrolle (OPK) über die Familie unter dem Decknamen »Muster« an mit dem Ziel, »negativ-feindliche, öffentlichkeitswirksame und demonstrative Handlungen zur Erzwingung der Übersiedlung« zu verhindern. Einige der Akten, die auch intime Details, üble Gerüchte und Verleumdungen enthalten, hat Lässig zehn Jahre nach der deutschen Vereinigung von der BStU bekommen.

Der Staat machte abtrünnigen Bürgern das Leben zur Hölle, nahm Kinder in Sippenhaft. Sohn Daniel musste nach Klasse 10 von der Schule und fand trotz bester Zensuren keine Lehrstelle. Erst auf Vermittlung eines Pfarrers konnte er in einer von der Kirche getragenen Einrichtung für Behinderte anfangen. Ihre Personalausweise mussten Lässigs abgeben und erhielten einen PM 12, ein Hilfsdokument für Haftentlassene, Oppositionelle und Ausreiseantragsteller, mit dem sie nicht mehr in die ČSSR, aber auch nicht mal mehr an die Ostsee oder nach Berlin fahren durften. Die Familie setzte sich auch darüber hinweg und besuchte mehrfach die Ständige Vertretung der Bundesrepublik in Ost-Berlin. Dort war es 1987 übervoll, Familien mit Kindern besetzten den Ort, um ihre Ausreise zu erzwingen. »Das wollten wir nicht machen«, sagt Gundhardt Lässig. Die Mitarbeiter hörten sich ihr Anliegen an und gaben den Rat, abzuwarten und sich ruhig zu verhalten.

Das jedoch konnte Gundhardt Lässig nicht. Bald tauchte er jede Woche im Rat des Kreises auf, erkundigte sich nach dem Stand. »Sie kommen hier nie raus«, antwortete ihm einmal ein Mitarbeiter. Immer wieder luden ihn Stasi und Polizei in Saalfeld vor, ihre Wohnung wurde heimlich durchsucht. Die Einrichtung hatten sie bereits verschenkt und verkauft, ebenso Lada und Wohnwagen. Antiquitäten, Bücher, Musikinstrumente und eine Münzsammlung hatten sie eingelagert, um sie sich für den Neubeginn im Westen nachschicken zu lassen. »Wir haben praktisch in einer leeren Wohnung gelebt, es war alles weg«, erzählt Margitta Lässig. Sie wussten: Wird ihr Antrag genehmigt, müssen sie binnen 48 Stunden das Land verlassen. Nach Besuchen bei den

Margitta und Gundhardt Lässig in ihrer Wohnung, 2019 (Foto: Stefan Locke)

Großeltern verabschiedeten sie sich jedes Mal unter Tränen, weil sie nicht wussten, ob sie sich noch einmal wiedersehen. Doch die SED ließ die Lässigs schmoren.

Die Familie machte jetzt laut auf ihre Lage aufmerksam, sie traf sich mit anderen Ausreisewilligen zu Friedensgebeten in der Saalfelder Johanniskirche, wo die Stasi sie filmte und fotografierte. Regelmäßig vor Feiertagen wurde Lässig »zur Klärung eines Sachverhalts« abgeholt und mehrere Stunden lang festgehalten. Er schrieb jetzt jede Woche Briefe, vor allem an die vermeintlich zuständigen Stellen in Ost-Berlin. Dann kam am 8. Oktober 1988, fast zwei Jahre nach Antragstellung, eine Antwort vom Staatsrat der Deutschen Demokratischen Republik. »Werter Herr Lässig«, schrieb ein Mitarbeiter der Abteilung Staats- und Rechtsfragen des Zentralkomitees der SED, »zu Ihrem an den Generalsekretär des ZK der SED und Vorsitzenden des Staatsrates der DDR gerichteten Schreiben teilen wir Ihnen mit, daß über Ihr Anliegen die dafür zuständigen Organe unterrichtet worden sind.«

Wörter wie Ausreise oder Übersiedlung existierten im offiziellen DDR-Sprachgebrauch nicht; in den Vorladungen, die Lässigs erhielten, war stets von »Ihrer Angelegenheit« die Rede. Der Brief aus Berlin aber beflügelte die Familie. »Für uns war es das Signal: Jetzt geht's los!«, sagt Gundhardt Lässig. Doch da irrte er sich, die »zuständigen Organe« ließen sich noch weitere sechs Monate Zeit – ob aus Trotz, Bosheit oder in der Hoffnung, die Familie doch noch umstimmen zu können, ist nicht klar. Aus den Akten geht hervor, dass die Stasi im Februar 1989 aufgab, die Schuld schob sie auf den Klassenfeind. Der »für Außenstehende nicht erklärbare« Ausreiseantrag lasse sich »eindeutig auf die ideologische Beeinflussung« durch Bekannte der Lässigs im Westen zurückführen, fasste der Leiter der MfS-Kreisverwaltung Saalfeld zusammen. »Aus vorgenannten Gründen bietet Fam. Lässig keine Gewähr mehr für die innere Sicherheit der DDR.« Es gebe deshalb »aus politisch-operativen Gründen« keine Einwände mehr gegen eine ständige Ausreise.

Ende April 1989 erhielten Lässigs ihren »Laufzettel«, auf dem ihnen Vermieter, Bank, Energieversorger und Versicherung die ordnungsgemäße Abwicklung ihres Lebens in der DDR quittieren mussten. Am 24. Mai kam schließlich das Visum; die DDR sollten sie spätestens am nächsten Tag um Mitternacht verlassen. Sie kauften vier Fahrkarten für den Zug nach Gießen, eröffneten in Rudolstadt ein Valuta-Anrechtskonto für den Start im Westen, was nur mit einer Ausreisebescheinigung möglich war, und packten ihre fünf Koffer. Am 25. Mai 1989, einem Donnerstag, kamen sie abends in Gießen an. Sie fanden schnell Arbeit und ein neues Zuhause. Heute treffen sie sich meist einmal im Jahr mit anderen ehemaligen Ausreisern.

Margitta und Gundhardt Lässig sind inzwischen Anfang 70, leben in der kleinen Gemeinde Herbstein bei Fulda und blicken gelassen auch auf die Zeit der Ausreise zurück. »Ich hege keinen Groll, dass es so lange gedauert hat«, sagt Gundhardt Lässig. »Wir haben alles richtig gemacht«, sagt seine Frau. Ihre Kinder leben in Leipzig, sie wünschen sich, dass auch die Eltern »zurück« in den Osten ziehen. »Vielleicht machen wir das«, sagt Margitta Lässig. Es gibt ja heute keine Hürden mehr.

Markus Geiler

»Ich hatte keinen Schlüssel mehr«

Als im Februar 1989 Tim Gerbers neues Leben im Westen begann, lagen mehr als zwei Jahre voller Bangen und Hoffen hinter ihm.

Der Leipziger wollte raus der DDR, weil sie ihn einengte und langweilte. Und weil dieser Staat mit Menschen wie ihm nichts anzufangen wusste. Im Dezember 1986 stellte er seinen ersten Ausreiseantrag.

Tims Leben ist in Ordnung. Er geht zur Schule, lässt sich die Haare lang wachsen, verliebt sich, wird verlassen oder verlässt, spielt in einer Punkband, trampt jeden Sommer nach Ungarn und Rumänien, um Freunde und Verwandtschaft zu besuchen. Nach der Schule macht er eine Ausbildung zum Beleuchter am Theater in Leipzig und zieht 1984 mit 19 Jahren von zu Hause aus in eine fußkalte Bruchbude im Leipziger Süden. Die Küche in dem Hinterhaus in der Körnerstraße 28 heizt er mit dem Gasherd, sein Zimmer mit einem 1000-Watt-Strahler aus Theaterbeständen. Die Toilette auf der halben Treppe hat im Winter eine Eisschicht.

Kommen abends Freunde vorbei, wird einer mit dem Emaille-Eimer in die Körnerquelle geschickt, den der misslaunige Wirt bis zum Rand mit Bier füllt. Die Kunst ist es, auf dem Rückweg nichts zu verschütten. Tagsüber trifft man sich im Café Günther oder im Corso in der Innenstadt, dort wo auch die Leipziger Künstler ihren Mittagsstammtisch haben, und lässt sich von der dicken, schielenden Lilo mit dünnem Kaffee und Weinbrand bedienen. Abends, nach den Vorstellungen, geht es in die Theaterklause, um dort mit Schauspielern, Technikern und Garderobieren zu versumpfen.

Tim nerven Ungerechtigkeiten, und er hasst Freiheitsbeschneidungen. Und damit beginnen die Probleme.

Anfangs macht ihm die Arbeit im Theater Spaß, es ist ein buntes Biotop im tristen DDR-Alltag, und er weiß, in der Industrieproduktion am Fließband würde er vor die Hunde gehen. Doch schon bald nach dem Ende der Lehre, da ist er 18 Jahre alt, wächst sein Unbehagen. Er fühlt sich intellektuell unterfordert. Langeweile macht sich breit. »Ich wollte mich bewegen, wollte was erleben wie jeder junge Mensch. Das ist doch eigentlich völlig normal.«

Tim will ans Deutsche Theater in Ost-Berlin wechseln. Die Atmosphäre gefällt ihm, und es gibt dort für DDR-Verhältnisse spektakuläre Inszenierungen. Aber Ost-Berlin ist praktisch eine gesperrte Stadt. Um in Berlin einen Arbeitsplatz zu bekommen, braucht man eine Wohnung. Und um in Berlin eine Wohnung zu erhalten, braucht man einen Arbeitsplatz. Dieser gordische Knoten ist nur zu durchschlagen, indem man von seinem Betrieb delegiert wird oder wenn man illegal eine leerstehende Wohnung besetzt. Dann ist man zwar in Ost-Berlin, hat aber keine Arbeit.

Tim will die Illegalen-Nummer nicht, er will ganz legal Arbeitsplatz und Stadt wechseln. Das Deutsche Theater sucht einen Beleuchter, und Tim hat ein Vorstellungsgespräch bei der Kaderleiterin. Diese eröffnet ihm, dass das nichts werde mit der Stelle, weil er bei seiner Musterung den Dienst an der Waffe in der Nationalen Volksarmee (NVA) verweigert und sich als Bausoldat gemeldet habe. Wer Bausoldat ist, gilt mindestens als Querulant, ist eigentlich ein Staatsfeind. So einen wolle das Deutsche Theater nicht.

So kommt Tim die Idee mit Ungarn. Das Land gilt als die fröhlichste Baracke des Ostblocks, und er hat dort viele gute Freunde. Der mütterliche Teil seiner Familie stammt aus Siebenbürgen, insofern gibt es Herzensbindungen nach Südosteuropa. Die ungarischen Freunde organisieren ihm einen Beleuchterjob am Vigadó-Theater in Budapest, einem Musical-Theater vergleichbar mit dem Friedrichstadt-Palast. Er hat ein Gespräch mit dem Beleuchtungschef, und der sagt: »Okay, du kannst bei uns anfangen.« In der DDR-Logik ist allerdings nicht vorgesehen, auf eigene Initiative in ein anderes Land des sozialistischen Lagers auszuwandern. Man kann bei der Volkspolizei eine sogenannte Reiseanlage für Touristenreisen beantragen, die gilt aber nur für drei Monate.

Tim erhofft sich Hilfe von der ungarischen Botschaft in Ost-Berlin. Dort trifft er auf eine freundliche Dame und legt ihr den Arbeitsvertrag des Vigadó-Theaters vor. Er bittet sie darum, sich für eine Genehmigung bei den DDR-Behörden einzusetzen. Die Dame schaut ihn mitleidig an: »Auf diese Behörden haben wir leider keinen Einfluss.« Damit ist das Projekt gestorben.

Dann will er Theologie studieren. Nicht an der kirchlichen Hochschule, dem von der Kirche betriebenen Theologischen Seminar in Leipzig, sondern an der Sektion Theologie der Karl-Marx-Universität Leipzig. »Ich wollte kein Pfarrer werden, das kam für mich nicht infrage. Ich bin kein singender Engel, sondern wollte ein Studium, mit dem ich auch etwas anderes als Pfarrer werden kann. Das ging nur an der staatlichen Uni.«

Es gibt ein Vorstellungsgespräch an der Uni, wo er von zwei Dozenten auf Herz und Nieren über seine Allgemein- und Vorbildung geprüft wird. Trotz des fehlenden Abiturs erklären sie danach, sein Anliegen zu befürworten und eine Studienzulassung zu beantragen. Wochen später heißt es aus der Zentrale für die Studienangelegenheiten der Uni: »Ihr Antrag wird abgelehnt.« Ohne Begründung.

Sein letzter Versuch ist, eine Fortbildung zum Beleuchtungsmeister zu machen. Kannst du vergessen, lautet die Antwort aus dem Theater. Aus demselben Grund, weshalb ihm das Abitur verwehrt wurde: zu unangepasst, zu aufmüpfig, das muss man sich verdienen durch wohlfeiles politisches Verhalten. Du bist aus der FDJ ausgetreten und willst Bausoldat werden ...

Was Tim erlebt, nennt der Rechtsanwalt und Begründer des Neuen Forums Rolf Henrich in seinem 1989 erschienenen Buch *Der vormundschaftliche Staat* die Bindung an Boden und Maschinen. Henrich schildert darin, wie die Menschen in der DDR an Boden und Maschinen wie in einem Sklavenverhältnis regelrecht gefesselt wurden. Der Staat gibt dir einen Arbeitsplatz, und da hast du zu bleiben. Jegliche Form von Eigeninitiative ist unerwünscht. Tim scheitert an den inneren Mauern, die das System um seine Bürger gezogen hat, um alles unter Kontrolle zu behalten. Also muss er die viel höhere äußere Mauer überwinden.

Am 16. Dezember 1986, mit 21 Jahren, geht er zur Abteilung Inneres beim Rat des Stadtbezirks Leipzig-Süd in der Schenkendorfstraße und stellt einen Ausreiseantrag. Der Personalausweis wird ihm abgenommen, und er muss Ewigkeiten in einem tristen Raum warten. Nach vielen Stunden bekommt er seinen Ausweis kommentarlos zurück. Wieder zu Hause, sucht er nach einem Vermerk oder einem geheimen Zeichen in seinem Ausweis, die ihn als Ausreisekandidaten entlarven. Er findet nichts.

Tim weiß, dass er nun für lange Zeit an dieses kleine, schmutzige Land gefesselt sein wird. Ausreiseantragsteller dürfen nicht mehr in die sozialistischen Bruderstaaten reisen. Aber er hat sich vorbereitet. Wenige Wochen zuvor hat er sich noch mal ein Visum für Ungarn besorgt. Mit zwei Freunden bricht er an einem Februarabend 1987 mit dem Zug Richtung Budapest auf. An der DDR-Grenzstation Schmilka blättert der DDR-Grenzer intensiv in einem dicken Buch und vergleicht es immer wieder mit den Namen der drei Reisenden. Diese tun ganz locker, aber die Spannung in dem Schlafwagenabteil schlägt fast Funken. Schließlich gibt der Uniformierte die Ausweise zurück und wendet sich dem Nachbarabteil zu. Die DDR ist zwar ein Überwachungsstaat – aber ein analoger. Fahndungsvermerke und Ausreisesperren brauchen ihre Zeit, bis sie an alle Enden der Republik durchgedrungen sind.

Danach ist es definitiv vorbei mit der Reiserei ins sozialistische Ausland. Im Sommer 1987 muss Tim zurückbleiben, als seine Freunde wie jedes Jahr Richtung Ungarn, Rumänien und Bulgarien aufbrechen. Er verbringt die Zeit in Ost-Berlin, wo wegen der 750-Jahr-Feier die Theater im Juli und August durchspielen. So habe er den Sommer ganz glimpflich überlebt, »aber schön war es nicht«, sagt er.

Seinen Job bei den Städtischen Theatern Leipzig behält er trotz des Ausreiseantrags. Aber er wird zum Vieraugengespräch mit dem Technischen Direktor bestellt. Der ist ein typischer SED-Funktionär und will Tims Beweggründe erfahren. Tim erzählt von seinen gescheiterten Versuchen, sein Leben und seine Arbeit nach seinen Vorstellungen umzukrempeln. Sein Gegenüber hört sich das interessiert an und versichert ihm, das »nach oben weiterzugeben«. Tim hat den Eindruck, dass der Funktionär es gar nicht so schlecht findet, dass einer mal offen sagt, auf welche Weise die jungen Leute aus dem Land getrieben werden.

Es folgt ein weiteres Gespräch mit Karl Georg »Charly« Kayser, Oberspielleiter des Schauspiels Leipzigs, Sohn und Kronprinz des Intendanten Karl Kayser und Ex-Kommilitone von Tims Mutter. Ihn habe niemand beauftragt, dieses Gespräch zu führen, sagt Kayser. Aber er wolle gern verstehen, warum ein junger intelligenter Mensch das Land verlassen will.

Es folgen unangenehme Gespräche mit der Kaderleiterin des Theaters. »Was wollen Sie überhaupt im Westen? Dort ist es schlimm, und Sie landen auf jeden Fall unter der Brücke. Wo wollen Sie eigentlich hin?« Tim antwortet, das gehe sie nichts an. Sie versucht es mit schlechtem Gewissen: »Stellen Sie sich vor, Ihre Mutter stirbt, und Sie dürfen nicht zur Beerdigung.« Tim zwingt sich, ruhig zu bleiben, und sagt: »Sehen Sie, das ist genau der Grund, warum ich dieses Land verlassen will. Weil es Söhne nicht zu ihren Müttern und Töchter nicht zu ihren Vätern lassen will.«

Im Frühherbst 1987 weht dann plötzlich Frühlingsluft durch die DDR. Friedensbewegte aus Ost und West beteiligen sich am Olof-Palme-Friedensmarsch in Erinnerung an den 1986 erschossenen schwedischen Ministerpräsidenten Olof Palme, einen Verfechter der atomaren Abrüstung. Der Marsch quer durch Europa führt auch durch die DDR, und unter den Augen der Staatsmacht dürfen auf Transparenten die Abschaffung der Wehrpflicht, freie Kontakte und Begegnungen zwischen Ost und West gefordert werden. Die Staatsmacht hält still, weil SED-Chef Erich Honecker zum Staatsbesuch in der Bundesrepublik weilt und Kredite braucht, um die marode DDR-Wirtschaft vor dem Bankrott zu retten. Der politische Frühling hält nicht lange an und wird von einem eisigen Winter abgelöst.

Im Oktober 1987 überfallen DDR-Skinheads unter den Augen von Stasi und Volkspolizei ein Konzert der West-Berliner Band Element of Crime in der Ost-Berliner Zionskirche. Im November stürmt die Stasi die im Keller der Kirche untergebrachte Umweltbibliothek und verhaftet oppositionelle Umwelt- und Friedensaktivisten.

In Leipzig wird im Oktober ein Auftritt von Tims Punkband Wildwuchs II verboten. Das in einer Kirche geplante Konzert steht unter dem Motto »Die Mauer muss weg«. Die aus allen Teilen der Republik anreisenden Punker werden auf dem Leipziger Hauptbahnhof von der Volkspolizei empfangen und mit Schlagstöcken verprügelt. Es rumort in der DDR-Jugend, und die Oppositionsszene formiert sich weiter.

Um die Lage in den Griff zu bekommen, verhaftet der Staat missliebige Menschen oder schiebt sie in den Westen ab.

Tim bekommt im Frühjahr 1988 seinen Einberufungsbefehl. Er ist schockiert. Es grassieren die furchtbarsten Gerüchte über Ausreisekandidaten, die bei der NVA böse gequält oder mit rechten Skinheads zusammengesteckt werden. Er hat Angst und ist verzweifelt. Die Situation scheint aussichtslos.

Eine Frau aus der Leipziger Oppositionsszene rät ihm, sich an einen bestimmten Psychiater zu wenden. Dieser hört sich Tims Geschichte an und schreibt ihn für längere Zeit krank. Wenn Tim beim Wehrkreiskommando vorgeladen werde, solle der Militärarzt den Psychiater unbedingt anrufen. Auf dem Wehrkreiskommando, einem grauen Betonklotz am Rande eines malerischen Leipziger Parks, sitzt Tim Wochen später etlichen beleibten Herren in Uniform gegenüber. Sie mustern ihn mit gerunzelter Stirn. Schließlich ergreift einer das Wort und erklärt in breitem Sächsisch, dass das mit der Krankschreibung »gar geen Problem« sei. »Der Militärarzt schreibt Sie sofort gesund. Da können Sie Ihren Wehrdienst leisten. Da gibt's geene Probleme.«

Tim gibt sich psychisch schwer angeknackst und verweist auf den Psychiater, der dazu angerufen werden soll. Einer der Herren verschwindet zum Telefonieren. Nach einer gefühlten Ewigkeit kehrt er zurück und erklärt: »Wir stellen Sie zurück.« Er soll nach Hause gehen, »sich erst mal erholen«. In einem halben Jahr werde er dann eingezogen.

Die Rettung naht in Gestalt einer Jugendliebe. Sie ist 1983 mit 16 Jahren via Ausreiseantrag mit ihren Eltern von Leipzig nach Köln gezogen und lebt mittlerweile in West-Berlin. Tim schreibt sich mit ihr, und sie haben sich einige Male in Ungarn getroffen. Sie bietet an, ihn zu heiraten, damit er endlich aus dem Land rauskommt. Eine Heirat bedeutet in der Logik des SED-Staates einen Spurwechsel: weg vom subversiven Ausreise-Querulanten hin zur Familienangelegenheit. Auch wenn das in Tims Fall ein sehr durchsichtiges Manöver ist.

Wieder muss Tim zur Abteilung Inneres, nebenan befindet sich das Standesamt. Er zieht den Ausreiseantrag zurück und stellt einen Antrag auf Eheschließung mit einer Ausländerin, wie es heißt. Nun muss er wieder warten. Erfahrungsgemäß werden Heiratsanträge zügiger behandelt als Ausreiseanträge.

Tim verspürt Aufbruchsstimmung nach den Jahren der Ungewissheit. Er darf wieder reisen, und im Frühherbst 1988 kündigt er beim Theater und beginnt als Hausmeister bei der anthroposophischen Christengemeinschaft zu arbeiten, in der auch sein Vater beschäftigt ist. Seine neue Arbeitsstelle liegt absurderweise vis-à-vis der Abteilung Inneres. Es ist ein normaler Job ohne Abenddienste und verzweifelt-versumpfte Nächte in der Theaterklause. Er fühlt sich wohl.

Im Oktober bekommt Tim einen Brief von der Freundin aus West-Berlin. »Wir müssen uns treffen.« Sie darf nicht in die DDR einreisen, deshalb findet das Treffen im tschechischen Kurort Marienbad statt. Er kommt mit zwei Freunden, sie mit ihrem neuen Freund, einem Ex-Ossi. Sie eröffnet Tim, dass das mit der Heirat nichts werde. Sie wolle studieren und bekomme kein Bafög. Und ihr Vater werde nichts zahlen, sollte sie Tim heiraten. Er bittet sie, erst einmal abzuwarten, was und wann die DDR-Behörden entscheiden. Möglicherweise darf er bald ausreisen zum »Zwecke der Heirat«, dann gibt es keine Probleme. Muss sie in die DDR einreisen, um ihn in Leipzig zu ehelichen, könne er den Antrag immer noch zurückziehen. So gehen sie auseinander.

Wenige Tage später kommt wieder ein Brief. »Lieber Tim, ich habe den Heiratsantrag offiziell zurückgezogen.« Das Standesamt lädt ihn vor. Seine Verlobte habe den Antrag annulliert, die Sache sei damit erledigt. Doch irgendwie ist Tim erleichtert. Der nervenaufreibende Zustand der vergangenen Jahre ist plötzlich vorbei. Schließlich hängt er an Leipzig, an seinen Freunden und seiner Familie. Und: Er hat sich wieder verliebt. So beschließt er zu bleiben.

In den ersten Januartagen des Jahres 1989 bekommt Tim dann überraschend die Zulassung, das Abitur an der Volkshochschule nachzumachen. Wenige Tage später, am 16. Januar, stehen die zwei zuständigen Damen von der Abteilung Inneres im Treppenhaus der Christengemeinschaft. »Herr Gerber, wir müssten mal mit Ihnen reden. Bitte kommen Sie um 15 Uhr zu uns.«

Um 15 Uhr überquert Tim die Schenkendorfstraße mit einem flauen Gefühl im Magen. Die beiden Staatsvertreterinnen eröffnen ihm, dass man über einen Ausreiseantrag auch ganz schnell entscheiden könne. Tim sagt, er habe nicht mehr die Absicht, das Land zu verlassen. Das sollte er sich noch mal gut überlegen, lautet die Antwort. Die Damen schauen ihn erwartungsvoll an.

Tim ist hin- und hergerissen. So eine Chance bekommst du nicht wieder, sagt er sich. Und wer weiß, was in diesem Land alles noch passieren wird. Er stellt erneut einen Antrag auf Ausreise. Jetzt geht alles sehr schnell. Schon am nächsten Tag bekommt er einen Laufzettel, muss zur Bank, zum Energieversorger, zur Krankenkasse, sich bestätigen lassen, dass er schuldenfrei ist. Eine Woche später gibt er den Zettel im Amt ab. »Wir melden uns«, heißt es.

Tim arbeitet weiter und feiert Abschiedspartys. Vier Wochen später steigt er an einem nasskalten Februarabend im Leipziger Hauptbahnhof in den Interzonenzug nach Frankfurt am Main. Sein Gepäck besteht aus zwei Koffern, einem Rucksack und zwei Gitarren. In der Jacke hat er die Entlassungsurkunde aus der DDR-Staatsbürgerschaft mit dem Vermerk »staatenlos«. Seinen letzten Tag in der DDR hat er mit der Familie und seiner Geliebten verbracht. Mittags kaufte er sich seine letzte DDR-Bockwurst. »Mit Brötchen und Senf für 85 Pfennig.«

Im Zug beschleicht ihn ein merkwürdiges Gefühl. Er freut sich auf

Tim Gerber am Schreibtisch in seiner Wohnung, 2019 (Foto: Sofia Gerber)

das Neue, aber er hat keinen Schlüssel dabei. »Normalerweise fährst du irgendwohin und hast den Schlüssel von deinem Zuhause in der Tasche. Aber ich hatte keinen mehr.«

Tim Gerber lebt in Hannover und ist Redakteur bei der Computerzeitschrift *C't*. Er ist mit einer Russin verheiratet und hat mit ihr zwei Töchter. Zudem betreibt er das Portal familienvisum.de, das kostenlose Rechtsberatungen für Menschen anbietet, die Angehörige aus dem Ausland zu Besuch nach Deutschland holen wollen. Dafür hat er schon mehrere Prozesse gegen Behörden geführt. Einige hat er gewonnen, manche verloren.

Andreas Wassermann

»Ich bin ein deutsch-deutscher Zwitter«

Regisseur Armin Petras musste nach längerer Wartezeit im April 1988 binnen 24 Stunden die DDR verlassen – kurz vor einer Theaterpremiere.

Doch die Ausreisegeschichte des Theaterregisseurs und Autors begann viel früher: Als Vierjähriger war er mit seinen Eltern vom Westen nach Ost-Berlin übergesiedelt.

Die Umgebung des Berliner Hauptbahnhofs ist ein Unort – konturenlos, bar jeder Eigentlichkeit. Eine Dazwischen- und Sowohl-als-auch-Ästhetik, betoniert für Durchreisende, Ankömmlinge und Wegfahrer. Vor 30 Jahren endete hier Berlin, Hauptstadt der DDR, und das eingemauerte West-Berlin begann. Niemandsland an der Systemgrenze. Und hier, wo sich heute die Schienenstränge kreuzen, Süd-Nord und West-Ost, rumpelte die S-Bahn vom Bahnhof Friedrichstraße (DDR) nach Bahnhof Zoo (West-Berlin). Mancher Passagier verließ auf diesem Wege die DDR für immer.

Armin Petras sitzt an einem Abend im Januar 2019 im Foyer des Steigenberger Hotels am Hauptbahnhof. Er ist auf dem Sprung, in eineinhalb Stunden geht sein Zug nach Leipzig. Petras lebt zwar in Berlin, aber jetzt ist er nur auf der Durchreise, wie so oft. Der Mittfünfziger ist einer der bekanntesten Theaterregisseure der Republik, er inszeniert auf Bühnen in Ost, West, Nord und Süd, mitunter, so scheint es, gleichzeitig und überall. Ein rastloser Theaterberserker, der sein Hand-

Armin Petras, 2018
(Foto: Arthur Zalewski)

werk im Realsozialismus erlernte, an der Enge scheiterte, ihr entfloh im April 1988; zurückkehrte, als die DDR nicht mehr war und Petras so selbstsicher, dass er mit seinem Handwerk Kunst schuf. Petras ist wie geschaffen für das Dazwischen. »Ich bin ein deutsch-deutscher Zwitter.«

Eineinhalb Stunden reichen eigentlich nicht, um alle wesentlichen Details zu klären, warum der Regiestudent der berühmten Hochschule für Schauspielkunst »Ernst Busch« Ende 1987 einen Ausreiseantrag stellte und kein halbes Jahr später in der S-Bahn saß und in den Westen fuhr. An manche Ereignisse kann sich Petras nicht mehr erinnern, und exakte Daten sind seine Sache schon gar nicht, zumindest wenn sie seine persönliche Geschichte erzählen könnten.

Petras schlägt lieber große Gedankenbögen: von damals ins Heute, von der situativen 1980er-Jahre-Boheme zur Hafermilch-Spießigkeit am Prenzlauer Berg und den anderen Orten bürgerlicher Selbstgenügsamkeit im Deutschland der ersten Jahrzehnte des 21. Jahrhunderts. DDR, der Kollaps des preußischen Staatssozialismus, die anschließende kapitalistische Landnahme und vor allem die Menschen, die das alles durchlebt und durchlitten haben: Es ist Petras' Theater.

Vielleicht auch deswegen, weil Armin Petras kein gewöhnlicher DDR-Ausreiser war. Seine Geschichte beginnt nicht in den 1980er-Jahren, als die DDR zusehends wegbröckelte und der Verfall nur notdürftig mit Devisen-Milliarden aus dem Westen sowie Stasi-Bespitzelung und Repression übertüncht wurde. Petras' Ausreisegeschichte beginnt viel früher, und sie beginnt im Westen.

Es ist eine ziemlich irre Geschichte, irre wie so manche Episode aus dem Kalten Krieg. Sie würde ohne Weiteres als Vorlage für einen Roman taugen oder für ein Theaterstück – ein Politthriller à la John le Carré, allerdings von dem italienischen Theateranarchisten Dario Fo zur beißenden Farce dramatisiert.

Flughafen Helsinki, November 1968. Hals über Kopf und früh am Morgen packte der Mikrobiologe Ehrenfried Petras im Sauerland Kinder und Frau ins Auto. Das Etappenziel: der Frankfurter Flughafen, und von dort ging es im Flieger nach Helsinki. Dass es keine spontane Urlaubsreise war, erfuhr der damals vierjährige Armin von seiner Mutter Kathrin auf dem finnischen Airport. »Mein Vater war Stasi-Agent, der kurz vor der Enttarnung stand«, erinnert er sich. Von Helsinki reiste die Familie über Moskau nach Ost-Berlin. Armin Petras war nun ein Flüchtlingskind und lebte fortan im Osten. Als Erinnerung an seine frühe Kindheit in Westdeutschland blieb ihm nur ein US-amerikanischer Schokoriegel, der seit 1961 auch in der Bundesrepublik zu haben war: »In unserem Kaufmannsladen gab es ›Mars‹ für 60 Pfennig.«

Nun aber war der Westen weit weg, unerreichbar hinter Mauer und Stacheldraht, und »Mars« war höchstens im Intershop gegen Devisen zu bekommen. Doch der kleine Armin Petras, so sagt es jedenfalls heute der 54-jährige, war glücklich. Die Wohnung gleich hinter dem Alexanderplatz war hell und freundlich, die Hochhäuser in der Leipziger Straße, die in den 1970er-Jahren in Konkurrenz zum Springer-Hochhaus hinter der Mauer gebaut wurden, beeindruckten ihn, und noch viel mehr das Haus des Kindes am Strausberger Platz, ein 13-Geschosser mit Kinderkaufhaus und Puppentheater.

Armin Petras' Vater Ehrenfried hatte unterdessen seinen Auftritt auf der ganz großen Bühne. Erst im DDR-Fernsehen, dann am 6. Dezember 1968 auf einer internationalen Pressekonferenz mit 200 Journalisten präsentierte das SED-Regime den übergelaufenen Wissenschaftler in Ost-Berlin als Kronzeugen für ein angeblich geheimes Aufrüstungsprogramm der Bundesrepublik. An seinem Institut, so erklärte Ehrenfried Petras, sei an international geächteten biologischen und chemischen Waffen geforscht worden. Die Details, die er nannte, klangen zumindest nicht gänzlich unglaubwürdig. Die Resonanz war groß, in Bonn mussten sich Minister den westlichen Alliierten gegenüber erklären. Briten und UNO schickten Untersuchungskommissionen ins Sauerland. Doch Indizien für ein geheimes Rüstungsprogramm fanden sie nicht.

Jahre später enthüllte ein in den Westen übergelaufener Offizier des Ministeriums für Staatssicherheit (MfS), dass der medienwirksame Auftritt des Wissenschaftlers Teil einer von langer Hand geplanten Desinformationskampagne der Stasi war – in die Ehrenfried Petras vermutlich gar nicht eingeweiht war.

Armin Petras' Vater war ein überzeugter Kommunist, hatte sich während des Studiums in Jena von der Stasi anwerben lassen, war dann mit Spionageauftrag in den Westen gegangen und hatte regelmäßig Berichte über seine Institutsarbeit nach Ost-Berlin geschickt. 1965 war die westdeutsche Spionageabwehr auf ihn aufmerksam geworden, 1968 schließlich rief ihn das MfS zurück – aus Angst davor, ein ganzes Agentennetz könnte auffliegen.

Dann wurde der deutsch-deutsche Spionagethriller im Hause Petras endgültig zur bitteren Farce. Weil sich der Ost-West-Konflikt ein wenig entspannte, musste die DDR auf Geheiß Moskaus ihre Kampagne einstellen. Ehrenfried Petras wurde nicht mehr gebraucht und fallen gelassen. Er bekam nur noch Jobs, die unter seiner Qualifikation lagen. Seine Ehe ging in die Brüche. Armin Petras erlebte den Vater als gebrochenen Mann, als einen Trinker, der, wenn er auf Besuch kam, einen Koffer mit streng riechendem Pils mit sich führte. 1980 ist er verstorben.

23 Jahre später, 2003, inszenierte Armin Petras am Hamburger Thalia Theater *We are camera/Jasonmaterial.* Das Stück handelt von einem Wissenschaftler, der mit seiner Familie in die DDR flieht. Ein Chemiker, der Spion ist und eine weiße Substanz hinter den Eisernen Vorhang schmuggelt. Er will die Menschheit retten und zerstört dabei sich und seine Familie. Er wird zum Säufer und verreckt schließlich elend im Knast.

Autor des Stücks ist Fritz Kater. Das ist das Pseudonym, unter dem Petras seit 1990 Theaterstücke schreibt. Aber Fritz Kater ist mehr, er ist sein Alter Ego mit eigener Biografie. Fritz Kater ist der typische DDR-Ausreiser, wenn es überhaupt einen solchen gibt: in den 1960er-Jahren in Mecklenburg geboren, Abitur in Ost-Berlin, Lehre als Fernsehmechaniker, Wehrdienst bei der Nationalen Volksarmee, Theaterarbeit im Umfeld der Kirche, 1987 Ausreise in die Bundesrepublik. Mitte der 80er-Jahre des letzten Jahrhunderts kreuzten sich die Lebensläufe und wurden ein Leben, das von Armin Petras. Petras war Anfang 20, die kindliche Begeisterung für die DDR längst erloschen. Petras hörte Clash und die Sex Pistols, »Punk light«, sagt er. Immer deutlicher spürte er die Widersprüche zwischen Anspruch und Wirklichkeit des »Arbeiter-und-Bauern-Staates«, die Enge dieses zutiefst deutschen, aber doch ganz wesentlich sowjetisch geprägten Sozialismus, die Wände, gegen die man überall rannte – wissend, sie niemals überwinden zu können. Jahrzehnte später sagt Petras in einem Interview: »Ich war in diesem Land von Anfang an fremd.«

Petras hat viel gelesen, vor allem die Russen des 19. Jahrhunderts – Dostojewski, Tolstoi, Puschkin. Aber auch die große deutsche Dramatik – Kleist, Brecht. Und er entdeckte das Theater für sich. Fast zufällig, wie er heute sagt. Petras war bei der Armee, als zwei seiner Kameraden, im zivilen Leben Schauspielstudenten, ein kleines Stück einstudieren wollten. *Picknick im Felde* von Fernando Arrabal. Es ist ein pazifistisches Werk, ein flammender Appell gegen den Krieg und das Militär. Noch heute spielen es Schülertheatergruppen gern.

»Die hatten das Stück so für sich geprobt und fragten mich, ob ich mal draufschauen könnte. So war ich plötzlich Regisseur«, sagt Petras – und kurz darauf versetzt in die Produktion im Petrolchemischen Kombinat Schwedt. Das pazifistische Kabinettstück – wen wundert's? – fand bei den Genossen Offizieren wenig Anklang. Doch der Regiedebütant hatte Glück, oder womöglich einen Schutzengel. Der Produktionseinsatz war erträglich, er konnte viel Zeit in der Werksbibliothek verbringen und lesen.

Die Ost-Berliner Stadtbezirke Prenzlauer Berg und Friedrichshain waren im letzten Jahrzehnt der DDR recht merkwürdige Orte. Die einstigen Arbeiterviertel verfielen, von den Gründerzeitfassaden bröckelte der Putz, Wohnungen standen leer, mitunter krachte ein Balkon einfach so auf die Straße.

Der morbide Charme übte eine geradezu magische Anziehungskraft auf die Bürger aus, die vom rechteckigen, aufgeräumten WBS-70-Sozialismus genug hatten. Ein Biotop der Unpassenden und Unangepassten entstand. Künstler, Musiker, Dichter, Tagträumer und Fantasten glaubten hier einen Ort gefunden zu haben, der ganz weit weg schien von der Welt der Hutträger im SED-Politbüro. War er aber nicht. Die Nonkonformistenszene war Operationsziel der Stasi wie Kirchenkreise und Umweltgruppen. Dichterzirkel und Künstlergruppen waren durchsetzt mit Spitzeln. »Wir wussten natürlich, dass Informanten ein doppeltes Spiel spielten«, sagt Uwe Warnke, »aber wir ließen uns den Spaß an unserer Art Subversion nicht verderben.« Warnke gab ab 1982 die handgemachte Underground-Literaturzeitschrift *Entwerter/Oder* heraus. Noch heute finden sich auf antiquarischen Internetportalen einzelne Ausgaben, die in einer Auflage von ein paar Exemplaren erschienen sind und von Hand zu Hand weitergereicht wurden. Die Nummer 22 fehlt: Sie sollte sich einer schillernden Theatergruppe der Szene widmen. Die nannte sich Medea Ost.

Armin Petras studierte inzwischen an der Berliner Hochschule für Schauspielkunst »Ernst Busch« Regie. In der DDR-Provinz inszenierte er bereits kleinere Stücke. Doch Medea Ost war sein Leben, seine Leidenschaft. Die Truppe war ein bunter Haufen, Schauspielstudenten und -studentinnen von der »Ernst Busch« waren dabei, einige kamen aus Leipzig, manche sogar von der anderen Seite der Mauer, aus West-Berlin: Laien, angehende Profis und einfach Theaterverrückte. Medea Ost trat auf in Wohnungen, Kirchen, den Räumen der Umweltbibliothek an der Zionskirche und manchmal sogar im Berliner Dom, unter dem Dach der Jungen Gemeinde. Geprobt wurde, wo gerade Platz war, in leerstehenden Altbauwohnungen, auf Sportplätzen und Industriebrachen.

Die Stücke, die Petras mit der Truppe einstudierte, fanden sich in der Regel auf keinem offiziellen Spielplan, sie taugten wenig zur Erbauung der sozialistischen Menschen. Sie sind düster, dystopisch – Endzeitdramen wie *Das Totenfloß* des westdeutschen Dramatikers Harald Mueller.

Das Stück spielt in der Zukunft, im Jahre 2050. Das Land ist nach einer Reihe von Chemiekatastrophen verseucht. Eine kleine Gruppe hat sich in ein Floß auf dem Rhein gerettet und versucht in weniger verseuchtes Gebiet zu kommen. Xanten am Niederrhein ist das Ziel. Doch als die kleine Gruppe ausgezehrt und desillusioniert ankommt, steht sie vor einer hermetisch abgeriegelten Stadt. Die Kontaminierten werden ihrem Schicksal überlassen und treiben immer weiter in Richtung des offenen Meeres.

Michaela Winterstein stieß für *Das Totenfloß* zu Medea Ost. Sie hatte gerade mit dem Schauspielstudium in Leipzig begonnen, es war ihre erste richtige Produktion, und Petras faszinierte sie von Beginn an: ein spindeliger Schlacks in viel zu weiten Jeans, wache, helle, fast wimpernlose Augen, belesen und so schnell im Kopf. »Armin hatte dauernd neue Ideen, und Freizeit schien er nicht zu kennen«, sagt Michaela Winterstein. Sie arbeitet heute noch als Schauspielerin an verschiedenen Theatern, und ihr Medea-Untergrund-Engagement steht auch 32 Jahre später in ihrem Online-Lebenslauf. Es war ihre einzige Rolle in einer Medea-Produktion. Nach der Aufführung von *Das Totenfloß* bei der Jungen Gemeinde lud die Leitung der Theaterhochschule »Hans Otto« sie vor. Ihr wurde klargemacht, sie dürfe nur weiterstudieren, wenn sie sich von der Berliner Petras-Truppe fernhalte. Michaela Winterstein entschied sich für ihr Studium, sie wollte in der DDR bleiben.

Im Gegensatz zu den meisten anderen Mitgliedern des Medea-Ensembles. Auch Armin Petras plante bereits seinen Wechsel auf die andere Seite der Mauer, nach West-Berlin oder Westdeutschland, wo er seine ersten Lebensjahre verbracht hatte. 1987 heiratete der 23-Jährige eine der Medea-Ost-Frauen, die im Westen lebte. Er stellte einen Antrag auf Familienzusammenführung. Zu seiner eigenen Überraschung relegierte ihn die »Ernst Busch«-Schule nicht, er studierte vorerst weiter Regie – ganz offiziell.

Wann genau er den Ausreiseantrag gestellt hat, weiß Petras heute nicht mehr. Warum er nicht, wie so viele andere, die Schule verlassen musste, kann er sich auch nicht so recht erklären. Ob die Stasi Akten über ihn führte, hat Petras bisher nicht interessiert. Eine Akteneinsicht bei der Stasi-Unterlagenbehörde hat er nie beantragt. Doch es gab Episoden, die Petras bereits zu DDR-Zeiten stutzig machten. Einige Mitglieder der Medea-Truppe planten eine Art politische Performance. An einem bestimmten Tag, wenn in der DDR überall die Luftalarmsirenen im Probebetrieb heulten, sollten sich an verschiedenen Stellen in der Stadt kleine Gruppen auf die Straße legen – als Opfer eines Atomkriegs. Der Tag für die Aktion stand fest, alles war konspirativ vorbereitet. Nur heulte an jenem Tag keine einzige Sirene. Die Performance fiel aus.

Womöglich fühlten sich durch derartige theatralische Sponti-Aktionen die DDR-Apparatschiks in Sachen Petras endgültig zum Handeln herausgefordert. Die Stimmung im Arbeiter-und-Bauern-Staat war im ersten Quartal des Jahres 1988 angespannt. In einer vertraulichen Analyse, die ZK-Sicherheitssekretär Egon Krenz im April an Erich Honecker weiterleitete, heißt es: »In verstärktem Maße führen in letzter Zeit Übersiedlungsersuchende Aktionen gegen den sozialistischen Staat durch. Insbesondere werden Zusammenrottungen, illegale Zusammenkünfte, Provokationen oder Schweigedemonstrationen und -spaziergänge durchgeführt. (...) In Berlin erschienen zum Beispiel an einem Tag (09.02.1988) 1344 Bürger bei den Räten der Stadtbezirke. Eine sachliche Gesprächsführung mit diesen ist in der Regel nicht möglich. Ihr Auftreten ist extrem aggressiv, höhnisch und arrogant.«

Jetzt ging alles ganz schnell, quasi über Nacht. Eines Tages im April 1988 – den genauen Termin erinnert Petras nicht mehr – bekam der Theatermann die Aufforderung, die DDR binnen 24 Stunden zu verlassen. Es war für Petras ein denkbar unpassender Zeitpunkt, denn er steckte gerade in den Endproben für ein Stück, das zwei Tage später auf einem Dachboden in der Rigaer Straße im Stadtbezirk Friedrichshain Premiere haben sollte.

Das Stück basiert auf einem theoretischen Text des libertären Kommunisten Franz Jung, eines weithin vergessenen Schriftstellers aus den 1920er-Jahren, den in jener Zeit undogmatische Linke in Westdeutschland wiederentdeckten. *Die Technik des Glücks* heißt er, und Petras hatte mit seinem Ensemble daraus ein Theaterstück gebaut. Der Regisseur wollte diesmal selbst auf die Bühne. Doch dazu kam es nicht mehr.

Wenige Stunden vor seiner Ausreise war Petras noch einmal auf dem Friedrichshainer Dachboden. Sein Gepäck hatte er bereits dabei. Er gab letzte Regieanweisungen, probte die Umbesetzung. Kurz vor Mitternacht stand er am Bahnhof Friedrichstraße. Sein Medea-Ensemble war dabei und nahm Abschied. Doch die meisten nicht für lange Zeit. Sie folgten Petras in den Westen und machten noch ein paar Jahre zusammen in West-Berlin Theater – unter dem Namen Medea West.

Armin Petras inszenierte unter anderem in München, Hamburg, Mannheim, Magdeburg, Leipzig, Frankfurt (Oder), Chemnitz, Rostock, Hannover, am Berliner Ensemble, an der Volksbühne am Rosa-Luxemburg-Platz und an der Schaubühne in Berlin. Von 1996 bis 1999 war er Oberspielleiter in Nordhausen sowie Hausregisseur am Schauspiel Leipzig, von 1999 bis 2001 Schauspieldirektor am Staatstheater Kassel. 2002 wechselte er als fester Regisseur ans Schauspiel Frankfurt. Von der Spielzeit 2006/07 bis zum Ende der Spielzeit 2012/13 war er Intendant des Maxim Gorki Theaters in Berlin, anschließend bis Ende der Spielzeit 2017/18 Schauspielintendant am Staatstheater Stuttgart. Zuletzt inszenierte Armin Petras am Deutschen Theater Berlin Stücke von seinem Alter Ego Fritz Kater und Texte des Leipziger Schriftstellers Clemens Meyer.

Prem Lata Gupta

»Nicht alles Gold«

Nachdem er zur Beerdigung seiner Oma in den Westen fahren durfte, beantragte Hans-Joachim Henze im Frühjahr 1989 die ständige Ausreise.

Manchmal muss erst ein Mensch sterben, bevor etwas geschieht. So hat es Hans-Joachim Henze empfunden. Ein rigides System, das Gefühle ignorierte, und die dramatischen Folgen eines Kurztrips in den Westen hatten Auswirkungen auf sein ganzes späteres Leben. Am 9. November 1989 wurde die Ausreise der Familie genehmigt.

Wer zu den Individuen gehört, die es als naturgegeben ansehen zu zweifeln, die Argumente wiederholt durchdenken, der trifft in Hans-Joachim Henze eine andere Sorte Mensch. Der inzwischen 65-Jährige, der 1989 von Riesa nach Hannover gekommen ist, scheint sich seiner Sache immer sicher zu sein. Ob es um die Beurteilung westdeutscher Wurst geht (er selbst bevorzugt die Ware aus Thüringen) oder um die Frage, was er dem DDR-System vorzuwerfen hatte. Henze unterstreicht: »Ich habe mich nicht eingeschlossen gefühlt.« Für ihn war es kein Widerspruch, dennoch in den Westen ausreisen zu wollen, es geschah, um seinen Kindern möglichst viele Chancen zu geben. Und er legt Wert auf die Feststellung: »Wir haben uns nie beklagt.«

Seine Körpersprache drückt Gewissheit aus, der feste Händedruck vermittelt Selbstvertrauen. Wie oft hat ihm sein innerer Kompass recht gegeben: etwa als der gelernte Dreher Ende der 1970er-Jahre beschloss, von Parchim nach Riesa zu ziehen, wo dringend Angehörige metallverarbeitender Berufe für das neue Stahl- und Walzwerk gesucht wurden. Eine moderne Rohrstoßbankanlage sollte in der sächsischen Stadt entstehen. »Gutes Geld«, etwa doppelt so viel wie in anderen Landesteilen, konnte er dort verdienen. Dazu »Neubauwohnung, Erstbezug«, zählt Hans-Joachim Henze die Vorteile auf. »Die Zuteilung von Obst und Gemüse war Gold. (...) Wenn es einmal im Jahr Melonen gab, lag bei uns in der Küche der ganze Fußboden voll.« Ein Auto konnte er sich schon früh leisten, gebraucht zwar, einen 20 Jahre alten Škoda Octavia. Zum volkseigenen Betrieb gehörten selbstverständlich Krippe, Kindergarten und Poliklinik. »Alles wurde vom Stahlwerk finanziert«, ergänzt Ehefrau Regina. Dem jungen Paar ging es gut, die drei Kinder wurden im Abstand von jeweils drei Jahren geboren. Weil die Familie wuchs, bekam sie auf Antrag eine größere Wohnung. Bad, Balkon, zehn Stockwerke hoch, und der Neubau stand schön gelegen in einem gewachsenen Viertel. Zum Haushalt gehörten typische DDR-Produkte, eine Kaffeemaschine vom Typ K109, der Mixer RG 28, »unkaputtbar«, eine ganz andere Qualität als viele Produkte im Westen, wo vieles nach drei Jahren den Geist aufgebe.

40 Ostmark hat damals unter der Hand eine Packung Jacobs »Krönung« gekostet, das wissen sie heute noch. Doch Hans-Joachim Henze war geschickt genug, sich seltene Konsumartikel zu »organisieren«. Er ist das, was man neumodisch einen Netzwerker nennt. Sehnsüchte materieller Art kamen in seinem Alltag kaum vor, er hatte nicht das Gefühl zu verzichten. Probleme mit dem SED-Regime erlebte er nicht. Beiden Ehepartnern war klar, dass es immer einen gab, im Haus oder im beruflichen Umfeld, der andere bespitzelte. Manche hätten noch mehr geplaudert als andere, Henze macht eine typische Geste, die Schnatterbewegungen imitiert. Seine privaten Beziehungen in den anderen Teil Deutschlands waren überschaubar: Ein alter Freund

hatte es geschafft auszureisen, er wohnte inzwischen in Hannover. Hans-Joachim Henzes Oma war bereits vor dem Mauerbau zu seiner Tante in den Westen übergesiedelt. Auch die Oma von Ehefrau Regina hatte nach Erreichen des Rentenalters diesen Schritt getan, sie lebte in Mainz. Von dort aus schrieb sie mahnende Briefe: »Auch hier ist nicht alles Gold, was glänzt.«

Es war beiden Eheleuten nicht klar, welch wichtige Rolle die beiden Großmütter in Zukunft noch spielen würden, als ihr zufriedenes Leben in Riesa erste Risse bekam. Hans-Joachim Henzes Oma musste ins Krankenhaus: Der Diabetikerin sollte ein Bein abgenommen werden. Bis dahin war sie einmal pro Jahr zu Besuch gekommen. Doch nun spürte ihr erwachsener Enkel zum ersten Mal den starken Drang, sie in ihrer neuen Heimat, in Stuttgart, aufzusuchen. Vergeblich. Sein Antrag, die alte Dame in der Klinik besuchen zu dürfen, wurde von der Abteilung Innere Angelegenheiten abgelehnt. Ohne Begründung. Kurz darauf folgte eine erneute Amputation. Wieder durfte Henze nicht nach Süddeutschland. Erst nachdem die Oma 1987 gestorben war, wurde ihm erlaubt, zur Beerdigung zu fahren.

Die Tour in den Westen dauerte nur wenige Tage: erst die Trauerfeier, auf der Rückfahrt dann ein Stopp in Hannover. Hans-Joachim Henze war überwältigt – die vielen Geschäfte, das Überangebot an Waren und Lebensmitteln, die Helligkeit, die Neonreklame, die Farben. Wie erschlagen fühlte er sich nach der Heimkehr: »Ich war drei Wochen krank.« Der Mann, der auf seine Familie wie ein Fels in der Brandung gewirkt hatte, der immer gedacht hatte, sich auszukennen im Leben, war niedergedrückt, litt unter Magenbeschwerden. Vielleicht war es die Kombination seiner Erlebnisse: die autoritäre Härte des DDR-Staates, der ihm versagt hatte, in Würde von der Oma Abschied zu nehmen, einerseits. Der schwindelerregende Überfluss im Westen, das berauschende Gefühl von Hier-ist-alles-möglich andererseits. »Solch einen

Stapel Schokolade habe ich damals bei Aldi gekauft«, er deutet mit der Hand einen halben Meter an, »davon haben wir bestimmt ein Jahr was gehabt.« Was in seiner Erinnerung überwiegt: »Ich habe das damals nicht verarbeiten können.«

Zurück an seinem Arbeitsplatz, erlebte Hans-Joachim Henze den nächsten Schock, sein Spind war aufgebrochen, das Werkzeug während seiner Abwesenheit gestohlen worden. »Die Kollegen hatten wohl nicht damit gerechnet, dass ich zurückkomme.« Mag sein, dass es dieses offensichtliche Misstrauen war, das ihn erschütterte. Vielleicht auch die Erkenntnis, dass er kein unverzichtbarer Bestandteil des Kollektivs zu sein schien.

Die Zuversicht war angeknackst. Hans-Joachim und Regina Henze sagen zwar heute noch Sätze wie: »In der DDR gab es keine Arbeitslosigkeit«, doch die Vorstellung, dass ihre Zukunft womöglich woanders lag, nahm Gestalt an. Ein heimliches Treffen mit dem alten Freund Jochen, der inzwischen im Westen lebte, an der Transitstrecke zwischen der sogenannten Zonengrenze und Berlin: Über Land fuhren die Henzes vorsichtig von hinten an die Raststätte Michendorf heran. Die Kinder waren in der Obhut einer Bekannten. Regina Henze hatte »Schiss«, sagt sie. Sie fürchtete, beobachtet zu werden, falls ja, wären Verhöre die Folge gewesen. Vielleicht würde man ihnen sogar die Kinder wegnehmen. Sie hat noch die ermutigenden Worte von Jochen im Ohr und erinnert sich, dass er ihr D-Mark gab, um im Intershop einkaufen zu können. »Daran erinnern sich alle, die mal im Osten gelebt haben«, sagt sie und lächelt, »an den Duft, den Geruch von Kaffee, Parfüm ...« Ihr Mann ergänzt: »Und Kaugummi.«

Zurück in Riesa, tat der Mann, der von sich sagt, »man muss organisieren können«, auch die folgenden Schritte mit Bedacht. Im Frühjahr 1989 stellte das Paar für sich und seine Kinder einen Ausreiseantrag. »Wir haben gespürt, dass es nicht besser wird.« Um nicht zu provozieren, »haben wir ausschließlich private Gründe genannt«, so Henze. Er gab an, eine Erbschaft im Westen antreten zu wollen, außerdem würden er und seine Ehefrau sich im Westen um deren Großmutter kümmern und sie zu sich nehmen wollen, »damit ihr nicht dasselbe Schicksal widerfährt wie meiner Oma«.

Bis dahin gehörten beide demselben volkseigenen Betrieb an, doch Regina Henze wechselte nun vorsorglich den Arbeitsplatz und begann in einem Kindergarten zu arbeiten. Sie wusste, dass der Ausreiseantrag ihren Vorgesetzten nicht verborgen blieb. Aber das galt letztlich auch für ihren neuen Job. »Fast täglich hat mich die Kindergartenleiterin zu sich zitiert und auf mich eingeredet, doch hierzubleiben.«

Derweil bereitete Hans-Joachim Henze systematisch, Schritt für Schritt, die Abreise vor. Er fand einen Käufer für das Auto, der bereit war, noch zu warten bis zur Ausreise. Ebenso ließ Henze einen Tischler vorsorglich Umzugskisten fertigen. Ein Griff in sein Archiv, und er liest eine Packliste vor. In Kiste 17 befanden sich »Kinderspiele, Gürtel, ein Morgenrock, Kuchengabeln«. Damals machte das Paar ausfindig, wie es vom Westen aus an sein gespartes Geld herankommen würde. »Wir mussten es auf die Staatsbank nach Meißen bringen, man sagte uns, nach unserer Übersiedlung in den Westen dürften wir monatlich 100 Mark transferieren.« Ein wenig attraktives Angebot, doch eine Alternative gab es zu diesem Zeitpunkt nicht. Die vielleicht schmerzlichste Auflage für Hans-Joachim Henze: »Ich sollte von meiner Mutter, die in Ostdeutschland bleiben wollte, eine eidesstattliche Versicherung beibringen, dass sie auf Pflege durch mich im Alter verzichtet.«

Ab Spätsommer 1989 fanden immer mehr Demonstrationen statt, Menschen gingen auf die Straße, um unter anderem Reisefreiheit zu fordern, zuerst in Leipzig, dann in immer mehr Städten, auch in Riesa. Hans-Joachim Henze sah die Demos, aber selbst machte er nicht mit. Er mag die Emphase nicht, er mochte auch nicht offenkundig zu den

Unzufriedenen zählen. Seine Kinder, die inzwischen drei, sechs und neun Jahre alt waren, über einen Zaun zu reichen wie manche Botschaftsbesetzer in Prag – das kam für ihn und seine Frau nicht infrage. Er wünschte sich zwar ebenfalls die Ausreise, aber anders: »Ich wollte das offiziell.«

Die beiden ahnten nichts von der Öffnung der Mauer, solch ein Ereignis fand in ihren kühnsten Träumen nicht statt, doch am 9. November 1989 war es so weit. Tausende DDR-Bürger eroberten jubelnd den Ku'damm, fünf Tage später bekam die Familie Post: Sie enthielt offizielle Dokumente, die Entlassung aus der Staatsbürgerschaft und Visa. Das Ehepaar kaufte Zugtickets für sich und die Kinder. Die letzte Nacht verbrachten sie in der Wohnung einer Nachbarin, ihre eigene mussten sie einen Tag vor der Ausreise übergeben. Schlaflos habe Regina Henze dagelegen und darüber gegrübelt, »was ich aufgebe, die Sicherheit, die Arbeit, die ich habe«. Am nächsten Tag fuhren sie los in Richtung Gießen. Doch bis dahin ging die Reise nicht, in Bebra mussten die Henzes aussteigen. Wegen des großen Ansturms waren einige Aufnahmeeinrichtungen schon überfüllt. Einige Tage verbrachten sie in kasernenartigen Unterkünften, bekamen für fünf Personen 1000 D-Mark als Startgeld. Doch ihr Ziel hieß Hannover, sie wollten dorthin, wo auch ihr alter Freund Jochen wohnte. Er hatte als Versicherungsmakler Fuß gefasst.

Hans-Joachim Henze organisierte das neue Leben: Nur wenige Wochen später trat er einen Job an, er hatte ein Auto gekauft und eine Wohnung in Hannover gefunden. Doch die Umstellung war nicht leicht, auch nicht für Tochter Susanna. Mitschüler hänselten sie wegen ihres sächsischen Dialekts, sie lernte darum innerhalb kürzester Zeit Hochdeutsch zu sprechen. Das Ehepaar, das in der DDR in einem volkseigenen Betrieb gearbeitet hatte, zu dem auch Unterkünfte für Werksangehörige gehörten, staunte im Westen, dass »man sich hier um so viele Dinge selber kümmern muss«. Der Clash der Kulturen erstreckte sich bis hin zu ästhetischen Fragen. Keine Gardinen an den Fenstern, das fanden sie nicht cool oder modern, sondern äußerst gewöhnungsbedürftig. Die neue Freiheit erlebten sie im Kindergarten in Hannover als wildes Durcheinander. Strukturen und Didaktik? – nicht erkennbar aus Sicht der Neuankömmlinge. Regina Henze: »In Riesa wurden die Kinder mit Handschlag und mit ihrem Namen begrüßt. Sie haben Lieder und ab und zu ein Gedicht gelernt oder erste Rechenaufgaben gemacht.« Verblüffung auch darüber, dass Eltern in der Schule bei der Renovierung des Klassenzimmers mit anpacken und Wände streichen sollten. Hans-Joachim Henze hatte das in Riesa anders erlebt: »So etwas konnte ich nicht verstehen.« Und sie: »Dafür war bei uns der Staat verantwortlich gewesen.«

In Riesa hatte er in einem Werk gearbeitet, in dem Stahlrohre hergestellt wurden, eine hochmoderne Anlage, wo sich die Übergabewagen auf Knopfdruck bewegten. In Hannover war er in einem Röhrenhandel tätig, doch die Bedingungen empfand er als schlechter. Bei schweren Lasten musste Henze hier Körperkraft einsetzen. »Es war eiskalt in der Halle.« Für seine Frau kein Wunder, »das war ja auch in privater Hand. Dann wird auf Kosten der Mitarbeiter gespart.« Auch in anderer Hinsicht habe er sich »angepasst«, erklärt er. In Westdeutschland seien die Menschen weniger offen. An seinem alten Arbeitsplatz habe jeder Kollege die Lohnbescheinigung des anderen sehen können, hier dagegen sei so etwas undenkbar. »Wie weh tut das denn!«

Überhaupt habe sich das Klima verändert: Genau wie früher im Osten könne man inzwischen nicht mehr offen seine Meinung äußern. Die Henzes hadern mit dem Flüchtlingszustrom. Katastrophal findet er die Bemerkungen von Westdeutschen, die erklärten: »Wir haben euch doch auch aufgenommen.« Solch eine Haltung empört Ehefrau Regina: »Wir sind Deutsche. Wir mussten nicht integriert werden.« Auch ihr

Regina und Hans-Joachim Henze, 2019 (Foto: Prem Lata Gupta)

Mann, der sich mit seiner Familie aufgemacht hatte in ein scheinbar besseres Leben, mag derartige Vergleiche nicht: »Da kommen lauter junge Männer übers Meer und haben alle ein schönes Smartphone in der Hand. Wenn sie abgeschoben werden, reisen sie hintenrum wieder rein.«

Für sich selbst reklamieren die Ausreiser, angekommen zu sein im vereinten Deutschland, auch wenn es für Kopf und Herz ein weiter Weg war. Das große, ursprüngliche Ziel – dass ihre Kinder alle Möglichkeiten haben sollten – ist erreicht: Tochter Susanna arbeitet als Personalreferentin, Sohn Daniel hat Wirtschaftsinformatik studiert und eine leitende Funktion im IT-Bereich, Andy ist Einzelhandelskaufmann. Hochzeitsfotos und viele Bilder der inzwischen fünf Enkel schmücken das Wohnzimmer, das sich mit seiner schwarzen Ledergarnitur und den hellen Holzmöbeln in jeder Stadt Deutschlands befinden könnte.

Wenn Hans-Joachim Henzes Kompass nicht nach Hannover gezeigt hätte und sie in ihrer Heimat geblieben wären, »dann wären wir vielleicht arbeitslos oder würden für einen Hungerlohn arbeiten«. Sein persönliches Resümee lautet: »Wir haben alles richtig gemacht. Ich würde die Entscheidung wieder so treffen.«

Hans-Joachim Henze lebt seit Ende 1989 in Niedersachsen. In Hannover hat er zunächst in einem Röhrenhandel und während seiner letzten Berufsjahre als Busfahrer gearbeitet. Nun ist er Rentner, und auch im Westen gefällt ihm nicht alles.

Jana Göbel

»Wir hatten verdrängt, dass wir wegwollten«

Heide und Rainer Schwochows Antrag auf Entlassung aus der Staatsbürgerschaft der DDR wurde am Tag des Mauerfalls genehmigt.

Ihren Ausreiseantrag stellten die Berliner Heide und Rainer Schwochow Ende 1988. Kurz darauf änderte sich das Land rasant. Trotz des Antrags durften beide weiter beim DDR-Rundfunk arbeiten. Im Spätsommer des folgenden Jahres gingen sie zu Mahnwachen, um für mehr Freiheit zu demonstrieren. Wollt ihr jetzt wirklich gehen?, fragten die Freunde.

Der 9. November 1989 begann freundlich. Das Ehepaar Schwochow hatte einen Termin beim Rat des Stadtbezirks Prenzlauer Berg in der Fröbelstraße, Abteilung Inneres. »Kurz und schmerzlos« sei es gewesen, erinnert sich Rainer Schwochow, »das hat keine zehn Minuten gedauert.« Man erklärte dem Paar, es werde in Kürze den Ausreisetermin bekommen. Elf Monate zuvor hatten Heide und Rainer Schwochow einen »Antrag auf Entlassung aus der Staatsbürgerschaft der DDR und Übersiedlung in die BRD« gestellt.

Dezember 2018, eine Verabredung mit den beiden an ihrem früheren Arbeitsort, dem Funkhaus in der Nalepastraße, ein großer Gebäudekomplex in Berlin-Oberschöneweide. 1989 waren beim DDR-Rundfunk mehr als 3000 Mitarbeiter beschäftigt. Alle überregionalen Radiowellen sendeten von hier in die Republik. Das Treffen findet in der Milchbar statt, dem früheren Pausencafé. Es ist noch gut erhalten: die Decke ocker, die Wände verkleidet mit hell poliertem Holz, ovale Milchglaslampen.

Es ist eine Reise 30 Jahre zurück, zum 12. Dezember 1988. Damals wurden Heide und Rainer Schwochow zum Hauptabteilungsleiter Funkdramatik bestellt. Sie wussten, dass es um ihren Ausreiseantrag ging. Den hatten sie wenige Tage zuvor in den Briefkasten gesteckt. Eineinhalb Seiten Schreibmaschinentext, in dem es um die Sehnsucht nach Mündigkeit ging. Um das Recht, sich ungehindert zu informieren, frei zu denken und frei zu entscheiden. »Wir sind nicht länger bereit, die DDR-Staatsbürgerschaft als eine lebenslange Fessel zu ertragen«, hatten sie geschrieben. »Deshalb beantragen wir für uns und unseren Sohn Christian die Entlassung aus der Staatsbürgerschaft der DDR (...).«

Heide und Rainer Schwochow waren angestellt beim DDR-Rundfunk: er als Dramaturg, damals 36 Jahre alt, sie als Regieassistentin, 35. Beide produzierten Kinderhörspiele, nichts vordergründig Politisches – und doch ein stetiges Austarieren, um den künstlerischen Freiraum so weit wie möglich auszunutzen. An jenem Morgen auf dem Weg zum Büro des Hauptabteilungsleiters ahnten die beiden, was passieren würde. »Ich hatte es bei einem Kollegen miterlebt«, erzählt Rainer. »Am Tag nach seinem Ausreiseantrag musste der seinen Dienstausweis abgeben und wurde zum Tor hinausgeführt. Das war's.«

Doch bei ihnen lief es anders. Was ihnen eigentlich fehle, habe der Hauptabteilungsleiter sie bei dem Gespräch verärgert gefragt, ob sie etwa hungern müssten oder frieren. Eine absurde, ja sogar komische Situation, sagen die Schwochows heute. »Die Frage zeigte seine ganze Hilflosigkeit«, erzählt Heide. »Natürlich hatte keiner gehungert oder gefroren, wir hatten sogar Telefon. Der wusste einfach nicht damit umzugehen.«

»Er wollte sagen: Euch geht's doch gut«, ergänzt Rainer, »aber nicht wirklich mit der Erwartung, uns umzustimmen. Der hatte eine Scheißrolle. Und die hat er auch noch schlecht gespielt.« Der Vorgesetzte legte den beiden nahe, den Sender zu verlassen. »Wir guckten den an, wieso sollten wir denn kündigen?!« Da wurde ihnen klar: Sie konnten bleiben. Rainer Schwochow: »Der durfte uns noch nicht mal entlassen. Mit so einer Situation war der noch nie konfrontiert gewesen.« Die Schwochows waren die Ersten, die trotz Ausreiseantrags weiter beim staatlichen Rundfunk arbeiten durften. Damals erzählte man sich, es sei eine Anweisung aus dem Staatsapparat gewesen. Man wollte den Antragstellern wohl nicht den sozialen Boden entziehen und hoffte darauf, sie umzustimmen oder weichzukochen.

Hinter den hohen Fenstern des Cafés zieht die Spree in Richtung Nordwesten. Wie haben die Kollegen reagiert? Heide Schwochow erzählt: »Eine Regisseurin hatte den Mut, mit mir gemeinsam Regie zu führen. Am Ende gab es eine sogenannte Absage: Regiemitarbeit Heide Schwochow. Daraufhin bekam die Regisseurin einen Anruf. ›Was machst du denn da?‹, wurde sie gefragt. ›Heide Schwochow war doch nur deine Assistentin!‹«

Heide ist der Kollegin bis heute dankbar. »Die war mutig«, sagt sie. Offizielle Anweisungen habe es nicht gegeben, sondern nur die Information, dass die Regiemitarbeit ab sofort nicht mehr abgesagt werden sollte. »Es war immer so um die Ecke. Unsere Chefin war ja selbst in der Bredouille. Einerseits wollte sie zu den Guten gehören, andererseits musste sie so etwas umsetzen.«

Rainer Schwochow machte ähnliche Erfahrungen. »Niemand hätte offen gesagt: ›Du darfst nicht mehr als Dramaturg arbeiten‹, damit hätten sie sich diskreditiert. Es wurde gesagt: ›Dir ist doch wohl klar, dass du nicht mehr als Dramaturg arbeiten kannst unter diesen Umständen. Das wirst du doch verstehen.‹« Er hatte trotzdem gefragt: »Wieso nicht?«, wissend, dass das als Provokation verstanden wurde. Es hieß dann, er könne als Assistent arbeiten. »Bei einem weiteren Gespräch sollte ich einen Änderungsvertrag unterschreiben, aber das hätte weniger Geld bedeutet. Ich habe nicht unterschrieben und gesagt: ›Dann müsst ihr mir kündigen.‹ Aber das durften sie ja nicht. Ich denke, die waren wirklich wütend.«

Ihre Geschichte sei auch eine Geschichte der Möglichkeiten gewesen, so sehen die Schwochows es heute. Und sie zeige, dass der Entscheidungsspielraum oft größer war, als viele heute denken. Es habe Kollegen gegeben, die sagten: »Ihr macht das richtig.« Manche hätten sich ja selbst mit dem Thema Ausreise beschäftigt. Es habe aber auch Ausgrenzung gegeben. »Natürlich, als Leute mit Ausreiseantrag waren wir Außenseiter«, erzählt Heide. Manche Kollegen fanden: »Die haben sich selbst in die Situation gebracht. Da sollen sie mal nicht heulen.« Eher subtil sei das gelaufen, sagt sie, »aber schmerzhaft für uns«.

Gemeinsam standen sie die Zeit durch. Sie waren ein Paar seit dem Studium. Die Ausreise wollten sie beide. Aber sie nahmen sich vor, nicht wie auf Abruf zu leben. Zu oft hatten sie bei anderen erlebt, dass das krank machen konnte. Natürlich wussten sie, dass die Wartezeit lang werden konnte, drei Jahre, vier Jahre. Sie wollten diese Zeit mit Sinn füllen. Deshalb versuchten sie auch weiterhin, sich einzubringen, so gut es ging.

Mit ihrem Trabant 601 machten sie Abschiedstouren an Orte, die ihnen wichtig waren: Erfurt, wo Rainer Schwochow am Theater gearbeitet hatte. Leipzig, wo sie studiert hatten. In Halle und Weimar besuchten sie Freunde, und sie fuhren sogar nach Bitterfeld, Chemiestandort und Symbol für die Umweltverschmutzung. »Die DDR noch mal in vollen Zügen genießen«, sagen sie lächelnd. Der Verkauf ihres Trabis, wenn es so weit wäre mit der Ausreise, war zu diesem Zeitpunkt längst geregelt.

Das Jahr 1989 begann. Immer mehr Menschen zeigten offen, dass sie nicht einverstanden waren mit den Verhältnissen im Land. Die

Partei- und Staatsführung reagierte mal mit Härte, mal mit Herablassung. Die Unzufriedenheit in der Bevölkerung wurde dadurch nur größer. Im Januar besetzten DDR-Bürger die Ständige Vertretung der Bundesrepublik in Ost-Berlin, um ihre Ausreise zu erzwingen. Doch SED-Chef Erich Honecker verkündete, die Mauer werde in 50 und auch in 100 Jahren noch stehen, wenn die Gründe für ihren Bau nicht beseitigt seien. Im Mai deckten Bürgerrechtler Wahlfälschungen auf, es folgten Proteste und Friedensgebete. Die Polizei antwortete mit Verhaftungen. Tausende flohen über Ungarn oder die ČSSR in den Westen. Doch in der Zeitung hieß es später lapidar, man weine denen keine Träne nach. Für viele hatte die Wut auf die DDR jegliche Privatheit verloren. Es ging um mehr als das persönliche Glück. Immer lauter wurde der Ruf: »Wir sind das Volk!«

Wie war das Leben zwischen Ausreiseantrag und dem Umbruch im Land? »Wir hatten verdrängt, dass wir wegwollten«, sagt Heide, »wir mussten das verdrängen. Aber wenn man einen Ausreiseantrag gestellt hat, ist da immer auch das Gefühl, ich verrate Menschen. Das tat auch weh.« Freunde fragten: »Warum wollt ihr denn gehen? Jetzt kann man doch was tun!« Aber den Gedanken zu bleiben schoben sie beiseite. Ein absurder Zustand sei das gewesen. »Das hatte was Schizophrenes«, erzählt Rainer. »Als die Demos losgingen, war für mich klar, dass ich dort hingehe. Im Oktober war fast jeden Tag einer von uns bei der Mahnwache.« Die Mahnwache vor der Gethsemanekirche in Prenzlauer Berg war ein friedlicher Protest. Immer mehr Menschen demonstrierten hier mit brennenden Kerzen gegen die Verhaftungen von Oppositionellen. Im Herbst 1989 standen zeitweise Tausende Menschen vor der Kirche.

Heide hat die Zeit noch lebhaft vor Augen: »Nach der Schule kam Christian, unser Sohn, zur Kirche. Zu Hause war ja keiner; wer von uns beiden Zeit hatte, war dort. Christian hat Flugblätter verteilt. Aber wir haben immer gesagt, nur einer von uns beiden geht zu den Protesten. Das haben wir immer durchgehalten, außer am 7. Oktober. Da waren wir beide auf der Straße. Wir haben von unserem Balkon gesehen, wie unten Freunde von uns verhaftet wurden. Da hat es uns nicht mehr in der Wohnung gehalten.« Der 7. Oktober 1989 war der 40. Geburtstag der DDR. Er wurde von der Staatsführung mit Parade und Volksfest gefeiert. Doch zugleich demonstrierten Tausende im Land für Reformen. Polizei und Staatssicherheit gingen mit Gewalt dagegen vor. »Es war alles möglich«, erzählt Heide, »nicht umsonst hatten sie Blutkonserven bereitgestellt.« Die Polizei umzingelte die Demonstrierenden. Da sei Angst gewesen, erinnert sich Rainer Schwochow, aber vor allem ein Hochgefühl. »Ich habe Flugblätter verteilt, und gegenüber stand die Polizei mit Wasserwerfern. Die habe ich zum ersten Mal am 7. Oktober gesehen. Ich kannte die nur aus dem Fernsehen.« Gemeint ist das Westfernsehen.

Nach dem Gespräch in der Milchbar geht es zu den Studios. Rainer Schwochow läuft zielstrebig in das Rundfunkgebäude. Weite gebogene Flure, pastellfarben beleuchtet von der spät erwachten Dezembersonne. Er geht vorweg, drückt Klinken, öffnet Türen. Eines der Studios: Die Wände sind mit mattglänzendem Holz vertäfelt. Die Akustik sauber, kein Hall. Je nach den Spielszenen, die man aufnehmen wollte, hatten die Studios unterschiedliche Namen: das Wohnzimmer, die Grotte, die Sauna, die Küche. Es gab auch eine Treppe, wo man Schritte auf Teppich, Holz oder Stein aufnehmen konnte. Kreative Räume seien die Studios damals gewesen, erzählen die Schwochows, fast frei von staatlicher Kontrolle.

Heide Schwochow erinnert sich an Heiner Müller und an die eine oder andere Whiskyflasche. Schauspieler wie Dieter Mann, Ekkehard Schall, Klaus Piontek und Ulrich Mühe sprachen hier Hörspiele ein. Kino im Kopf sei das gewesen. Allein 90 Kinderhörspiele im Jahr wur-

Heide und Rainer Schwochow auf dem Gelände des Funkhauses an der Berliner Nalepastraße, Dezember 2018 (Foto: Jana Göbel)

den damals produziert. »Das hat sich die DDR geleistet«, sagt Heide. »Heute kann man nur noch ahnen, was damals hier stattgefunden hat.« Doch im Herbst 1989 habe die Welt im Sender nicht mehr viel mit der Realität draußen zu tun gehabt, sagt Rainer Schwochow. »Jedes Mal, wenn ich von der Kirche hierherkam, wurde dieses Gefühl stärker. Wir haben uns aufgeregt, wie alle, aber wir wussten auch, dass der Laden auch ökonomisch den Bach runterging. Wenn ich darüber geredet habe, erntete ich Unverständnis: ›Was redest du denn da?‹«

Am Abend des 9. November waren sie feiern, Geburtstag bei einer Freundin. Die Wohnung lag in der Nähe der Bornholmer Straße. Im Fernsehen lief kurz vor 19 Uhr die berühmte Pressekonferenz mit Günter Schabowski. Es ging um eine neue Reiseregelung für DDR-Bürger – sie nahmen das nicht ernst. Nachts standen sie auf dem Balkon und rauchten. Da war die Bornholmer Straße voller Menschen. Sie zogen die Mäntel an und gingen runter. Der Strom nahm sie mit auf die Bösebrücke, die den Prenzlauer Berg vom Wedding trennt. Die Mauer war auf. Wahnsinn!

Die DDR existierte weiter, aber die Strukturen zerfielen. In den Ämtern herrschte Unsicherheit. Einerseits sollten die Schwochows penibel aufschreiben, was genau sie bei ihrer Ausreise mitnehmen wollten. Andererseits vergaß man, ihnen den Ausreisetermin mitzuteilen.

Das Land brach auf, und sie packten Kisten und schrieben seitenweise die angeforderten Listen dazu. Bücher über Bücher, jedes einzelne mit Titel, Autor, Verlag und Erscheinungsjahr. Bilder, ebenfalls mit Titel, Name des Künstlers, Jahr der Entstehung. Eine Liste für Porzellan, darunter die Teekanne, Schumann Bavaria. Drei kleine Vasen, Weimar. 15 Mittagsteller, Kahla. Ob Kissenbezug, Tauchsieder oder Socken, jeder Gegenstand musste notiert werden.

Gehen oder bleiben? Die Kisten wieder auszupacken, hätten sie als Niederlage empfunden. Für Heide und Rainer Schwochow hatte der Abschied schon vor Jahren begonnen, die Ablösung war zu weit fortgeschritten. Er hatte mit 20 Jahren das erste Mal versucht zu flüchten. Sie schnappten ihn in Ungarn kurz vor der jugoslawischen Grenze: ein Junge mit einem Rucksack und einer Europakarte. Es folgten drei Monate Untersuchungshaft in Dresden, Amnestie, Disziplinarverfahren, Exmatrikulation und jahrelanges Reiseverbot selbst in die sozialistischen Nachbarstaaten.

Als Heide und Rainer sich zum ersten Mal begegneten, hatte er gerade ein neues Studium angefangen, Theaterwissenschaft. Wider Erwarten bekam er eine zweite Chance in der DDR, da war Ausreise erst einmal kein Thema mehr. Doch der Gedanke, das Land zu verlassen, war nie ganz weg. In den Jahren danach sprachen sie immer wieder darüber. Aber nie passte es für beide zugleich – bis zum Dezember 1988.

Ein Jahr später, im Winter 1989, verließen Tausende Menschen das

Land über die nun offene Grenze. Einfach so. Weil die Schwochows auch nach Wochen von der Behörde noch kein Ausreisedatum bekommen hatten, bestimmten sie den Tag selbst. Am 9. Dezember 1989 fuhren sie zum Bahnhof Friedrichstraße und verließen mit ihrem Sohn Christian die DDR. Ihr Ziel: Hannover.

Es ist früher Nachmittag, wir stehen vor dem Hauptgebäude des ehemaligen DDR-Rundfunks. Auf dem Vorplatz schiebt ein Bagger lärmend Bauschutt beiseite. Wie blickt ihr heute zurück auf die Wartezeit vom Antrag bis zur Ausreise? »Wir hatten Glück«, sagen sie, »wir haben nur ein Jahr gewartet. Und wir konnten weiterhin arbeiten. Wir haben keinen Groll.«

Nach der Ausreise lebten die Schwochows neun Jahre in Hannover und kehrten dann nach Berlin zurück. Heute sind beide erfolgreiche Feature- und Drehbuchautoren. Gemeinsam schrieben sie das Drehbuch für den preisgekrönten Film *Bornholmer Straße*. Er handelt von der Nacht des Mauerfalls. Ihr Sohn Christian Schwochow führte die Regie.

Maris Hubschmid

»Wir waren gefährlich übermütig«

Wäre die Mauer nur wenige Monate früher gefallen, hätte sich Josefine von Krepl viel Geld und Nerven und eine (Schein-)Ehe erspart.

Die Modeschöpferin hatte sich lange mit dem Gedanken getragen, in den Westen zu gehen. Eine Flucht kam für sie nicht infrage, und sie musste einen Weg finden, ihr »Zeug« mitnehmen zu können. Die Stoffe, Schaufensterpuppen und Kleider waren ihr Lebenswerk.

Als ihr an einem sonnigen Maitag 1989 im Rat des Stadtbezirks Prenzlauer Berg an der Fröbelstraße endlich, nach jahrelangen, mühevollen und entbehrungsreichen Vorbereitungen eine Angestellte gnädigst mitteilte, sie dürfe an folgendem Datum ausreisen, da sagte Josefine von Krepl den unfassbaren Satz: »Da kann ich nicht.« Der 7. Juni – das ist ihr Geburtstag. Da wolle sie mit Freunden und Familie feiern, erklärte sie, statt Umzugskartons zu hieven. Die Beamtin schnappte kurz nach Luft – hatte man so was in diesen vier Wänden schon gehört? – und verwies die Frau mit den beinahe an sich schon unverschämten, beneidenswert kräftigen roten Locken ihres Büros. »Warten! Draußen!«

»Ich war«, sagt Josefine von Krepl rückblickend und legt den Kopf ein klein wenig schief, »an bestimmten Punkten meines Lebens geradezu tollkühn.« Aber ist das nicht vielmehr grundsätzlich festzustellen? Diese Frau hat das System untergraben, wo immer sie konnte, und wenn sie nicht konfrontativ dagegen vorging, so bewegte sie sich doch permanent in einem Graubereich – bunt, schrill, auffallend.

Wie sie so dasitzt, fällt es nicht schwer, das zu glauben: auf einem beigegrünen Plüschsofa, zwei Katzen neben sich, in einem überbordend möblierten Haus voller Objekte und Kunstwerke, von denen nicht wenige sie selbst zeigen. Die Haare – immer noch – genauso knallrot wie ihre Nägel, lange, glitzernde Perlen-Ohrhänger zu einem Kleid mit Leopardenmuster.

Josefine von Krepl, mit vollem Namen Josefine Johanna Therese Edle von Krepl, geboren 1944 im brandenburgischen Fürstenwalde. Dort war der Vater im Zweiten Weltkrieg in einer Torpedofabrik zwangsverpflichtet worden, und dorthin war ihm ihre Mutter aus Wien gefolgt. So wuchs Josefine, aus altem österreichischen Adel und mittleres von drei Kindern, in der DDR auf. Ab ihrem sechsten Lebensjahr in Berlin. Dort brachte sie auch ihre beiden Söhne zur Welt, dort heiratete sie, zweimal. Wenn später über sie geschrieben wurde – und das geschah nicht selten –, hieß es: zwei Ehen. Sie ließ es unwidersprochen stehen.

Dabei war sie mit dem zweiten Mann nicht mal im Bett gewesen, auch wenn ihre Mutter das zunächst nicht glauben wollte – »geht denn so was?« Wäre die Mauer nur wenige Monate früher gefallen: Josefine von Krepl hätte sich eine Ehe erspart, viel Geld und Nerven – und ein Haus behalten. Aber wer konnte das schon wissen? »Natürlich«, sagt sie, »es brodelte überall. Aber dass es so schnell gehen würde, hätte keiner vermutet.« Dass sie wegmusste, war klar. Nicht wegen irgendwelcher Luftschlösser oder Karriereträume. »Wegen der Jungen.« Felix, der Kleine, ging in den christlichen Kindergarten, Paul, der Große, war nicht bei den Pionieren, nicht in der FDJ, und als er in der Schule zum Tag der Nationalen Volksarmee im Alter von 13 Jahren ein Lob der Volksarmee aufsagen sollte, da stellte er sich hin und sang stattdessen »Sah ein Knab ein Röslein stehen«. Anruf zu Hause: »Herkommen, sofort, Ihr Sohn ist wohl wahnsinnig« – aber was sollte man schon erwarten, bei der Mutter.

Als sie 15 war, fand Josefine von Krepl Gefallen an den Holzsandaletten im Westfernsehen. Also sägte sie sich kurzerhand Sohlen aus Frühstücksbrettchen und nagelte Riemchen daran. Wie die Lehrer und Mitschüler guckten, als sie damit durch die Gänge klapperte! In der Turmstraße in Moabit erstand sie – das war vor dem Mauerbau – für zehn Westmark eine schwarze Armeekutte. Einen dunklen Rock bemalte sie mit Ölfarben. Ketten bastelte sie, die hingen ihr bis unters Knie.

Der graubeige Einheitslook war ein steter Frust der ostdeutschen Frauen – nicht nur für die schillernde Josefine! Sandfarbene Präsent-20-Hosen. Geblümte Dederon-Kittelschürzen. In *Meyers Neuem Lexikon* von 1962 hieß es: »Der Sozialismus ermöglicht eine gute Kleidung für alle, ohne Standesprivilegien, ohne luxuriöse Überspitzung (...).« Das DDR-Modeinstitut propagierte den Dresscode mit Sprüchen wie »Gehst du Lederol bekleidet, jeder Westler dich beneidet.« Naturmaterialien waren rar, Synthetikstoffe die Regel. Wer konnte – und Josefine übte sich früh darin –, schneiderte selbst.

Nicht zuletzt um ihren Vater zu beruhigen, setzte sie dem Modestudium eine solide Schneiderlehre voran und ergatterte 1967 eine Stelle als Moderedakteurin bei der Frauenzeitschrift *Für Dich*. Kein Wunder – sie hatte offenkundig Talent! Das Wunder war eher, dass sie 13 Jahre blieb. Stänkerte nicht der Chefredakteur von Anfang an gegen ihre Entwürfe und Inszenierungen? Zu kurz waren ihm die Kleider, zu selbstbewusst die Blicke der Models, die guckten ja so westlich-blasiert! In der Redaktion hatte sie Zugang zu Westzeitschriften wie *Brigitte* oder *Vogue*. Die nahm Josefine gern mit nach Hause, was streng verboten war, um sie in Ruhe zu inspizieren.

Als sie sich 1980 schließlich durchrang, zu kündigen und einen eigenen Laden aufzumachen, brauchte es keine Werbung. Wenn sie um zehn Uhr das Geschäft am Boxhagener Platz in Friedrichshain öffnete, standen die Frauen bereits in Zweierreihen davor. Am Abend war die Bude leergekauft.

Josefine von Krepl gab den Frauen im Arbeiter-und-Bauern-Staat, wonach sie sich sehnten: Individualität, Sex-Appeal, Extravaganz, mit Bindebändchen und Applikationen aus Seide. Und es gab da ein paar Erfindungen von – exakt! – Tragweite, zumindest bemerkenswerte Koinzidenzen. Sie hatte die Idee, eine Hose an beiden Beinen oberhalb des Knies mit einem rundherum laufenden Reißverschluss zu versehen, sodass man daraus ruckzuck eine kurze und wieder eine lange Hose machen konnte. Ende der 1980er entwarf Josefine von Krepl wattierte Wendejacken, und wenig später begann im Westen – ein Zufall? – der Siegeszug der Steppjacke.

Um Einfälle war sie auch sonst nicht verlegen. In der Russensiedlung Berlin-Karlshorst bestach sie Frauen mit Westkaffee und -nagellack, um einen Ballen Baumwolle kaufen zu können. Einem Orthopädieschuhmacher quatschte sie weiches Leder ab, aus dem sie kleine Täschchen fertigte. Wenn sie Modenschauen veranstaltete und eine neue Kollektion präsentierte, parkte vor der Tür ein weißer Wagen. Josefine ging hin: »Kommen Sie doch rein und trinken mit uns ein Glas Sekt, statt hier im Auto zu hocken!« Da wurde das Fenster eiligst hochgekurbelt, und die Stasi fuhr davon.

Sorge um sich selbst habe sie nie gehabt, sagt Josefine von Krepl, aber ihre Söhne sollten unbeschwert aufwachsen, mit allen Möglichkeiten! »Der Angstpegel«, sagt sie, »im Hintergrund wuchs.« Der Mann, der in diesem Moment den weitläufigen Wohnraum betritt und Kaffee kocht, ihr Partner seit 26 Jahren, sprang 1964 von Bord des Urlauberschiffs »Völkerfreundschaft«, um sich von der italienischen Marine aus dem Wasser fischen zu lassen. Aber den kannte sie damals noch nicht, nur ein beiläufiger Beweis, dass bei Josefine von Krepl beeindruckende

Geschichten und Lebenswege zusammenlaufen. »Für mich kam Flucht nicht infrage«, erklärt sie. Wäre sie erwischt und von ihren Söhnen getrennt worden, weder sie noch die zwei hätten das wohl verwunden. Kontakt bestand zu beiden Vätern, aber sie erzog sie im Großen und Ganzen allein.

»Und ich musste ja einen Weg finden, dass ich mein Zeug mitnehmen kann!«, ruft sie an dieser Stelle. Das Zeug, ein Lebenswerk. Wann hat es angefangen? Wer wollte das schon sammeln nennen damals? Es begann mit dem Kleid ihrer Großmutter, das wegsollte, ein schwarzes kunstseidenes, in sich gemustert. Josefine sagte entrüstet: »Nein!« Da war sie 13.

An ihr Haus, ein ehemaliges Pfarrhaus aus Backstein, schließt ein ebenso altes Stallgebäude an, und wenn man darin ihr nach die schmale Holzstiege hinaufklettert, steht man auf einem Dachboden voll mit Schaufensterpuppen in allen Farben und Größen, vor Schränken und Regalen, vor allem aber: dicht behangenen Kleiderstangen. Jedes dieser Kleider ist ein Dokument und Zeuge seiner Zeit, sorgfältig gepflegt und gehütet. Es ist freilich nur ein Teil ihrer Sammlung. Ein anderer befindet sich wenige Kilometer entfernt im Modemuseum in Meyenburg, das sie gegründet, konzipiert und ausstaffiert hat. »Das war immer mein Traum: ein eigenes Museum.« Eine Ironie des Schicksals, dass er sich gerade hier erfüllt hat. Nicht weit entfernt, bei Rheinsberg, verbrachte Josefine von Krepl einst ausgelassene Tage mit Freunden in ihrem Wochenendhaus. Aber dann kam eine Zeit, in der sie glaubte, ihr Glück langfristig nur jenseits der Mauer finden zu können – im Westen.

Die Bekannte einer Bekannten hatte »nach drüben« geheiratet. Es schien Josefine von Krepl der einzige erfolgversprechende Weg. Amerikaner, Skandinavier und Schweizer waren beliebt, weil dann die DDR-Frauen ihre Staatsbürgerschaft behalten und somit Freunde und Verwandte in der DDR besuchen konnten. Und Josefine, an Kontakten

Josefine von Krepl in ihrem Kleiderarchiv, 2019 (Foto: Maris Hubschmid)

nicht arm, bekam bald einen vorgestellt: Amerikaner, Tänzer am Theater des Westens.

»Ein toller Mann!«, sagt sie, und noch heute schwingt in ihrer Stimme ein bisschen Bedauern über den weiteren Verlauf ihrer Geschichte mit. Zunächst schien er, nachdem er sie besucht hatte, bereit für das Abenteuer. Bis er davon als braver Sohn ordnungshalber seiner Mutter erzählte. Die arbeitete in Washington für die US-Regierung und sorgte sich, sie könne Ärger bekommen. Im Café »Egon Erwin Kisch« Unter den Linden erklärte er Josefine, dass er einen Rückzieher mache.

Am 5. April 1989 trat Josefine von Krepl dennoch in einem zimtfarbenen Kostüm vor das Standesamt. Der fünfjährige Felix streute Blumen, die Gäste mussten schwer an sich halten, als die Standesbeamtin die Vorzüge von Ehe und Familie im Sozialismus pries. »Wir haben herumgeblödelt«, erinnert sich Josefine, »waren gefährlich übermütig.« Auch so ein Moment – wie viel stand auf dem Spiel?

Dabei hatten sie alles penibel vorbereitet: Die Stasi hatte gar nicht anders gekonnt, als den Mann wahrzunehmen, der alle paar Wochen über die Friedrichstraße mit Apfelsinen und Bananen einreiste, nie ohne zu betonen, er fahre zu seiner Verlobten. Es war ein Geschäft. 5000 D-Mark bekam Wolfgang, ein zweifach geschiedener Wessi. Das Geld hatte Josefine mit einem Kurs von 1 : 10 eingetauscht. Aber er war es wert, sagt sie entschieden, »wahrlich«! Spielte seine Rolle verlässlich – und er spielte sie lange.

Auch er war – wie der Amerikaner – ein Theatermann, allerdings Beleuchter, trug seinen Monteursanzug, als sie ihn das erste Mal in einer Theaterkantine traf, und war genauso aufgeregt wie sie. »Du bist also die Josefine.« Er war anständig, sie spürte das gleich. Es gab auch andere Gerüchte – von Frauen, die zur Prostitution gezwungen wurden von ihren Scheinehemännern.

Wolfgang aber half, wo er konnte. Verstand sich auch mit den Söhnen prima. Gelegenheit, sie kennenzulernen, hatte er genug. Die Hochzeit war die zwingende Voraussetzung für eine sogenannte Familienzusammenführung – aber keine Garantie. Für beides brauchte es eine Genehmigung. Ein halbes Jahr, nachdem Josefine »ihren« Wolfgang kennengelernt hatte, stellte sie die Anträge bei der Abteilung Inneres. Wolfgang kam, brachte Apfelsinen mit und ging wieder. Und wieder. Und wieder.

»Drei Jahre hat es gedauert, ehe ich den Schein in den Händen hielt.« Den gelben. Fehlte immer noch der rosafarbene für die Ausreise. Als sie ihre Ehe schlossen, wusste keiner, wie lange sie ein Paar würden spielen müssen. Der besiegelnde Kuss wurde von den Gästen johlend beklatscht. Ob er denn seiner Zukünftigen zuliebe nicht in die DDR übersiedeln wolle, wurde Wolfgang gefragt. Er verneinte. Nach dem Standesamt-Termin fuhren sie mit Kindern und Trauzeugen in eine Eisdiele an der Karl-Marx-Allee. Nebenan, im Kino International, wurde der Apartheid-Film *Schrei nach Freiheit* gespielt. Da entstand ihr Hochzeitsfoto, das heute im DDR-Museum an der Karl-Liebknecht-Straße zu sehen ist.

An dem Haus bei Rheinsberg zeigten ein plötzlich wieder aufgetauchter Schulfreund und seine Frau großes Interesse. Ausreisende mussten sämtliche Grundstücke verkaufen. Josefine einigte sich mit dem Paar auf 37 000 Mark Anzahlung und weitere 50 000 in Raten, zahlbar an ihre Mutter, die sie versorgt wissen wollte. Der Vater war schon gestorben. Der Freund schlug ein, und das Haus wurde überschrieben. Wenige Wochen nach ihrer Eheschließung zerriss er den Vertrag vor ihren Augen. Wenn sie Theater mache, drohte er, würde er der Stasi von dem anderen Theater erzählen, das da gegeben wurde: diese vermeintliche Beziehung! Welche Farce!

Es dauerte dann glücklicherweise nur zwei Monate, bis die Angestellte im Rat des Stadtbezirks an der Fröbelstraße nach der Hochzeit auch die Ausreise genehmigte. Zwei Stunden ließ sie Josefine von Krepl, nachdem die den Termin abgelehnt hatte, im Flur warten. »Reine Schikane!« Es ärgert sie noch immer. Dann holte die Dame sie wieder herein und schob ihr einen neuen Termin hin: 19. Juni. »Da wird es ja hoffentlich passen.«

Es folgte – natürlich! – noch mehr als ein Streich, der das gesamte Unterfangen gefährdete. Die Klamotten, die besonders alt waren, ließ Josefine peu à peu von der Frau eines westdeutschen Korrespondenten und anderen Grenzgängern in den Westen transportieren. Was älter als von 1900 war, galt als Kulturgut und durfte das Land nicht verlassen. Möbel allzumal. Doch Josefine von Krepl hatte einen Namen gehört, saß tagelang vor der Haustür, »schreiben konnte man dieses Anliegen ja nicht«. Und als der besagte Mann endlich kam, gab er ihr ein Paket mit, das sie von ihren Kontakten in den Westen schmuggeln ließ. Zum Dank schrieb er ihr ein Gutachten, das sämtliche ihr wichtigen Stücke als uninterressant einstufte.

Hier erhebt sich Josefine von Krepl von ihrem Plüschsofa, auch wenn das bedeutet, dass sie eine der Katzen aufscheucht. Krepl geht hinüber zu dem breiten Bauernschrank und öffnet die Tür, in der noch heute groß und deutlich die Ziffer 3 zu sehen ist. Da wurden Listen erstellt, und selbst hier konnte sie das Tricksen nicht lassen: Schrieb die 3 gleich an mehrere Möbel, denn da war eine Nachbarin, die ebenfalls rübermachen wollte, aber nicht die Mittel hatte, ihren Besitz transportieren zu lassen.

Sie feierten dann noch ein großes Fest in den Offenbachstuben in der Senefelderstraße, Geschenke, Tänze, Reden. Die Gesellschaft war ausgelassen und doch traurig, schließlich wusste niemand, wie lange es dauern würde, bis man sich wiedersah.

Die Mitarbeiter ihres Ladens, zehn an der Zahl, waren hin- und hergerissen, solidarisch einerseits, aber ihre Existenzen hingen ja von ihr ab. In dem Moment, in dem sie den Schlüssel im Schloss ein letztes Mal umdrehte, ging nicht nur für Josefine von Krepl eine Ära zu Ende.

Über die Friedrichstraße reiste sie mit ihren fünf- und 13-jährigen Söhnen und einem Fahrrad aus. Statt zu ihrer vorgeblich großen Liebe zog sie ins Auffanglager nach Marienfelde, von dort weiter in ein Wohnheim an der Potsdamer Straße, gegenüber dem Babystrich. Lediglich ihre Sachen stellte sie in einer von Wolfgang gemieteten Souterrainwohnung unter. Die beiden hatten einen Vertrag geschlossen, dass Josefine zu keinem Zeitpunkt Ansprüche an ihn zu stellen hatte. Täglich durchforstete sie die Zeitungen nach Stellenanzeigen. Um die Familie zu ernähren, kellnerte sie, verkaufte Bilderrahmen und Spitzenkragen auf dem Flohmarkt an der Straße des 17. Juni.

Und dann fiel die Mauer. »Ich habe Rotz und Wasser geheult«, erzählt Josefine von Krepl. »Jetzt kommt der Osten mir nach!«

1990 übernahm Josefine von Krepl ein Antikmodegeschäft in Berlin-Wilmersdorf, zog dann in die S-Bahn-Bögen am Bahnhof Friedrichstraße, ehe sie am Kollwitzplatz neue Geschäftsräume fand – und enttäuscht wurde. Die Menschen, die ihr einst ihre Kreationen aus den Händen gerissen hatten, trugen nun in großen Plastiktüten Austauschbares nach Hause. Heute lebt sie mit ihrem langjährigen Partner und drei Katzen in Kuhbier im Landkreis Prignitz. Die Leitung des 2006 von ihr gegründeten Modemuseums im benachbarten Meyenburg hat sie 2018 an ihre Nachfolgerin übergeben. Gelegentlich führt sie noch durch die Ausstellung oder veranstaltet private Salonabende auf ihrem Speicher. Mit Wolfgang telefoniert sie ab und zu. Geheiratet hat keiner von beiden wieder. Sie wurden im April 1990 geschieden. Beantragt hatten sie das, kaum dass Josefine die Grenze überquert hatte. Ihr einstiges Haus bei Rheinsberg hat sie nie wieder besucht. In einem West-Berliner Büro stellte sie 1990 einen Antrag auf Rückübertragung. Man bedaure, nichts für sie tun zu können, teilte man ihr mit: »Das war eben der Preis der Freiheit.«

Julia Boek

»Safari durch den Sozialismus«

Der neunjährige Christian Paul wurde im September 1989 über den Zaun der deutschen Botschaft in Prag gehoben.

Eine Urlaubsreise nach Bulgarien, drei gescheiterte Fluchtversuche und ein vierstündiger Zwischenstopp in der Prager Botschaft. Die Geschichte der ausreisewilligen Familie Paul ist ein richtiges Roadmovie. Auf der Rückbank des Trabis sitzt der neunjährige Christian.

16. November 2014: Das Ehepaar Paul hat in sein Haus nach Leingarten, einem Vorort von Heilbronn, geladen. Gemeinsam mit ihren Söhnen Christian und Matthias und einigen Freunden wollen sie heute bei einem Glas Sekt das Erlebte Revue passieren lassen. Für Familie Paul ist dieser Tag ein besonderer: Vor 25 Jahren verließen sie ihre Heimatstadt Magdeburg. Sieben Tage ist die Mauer damals erst offen.

Christian ist aus Berlin angereist, wo er seit ein paar Jahren in leitender Position im Finanzwesen eines großen Chemiekonzerns arbeitet. Zum heutigen 25-jährigen Ausreisejubiläum seiner Familie will er ein paar Worte sagen. Er ist das jüngste Familienmitglied der Pauls, im November 1989 ist er neun Jahre alt. Noch gut erinnert sich Christian an die leer geräumte Plattenbauwohnung im Magdeburger Bördebogen 7, in der es nun hallte, wenn jemand sprach. Daran, wie seine Eltern die Tür schlossen und sie noch einmal mit Oma und Opa Abendbrot aßen. Seine Erinnerungen an jenen kühlen Herbstabend in Magdeburg

Christian Paul mit seinem Vater, 1988 (Foto: privat)

hat er niedergeschrieben. »Alle nahen Verwandten waren gekommen, um uns Auf Wiedersehen zu sagen«, steht auf den zwei Blättern. »Erwachsene, aber auch Kinder strömen durch die Bahnhofshalle mit dem Ziel, einen Platz in den Zügen Richtung Westen zu erreichen. Es war ein Gewusel, Gejohle und Gerangel.«

Doch als Christian jetzt im elterlichen Wohnzimmer das Wort ergreifen möchte, versagt ihm die Stimme. Er sammelt sich, probiert es gleich noch einmal. Und dann noch einmal. Eigentlich ist er geübt im freien Sprechen, das ist keine große Sache für ihn. Aber die Worte wollen nicht über die Lippen kommen, stattdessen bricht er in Tränen aus. Seine Eltern sind in diesem Moment zuerst verblüfft, dann »arg berührt«, wie sein Vater Detlef Paul später sagt. Auch sie weinen.

Es ist auch kaum zu fassen, was Familie Paul im Sommer und Herbst des Jahres 1989 erlebte. Ihre Geschichte erzählt sich wie ein spannendes Roadmovie, die Pauls sprechen von ihrer »Safari durch den Sozialismus«.

Im Sommer 1989 ist Detlef Paul 36 Jahre alt. Der gelernte Maschinenbaumeister arbeitet im Konsummühlen- und Teigwarenwerk Magdeburg. Seinen Grundwehrdienst bei der Nationalen Volksarmee hat er Mitte der 1970er-Jahre in Ilsenburg im Harz absolviert. Der Grenzabschnitt ist als »Hauptanlaufpunkt für Grenzverletzer« bekannt. Marina, seine zwei Jahre jüngere Frau, ist als gelernte Exportkauffrau in den Möbelwerken der Stadt beschäftigt. Lange hat das Paar bei den Behörden um eine Vierzimmerwohnung in der Plattenbausiedlung im Norden der Stadt gekämpft, jetzt haben sie sich gemütlich eingerichtet – so wie auch ihr Leben im Sozialismus. Scheinbar.

Ihre Wochenenden verbringen die Pauls oft im Garten. Regelmäßig sind die Großeltern zu Besuch. Manchmal auch Tanten und Onkel aus Heilbronn. Dann hält die weite Welt Einzug im Plattenbau. Christian erinnert sich, dass die Westverwandten schicke Klamotten trugen und tolle Autos fuhren und »dass es im Bad immer so gut nach Duschgel roch, wenn sie da waren«. In der Vorstellung des Neunjährigen duftet der Westen süßlich. Und auch die Westdeutschen wirken »selbstbewusster und irgendwie lässiger«, jedenfalls die Verwandten, die die Pauls am Magdeburger Wohnzimmertisch mit ordentlich Witz entertainen. »Rückblickend war das natürlich totaler Schwachsinn«, sagt Christian im Januar 2019 mit sonorer Stimme am Küchentisch seiner Dreizimmerwohnung in Prenzlauer Berg, wo er gemeinsam mit seinem Partner wohnt. »Das waren ganz bodenständige Schwaben.« Der 39-Jährige lacht. Mit seinen weichen Gesichtszügen, dem vollen Haar, der großen schlanken Statur wirkt er jünger.

Fahren die Onkel und Tanten zurück nach Westdeutschland, lassen sie Zweifel bei Marina und Detlef Paul zurück. Auch zwei genehmigte Familienbesuche – anlässlich von runden Geburtstagen dürfen die Eheleute getrennt voneinander in den Westen reisen – führen ihnen die Enge der DDR vor Augen. Der Magdeburger Alltag ist kräftezehrend, die Beschaffung von Lebensmitteln, Werkzeugen oder Baumaterialien oft beschwerlich. In Detlef Pauls Erinnerung ist es ein ständiges »Kämpfen, Drücken, Suchen, Machen, Tun« – auch wenn man sich im Freundeskreis und unter Nachbarn hilft. Und dann der blöde Reservedienst, den Kanonier Detlef Paul bei der Nationalen Volksarmee regelmäßig leisten muss. Manchmal wird er von einem Tag auf den anderen einberufen. Seine Söhne, das nimmt sich Detlef Paul vor, sollen später keine Uniformen anziehen müssen.

Christian beschreibt sich als »fröhlichen Jungen mit blonden Haaren«, ein verträumtes Kind. Oft schaut er aus dem Fenster. In der Ferne kann er die Lichter der Autos auf der E 30 sehen. Aber Christian interessiert sich mehr für das Wetter und die Natur, auf dem Balkon hängt ein Thermometer, täglich guckt er nach, wie weit das Quecksilber steigt oder fällt. Bei einer Sichtung zur sportlichen DDR-Nachwuchsförderung in der dritten Klasse wird er für das Schwimmen ausgewählt. Wie sein älterer Bruder auch, geht Christian nun fünf Mal in der Woche nach der Schule zum Training. Das tägliche Schwimmen findet er anstrengend. Nun bleibt weniger Zeit, um mit den Freunden zu spielen oder um im Westfernsehen – im Bördebogen wird RIAS, Sat.1, ARD und ZDF empfangen – seinen Lieblingstrickfilm *Tom und Jerry* zu gucken.

Für Juli 1989 haben die Pauls über den Freien Deutschen Gewerkschaftsbund und die Magdeburger Möbelwerke einen Ferienplatz in Varna in Bulgarien zugeteilt bekommen. Der 2000 Kilometer entfernte Goldstrand am Schwarzen Meer ist bei DDR-Bürgern ein beliebtes Reiseziel, der dreiwöchige Ferienplatz eine glückliche Fügung. Christian freut sich auf die Sommerferien »im richtigen, exotischen Ausland«. Er ist gespannt auf die für ihn gigantische Reise durch die ČSSR, durch Ungarn, Rumänien und Bulgarien. Vor der Abreise haben seine Eltern die Familienalben und wichtige Unterlagen bei den Nachbarn deponiert, den Fotoapparat aber vergessen sie mitzunehmen.

Am frühen Morgen des 1. Juli steigen die Pauls in ihren Trabi und fahren 600 Kilometer weit ins tschechische Brno. Zwölf Stunden dauert die erste Etappe, der Trabant 601 (Baujahr 1970) bringt es auf gerade mal 80 Kilometer pro Stunde. In einem Vorort von Brno wollen sie das zuvor reservierte Quartier beziehen und sind völlig überrascht, als man sie abweist. Auch in anderen Motels und auf Campingplätzen werden sie fortgeschickt. Erst als Detlef Paul einem Rezeptionisten 20 Westmark über den Tresen schiebt – für die Magdeburger ein Vermögen, das Geld haben ihnen die Westverwandten zugesteckt –, erhält die Familie ein Zimmer. Den vollen Preis für die Übernachtung müssen sie trotzdem zahlen, diesmal in tschechischen Kronen. Eine bittere Erfahrung, die sich wie ein roter Faden durch die Transitländer ziehen wird. DDR-Bürger werden in den sozialistischen Bruderländern wie Deutsche zweiter Klasse behandelt. Einen Schlafplatz bekommt, wer Westmark vorweisen kann.

Am nächsten Tag begibt sich die Familie auf ihre zweite Etappe von Brno an den Balaton. Doch hinter der ungarischen Grenze verlässt der Trabi die Autobahn in Richtung österreichische Grenze. Von der Kleinstadt Sopron im äußersten Nordwesten Ungarns sind es nur gut 15 Kilometer bis zum Neusiedler See – auf der Seite des Klassenfeindes. »Aus den Straßen wurden Feldwege, dann kam schon der Schilfgürtel«, erinnert sich Christian. Hier wollen die Pauls das Auto abstellen und aussteigen. »Halt!«, »Stehen bleiben!«, »Aussteigen!«, plötzlich stehen ungarische Grenzsoldaten vor dem Trabi. Aber Detlef Paul ist vorbereitet – oder er improvisiert. Beim Aussteigen greift er zur Landkarte, klappt sie vor den Augen der Grenzer auf und deutet auf ein Schwimmbadsymbol. Locker habe sein Vater gewirkt, als er auf die Grenzer zuging, sagt Christian. Er dagegen habe »richtig Angst gehabt«. Die ungarischen Grenzer wirken erleichtert, dass sich die Familie aus der DDR anscheinend nur verfahren hat, »vielleicht weil sie froh waren, dass sie uns nicht festsetzen mussten«, sagt Christian. Die Familie wird zurück auf die Autobahn geschickt. Während der Weiterfahrt ist die Stimmung getrübt.

Dass seine Eltern während ihrer Ferienreise versuchen würden, in den Westen zu fliehen, hat Christian bereits einige Wochen zuvor von seinem älteren Bruder erfahren. Vor dem Einschlafen hat Matthias ihm anvertraut, »dass sie wahrscheinlich abhauen werden«. Seitdem arbeitet es im Kopf des Neunjährigen. Einerseits freut er sich – »Juhu!« – auf den Westen und dass er dann nicht mehr zum Schwimmtraining muss. Andererseits denkt er an die Klassenkameraden, die er zurücklassen würde. »Das waren gemischte Gefühle, zwischen ängstlich und freudig, das wechselte sich ab«, sagt Christian rückblickend. Auch aus heutiger Sicht findet er die Ausreisegründe seiner Eltern berechtigt, obwohl es schwierig sei, sich in sie hineinzufühlen. »Irgendwie war klar, dass sie das Richtige tun«, sagt Christian. »Es hat ja auch einiges bedeutet, von vorne anzufangen.«

Am 4. Juli 1989 erreicht der Trabi der Pauls die ungarische Grenzstadt Makó, am darauffolgenden Morgen werden sie Rumänien durchfahren. Auf die Passage haben sich Christians Eltern vorbereitet. Denn schon in Magdeburg haben Freunde und Kollegen sie vor dem heruntergekommenen Land gewarnt, in dem es Benzin – wenn überhaupt – nur gegen Talons zu horrenden Preisen, der Liter Benzin für 4,20 Ostmark, gibt. An dessen Transitstraße verwahrloste Kinder Steine auf vorbeifahrende Autos werfen würden, wenn man ihnen keine Süßigkeiten gebe. Die Pauls haben deshalb einen Extrakanister für Benzin mitgenommen, auch ein Beutel mit Bonbons liegt im Kofferraum.

Ein paar Kilometer hinter der Grenze erlebt Christian »seinen Rumänienschock«, wie er sagt, den ersten Kulturschock seines Lebens. Hinter dem Grenzübergang verwandelt sich die asphaltierte Straße in eine Schlaglochpiste, auf der Eselskarren fahren. Zutiefst erschüttert den Neunjährigen der Anblick der vielen Kinder, die, in Lumpen gekleidet, den vorbeifahrenden Trabi bedrängen und nach jedem einzelnen Bonbon rennen, die die Mutter händeweise aus dem Beifahrerfenster wirft.

Am fünften Tag ihrer »Safari durch den Sozialismus« erreichen die Pauls endlich das Feriendorf in Varna. Dass das Wasser des Schwarzen Meers so warm ist, freut Christian. Auch dass es jeden Tag buntes Eis am Stiel gibt. Die Pauls entspannen sich ein paar Tage in der bulgarischen Hafenstadt und setzen noch einmal alles auf eine Karte.

An der Grenze zur Türkei lebt eine türkischstämmige, bulgarische Minderheit. Rege ist der Grenzverkehr in Richtung türkische Landesgrenze. In die Autokolonne vor dem Übergang reiht sich auch der Trabi der Magdeburger ein. Detlef Paul hofft, dass die Familie im Strom der Reisenden unbemerkt am Schlagbaum vorbeikommt. Doch wieder werden sie von Grenzern gestoppt. Diesmal zeigt Christians Vater mit dem Finger auf der Landkarte auf archäologische Ausgrabungsstätten. Eine Flucht mit Todesgefahr? Nie hätte er sie seiner Familie zugemutet, sagt Detlef Paul heute. »Ich war Grenzer, ich wusste, wie gefährlich Grenzen sind.«

In Burgas unternimmt die Familie den letzten Fluchtversuch der Reise. Im Hafen will Christians Vater mit Westgeld vier Tickets für die Fähre nach Istanbul kaufen. Die Frau am Schalter hat die Tickets bereits ausgestellt. Jetzt schiebt Detlef Paul der Verkäuferin zwei gültige DDR-Reisepässe über den Tresen, die ihm und seiner Frau für ihre Westbesuche ausgestellt worden waren. Als die Frau die Pässe sieht, schließt sich das Fenster am Ticketschalter. Die Pauls geben sich geschlagen und fahren zurück nach Varna.

Zurück in Magdeburg ist Christian »nur ein bisschen traurig«, wie er sagt, dass die Sache mit dem Westen nicht geklappt hat. Bei seinen Eltern aber liegen die Nerven blank. Die gescheiterten Fluchtversuche, die komplizierte Quartiersuche in den korrupten sozialistischen Bruderstaaten, die verwahrlosten Kinder in Rumänien wirken wie eine Offenbarung. Detlef Paul ist »sauer, stinksauer«, wie er heute sagt. Er verfasst einen gepfefferten Brief an den Staatsratsvorsitzenden der

DDR: »Werter Genosse Honecker!«, beginnt das mit der Schreibmaschine eng beschriebene Papier vom 10. August 1989. »In diesem Jahr, nach 14jähriger Ehe und sparsamem Leben, haben wir uns den ersten großen Urlaub geleistet. Wir wollten unsere Bruderländer kennenlernen und dann diese Enttäuschungen.«

Eigentlich müsste er den Brief des Vaters mal wieder lesen, sagt Christian in Prenzlauer Berg und schmunzelt. Absurd erscheint ihm aus heutiger Sicht der Wagemut des Vaters, eine Eingabe an den ersten Mann im Staat zu formulieren. Mit einem richtigen Motivationsschub seien seine Eltern von der Sommerreise zurückgekehrt, erinnert er sich an die ersten Augusttage des Jahres 1989.

Sein Schreiben an Honecker schließt Detlef Paul damals mit den Worten: »Meine Erwartungen und Zukunftsvorstellungen sind grundlegend zerstört. Nach meiner Urlaubsreise habe ich sogar Zukunftsängste! Ich habe keine Kraft mehr – ich werde hier krank! Wir bitten Sie nur um eins, geben Sie unserem Anliegen statt. Wir wollen einen Neuanfang!«

Nun ist es offiziell: Familie Paul hat ihren Ausreiseantrag gestellt.

Vier Mal werden Christians Eltern in den kommenden sechs Wochen vorgeladen. Bei der Staatssicherheit wird dem Ehepaar mit einem Ermittlungsverfahren wegen Devisenschiebung gedroht: Weil die Pauls während des Bulgarienurlaubs Westmark aus der DDR ausgeführt haben, werden sie einer Straftat bezichtigt. Dann wird der Fall an die Abteilung Inneres der Stadt Magdeburg übergeben. Dort arbeitet Frau Frost, eine Freundin der Familie. Als die Sachbearbeiterin die Akte entdeckt, reißt sie den Fall an sich. Immer wieder redet sie ihnen ins Gewissen, sie mögen doch auf dem rechten Weg bleiben und an die Zukunft ihrer Kinder denken. In der BRD gebe es Arbeitslosigkeit, bettelnde Menschen und Drogen. Während der Gespräche stoppt sie einige Male das Aufnahmegerät. Einmal, um den Pauls zu sagen, dass ihr Antrag chancenlos sei: »Ihr kommt hier nicht raus!«, allein deshalb, weil Detlef Paul als ehemaliger Grenzer zu viel über die Grenzanlagen weiß. Auch braucht die DDR sie als Arbeitskräfte. Am 28. September 1989 stoppt Frau Frost das Band erneut: »Fahrt nach Prag!«, sagt sie. »Dort tut sich was.«

Noch am selben Abend bricht Familie Paul mit zwei befreundeten Ehepaaren in Richtung Prag auf. Im Zittauer Gebirge fällt die Lichtmaschine des Trabants aus. Sie lassen den Wagen stehen und verteilen sich auf die anderen Autos. Weil der Grenzübergang Zinnwald-Georgenfeld an diesen Tagen stärker kontrolliert wird, fahren die Magdeburger einen Umweg.

In der Prager Innenstadt laufen sie zur deutschen Botschaft. Einen Tag später wird Hans-Dietrich Genscher hier in seiner legendären Balkonrede jubelnden DDR-Bürgern erklären, dass ihre Ausreise möglich ist. Doch dies ahnt Familie Paul zu diesem Zeitpunkt nicht.

Vor dem Palais Lobkowicz laufen Polizisten und Soldaten hin und her, jedoch nicht um den Zaun der Botschaft zu bewachen, glaubt Christian sich zu erinnern. Im Park dahinter sieht er eine Reporterin und ein Kamerateam. »Hoffentlich sieht Oma uns nicht in den Nachrichten«, sagt Christians Mutter. Vor dem Zaun liegt eine große hölzerne Kabeltrommel. Christian beobachtet, wie einige Menschen hinaufsteigen und von dort aus über das Gitter klettern. Bloß nicht Mutti und Vati verlieren, geht es ihm durch den Kopf.

»Hier, der Kleine, komm mal vor«, sagen die fremden Männer auf der anderen Seite des Zauns, als er herantritt. Dann geht alles ganz schnell. Plötzlich greifen die Männerhände durch die Eisenstäbe nach seinem Jackenrevers und ziehen ihn über den Zaun. »Wie so ein Fahrstuhl«, erinnert sich Christian. In seiner Küche in Prenzlauer Berg fasst er jetzt mit den Händen das unsichtbare Jackenrevers von damals und schiebt es Handgriff für Handgriff in Richtung Zimmerdecke. Er wisse

Christian Paul auf dem Schwedter Steg in Berlin, 2019 (Foto: Axel Völcker)

gar nicht mehr, ob er von einem oder mehreren Männern über den Zaun gehievt worden sei, sagt Christian: »Das geschah einfach mit mir.« Als erstes Familienmitglied steht er nun auf dem Hoheitsgebiet der Bundesrepublik und sorgt sich: »Schafft Mutti es über den Zaun?« Nach und nach erreichen alle die andere Seite.

Auf dem Botschaftsgelände herrschen katastrophale Zustände. Etwa 4000 Flüchtlinge verharren hier, viele schon seit Wochen. Die Menschen sehen ungepflegt aus, einige liegen lethargisch auf Feldbetten, die sanitären Anlagen sind völlig überlastet. In die schlammige Parkanlage hat das Deutsche Rote Kreuz Zelte gestellt. Die Magdeburger sind schockiert. »Die Kinder können hier nicht bleiben«, sagt Christians Mutter. Die Familien beraten sich und entscheiden, das Gelände zu verlassen. Vorher wollen sie sich jedoch als Ausreisewillige registrieren lassen. So, sagen die mitreisenden Freunde, stünden sie im diplomatischen Fokus der Bundesrepublik und würden im Ernstfall beschützt. Nach nur vier Stunden verlässt Familie Paul die Prager Botschaft »durch die Vordertür«, wie Christian heute sagt.

Wieder fahren die Pauls nach Magdeburg. In den nächsten Tagen verändert sich die Stimmung in der Stadt, es rumort. Montags skandieren die Magdeburger nun »Wir sind das Volk« auf dem Domplatz. In den Schulen, Büros und Fabriken bleiben immer mehr Plätze leer.

Anfang Oktober 1989 werden Marina und Detlef Paul von der Stasi geladen. »Sie können ausreisen, sofort«, sagt der Mitarbeiter und übergibt dem Ehepaar die Urkunde zur Entlassung aus der DDR-Staatsbürgerschaft. Christian und Matthias dürfen nicht mehr zur Schule gehen. In den Pausen besucht Christian seine Mitschüler auf dem Schulhof. Seine Klasse sammelt Geld für einen Teddybären, von seiner Lehrerin erhält er einen lieben Abschiedsbrief.

Detlef Paul erbittet sich vier Wochen Zeit bis zur Ausreise und verkauft den Garten, die Möbel, den Trabant. Familie und Freunde werden nun in die bevorstehende Ausreise eingeweiht. Dann wird die Mauer geöffnet. Aus seinem Kinderzimmer sieht Christian die Lichter der Autokolonnen auf der E 30, die nach links in Richtung Berlin und nach rechts in Richtung Braunschweig abbiegen.

Christians Vater plagen Zweifel: Ist es richtig zu gehen? Sollen wir doch bleiben? Was wird uns im Westen erwarten? Er hadert, hat vor lauter Stress Gewicht verloren. Bei einer Körpergröße von 1,90 Meter wiegt er nur noch 60 Kilogramm.

16. November 1989: Als Familie Paul in Heilbronn aus dem Zug steigt, scheint die Sonne. Es ist ein für den Monat November ungewöhnlich milder Tag.

»Des isch der Chrischtian, und der kommt aus der DDR«, wurde Christian Paul im November 1989 an seinem ersten Schultag in Heilbronn den neuen Klassenkameraden vorgestellt. Heute ist der Diplom-Kaufmann als Teamspezialist im Finanzwesen des BASF-Konzerns tätig. Er lebt seit 16 Jahren in Berlin-Prenzlauer Berg.

Jacqueline Boysen

Ankunft in der Bundesrepublik

Ein historischer Rückblick

Ausreise hieß immer auch Einreise, Abschied bedeutete immer auch Ankunft. Die Bundesrepublik war für die allermeisten Menschen, die der DDR den Rücken kehrten, das Ziel. Mehr als drei Millionen Menschen traten im Verlauf der 40 Jahre währenden deutschen Teilung den Weg nach Westen an. Flucht und Ausreise, Weggang und Neuanfang prägen individuelle Lebensgeschichten und sind bis heute in familiären Überlieferungen vieler Deutscher präsent. Öffentliche Aufmerksamkeit erreichten die Übersiedlungsschicksale besonders in den späten 1980er-Jahren, als Zehntausende Bürgerinnen und Bürger die DDR verließen und zur Destabilisierung des Staates beitrugen. Im Kalten Krieg war die deutsch-deutsche Wanderungsbewegung von Ost nach West durchaus ein Politikum.

»Wir freuen uns über jeden, der in die Bundesrepublik übersiedeln möchte und von den Behörden der DDR die Genehmigung dazu erhält«, sagte Helmut Kohl am 15. März 1984 in der Debatte über den Bericht zur Lage der Nation vor dem Deutschen Bundestag. Was klingt wie ein freundliches Willkommen des Bundeskanzlers, war eine riskante Gratwanderung. Kohl war darin geübt wie seine Vorgänger auch: Niemand auf Bonner Seite hatte die Absicht, DDR-Bürger abzuwerben, keiner sollte offiziell ermutigt werden, die DDR zu verlassen – weder zu fliehen und sich damit der strafbewährten Republikflucht schuldig zu machen noch einen Ausreiseantrag zu stellen.

Die westdeutsche Seite wusste selbstverständlich um die Anziehungskraft des Lebens in Freiheit, doch hüteten sich sämtliche Bundesregierungen, DDR-Bürger ausdrücklich zur Flucht oder zur Übersiedlung anzuregen. Das offensive Anwerben von Neubürgern hätte die ohnehin störungsanfälligen deutsch-deutschen Beziehungen zusätzlich gefährdet. Denn die SED-Führung reagierte auf alles, was sie als »Einmischung in die inneren Angelegenheiten der DDR« empfand, äußerst sensibel. Und eines ihrer wirksamsten Machtmittel bestand darin, Ausreisen zu genehmigen oder zu verweigern.

Die »Politik der offenen Arme« war Staatsräson in der Bundesrepublik. Die Behörden in Bund, Ländern und Kommunen unterstützten ankommende »Brüder und Schwestern aus dem Osten« beim Aufbau einer neuen Existenz ebenso wie die Wohlfahrtsverbände und ungezählte Ehrenamtliche, die versuchten, ehemaligen DDR-Bürgern die Ankunft und die Eingliederung in die westdeutsche Gesellschaft zu erleichtern.

Die Politik in Bonn hielt sich strikt an das Grundgesetz, das wegen der als vorläufig erachteten deutschen Teilung nicht Verfassung heißen konnte. Die Präambel in der 1949 verabschiedeten Version stellte unmissverständlich den provisorischen Charakter der Zweistaatlichkeit heraus: »Das gesamte Deutsche Volk bleibt aufgefordert, in freier Selbstbestimmung die Einheit und Freiheit Deutschlands zu vollenden.« Mit dem Einigungsvertrag 1990 wurde dieser Passus verändert, bis zu den Verhandlungen über die Wiederherstellung der deutschen Einheit 1989/90 aber stand er als unüberwindliche juristische Mauer zwischen den Regierungen der beiden deutschen Staaten.

Seit den beiden Staatsgründungen 1949 herrschte Eiszeit zwischen Ost und West – bis zur sogenannten Neuen Ostpolitik. Unter Bundeskanzler Willy Brandt erkannte die Bundesregierung 1972 mit dem Grundlagenvertrag die DDR zwar *staats*rechtlich an, gab aber im *völker*rechtlichen Sinn die Einheit der Nation keineswegs preis. Bilaterale Verträge schrieben fortan »gutnachbarliche Beziehungen« fest und brachten den Menschen beiderseits der innerdeutschen Grenze »humanitäre Erleichterungen«. Zwei deutsche Staaten wurden in die Vereinten Nationen aufgenommen und nahmen mit der Einrichtung Ständiger Vertretungen quasidiplomatische Beziehungen auf.

»Zwei Staaten, eine Nation« – lautete die Kurzformel der westlichen Deutschlandpolitik. Die Bundesrepublik verstand sich als einziger demokratisch legitimierter deutscher Kernstaat und als alleinige Vertreterin nationaler Belange. Für die auf ihre Souveränität bedachte Partei- und Staatsführung der DDR war das eine fortwährende Provokation. Und für DDR-Bürger, die das Land verlassen wollten, eine verlässliche Zusage. Die Bundesrepublik erkannte die Staatsbürgerschaft der DDR nicht an und billigte demzufolge allen Deutschen das Recht auf einen bundesrepublikanischen Pass zu. Gleichwohl war sie insbesondere in den frühen Jahren der Teilung darauf bedacht, vorrangig politisch missliebige »Vertriebene« aus dem SED-Staat aufzunehmen. Gegenüber »Wirtschaftsflüchtlingen« waren die Kommunen angesichts von Wohnungsnot und Arbeitslosigkeit nicht gerade offen.

Die Mehrheit derer, die aus der DDR kamen, konnte sich in der Bundesrepublik niederlassen. Das galt für Menschen, die als »Republikflüchtige«, wie sie in der DDR offiziell genannt wurden, kamen, wie für Übersiedler, für jene, die sich von Fluchthelfern in den Westen schmuggeln ließen, und für politische Häftlinge, die von der Bundesregierung »freigekauft« wurden, für Menschen, die ohne Gepäck vor dem Mauerbau die grüne Grenze passiert hatten, wie für jene, die von der vertraglich vereinbarten Möglichkeit der Familienzusammenführung profitierten.

Auf welchem Weg auch immer sie angekommen waren – Neuankömmlinge mussten sich zunächst der westdeutschen Bürokratie in den Notaufnahme- oder Grenzdurchgangslagern stellen. Hier wurden sie mit dem Nötigsten versorgt – auch mit Informationen über den Staat, der sie aufnahm. Bevor ein neuer Wohnort, die Unterbringung, Arbeit, Schule oder Ausbildungsplatz gesucht werden konnten, musste jeder ein mehrstufiges, formelles Aufnahmeverfahren durchlaufen, in dem das Aufenthaltsrecht geprüft wurde – Antragsteller, die sich beispielsweise in der DDR vor Gericht für nicht-politische Delikte zu verantworten hatten und sich der Strafverfolgung durch Flucht entziehen wollten, hatten keinen Anspruch auf Aufnahme. Vor allem aber wollten sich die Bundesrepublik und die Westalliierten in den Überprüfungs- und Anmeldeverfahren vor Unterwanderung und Spionage schützen.

Ehemalige DDR-Bürger standen unter Generalverdacht. Die Furcht vor feindlichen Geheimdienstmitarbeitern mag übertrieben gewesen sein – doch unbegründet war sie nicht. Dem Ministerium für Staatssicherheit der DDR gelang es in einem besonders brisanten Fall sogar, einen inoffiziellen Mitarbeiter im Berliner Notaufnahmelager Marienfelde zu installieren. In den 1960er-Jahren lieferte der Mann dem MfS detaillierte Informationen über geflüchtete Personen, deren Helfer und die geheimen Fluchtwege.

Die Ankommenden bekamen in aller Regel Eingliederungshilfe und damit staatliche Unterstützung, um sich im Westen ein neues Leben aufzubauen. Nach dem Bundesvertriebenen- und Flüchtlingsgesetz standen ihnen wie allen anderen Staatsbürgern Kranken- und Arbeitslosengeld, Rente und staatliche Sozialleistungen zu. Das Lastenausgleichsgesetz versuchte, erlittene Verluste zu kompensieren – doch konnte finanziell nicht wiedergutgemacht werden, was sie an materiellen und ideellen Werten verloren hatten. Die Unterstützung musste nach einem geregelten Verfahren abgerufen werden, und das verlief weitgehend geräuschlos.

Ausdrücklich zum Schweigen aufgefordert waren die politischen Häftlinge, die von der Bundesregierung »freigekauft« wurden. In Bonn hatte niemand Interesse daran, Nachahmer anzuregen, in der Hoffnung auf den Häftlingsfreikauf sogenannte Demonstrativhandlungen zu begehen. Und eine breite öffentliche Diskussion über den deutsch-deutschen »Menschenhandel« wollte auch niemand auslösen. Dieser wurde stillschweigend abgewickelt und brachte einerseits der DDR existenzverlängernde Devisen, andererseits den in den Westen entlassenen Häftlingen die Freiheit – auch wenn unter ihnen Bürgerrechtler waren, die ausdrücklich gegen ihren Willen »abgeschoben« wurden. Prominentestes Beispiel für die Abschiebung aus politischen Gründen ist Wolf Biermann. Der Liedermacher durfte nach einem Konzert 1976 in Köln nicht wieder in die DDR zurück.

Im Moment ihrer Ankunft betraten alle Ankommenden Neuland, obgleich sie weiterhin deutschen Boden unter den Füßen hatten. Sie beherrschten dieselbe Sprache wie die Menschen in ihrer neuen Umgebung – und doch wurden sie zu Fremden. Was sie aus dem Westfernsehen, aus der begrenzt zugänglichen westlichen Literatur oder aus Erzählungen der Westverwandtschaft zu kennen glaubten, entpuppte sich oft als geschönt oder übertrieben positiv.

Wer in den 1950er-Jahren im Westen ankam, traf zumeist noch auf Menschen mit einem ähnlichen Erlebnishorizont. In den 1980er-Jahren indes hatten sich die beiden deutschen Gesellschaften in vielerlei Hinsicht erheblich auseinanderentwickelt, wobei nicht allein das unterschiedliche Wohlstandsniveau entscheidend war. Die libertäre Gesellschaft der Bundesrepublik war geprägt von der Westbindung – der selbstverständliche Umgang mit westeuropäischen Nachbarn war für die Eingereisten ebenso ungewohnt wie die Freiheiten, die Menschen im Westen längst für selbstverständlich hielten, die sie Selbständigkeit und Eigenverantwortung gelehrt hatten.

Die Zustimmung der Öffentlichkeit zur Aufnahme von Übersiedlern schwand mit der anhaltend hohen Zahl derer, die auch nach der Maueröffnung 1989 und den beginnenden Verhandlungen über die Einheit in den Westen zogen: Im *Spiegel* vom 19. Februar 1990 wurde gefragt: »Wieso kommen die noch?« Nicht nur hinter vorgehaltener Hand hieß es, Ausgereisten gewähre der Staat zu viele Vergünstigungen. Dorothee Wilms, von 1987 bis 1991 die letzte Bundesministerin für innerdeutsche Beziehungen, versuchte darüber aufzuklären, dass die Menschen kaum freiwillig gekommen, sondern einer Zwangslage entflohen seien und nicht länger auf Freiheiten verzichten wollten. Die Ministerin appellierte 1989 an die Mitmenschlichkeit der Bundesbürger, bat um Unterstützung und Verständnis für die Zugereisten. Sie appellierte an die Altbundesbürger, den Erfahrungsschatz der neuen Nachbarn zu heben und umzudenken. »Gerade viele Übersiedlerinnen (konnten) in ihrer Heimat problemlos Berufe lernen und ausüben, die bei uns leider noch immer als reine Männerberufe gelten. Doch soll eine Kranführerin aus Potsdam hier umschulen, nur weil für die Bauwirtschaft eine Frau in diesem Beruf immer noch eine Exotin ist?«

Angesichts der rasant angestiegenen Flüchtlingszahlen, der im Verborgenen abgewickelten Häftlingsfreikäufe und der spektakulären Botschaftsbesetzungen im August 1989 wurden in der Bundesrepublik Befürchtungen laut, Arbeitsplätze und Wohnungen würden knapp und die öffentlichen Haushalte zusätzlich belastet. Die Freude über den Mauerfall überdeckte zwar die ablehnende Haltung, doch bei vielen von der DDR entfremdeten Westdeutschen keimte die Furcht auf, in der Ruhe gestört zu werden.

Bei aller Euphorie über die neu gewonnenen Freiheiten für alle Deutschen verbot sich jeglicher nationale Überschwang. Das im Selbstverständnis der alten Bundesrepublik fest verankerte »Pathos der Nüchternheit«, das der erste Bundespräsident Theodor Heuss 1951 ausgerufen hatte, befremdete ehemalige DDR-Bürger, die sich am Ziel ihrer Suche nach nationalstaatlicher Heimat wähnten und vom westdeutschen Verfassungspatriotismus irritiert waren.

Abschied heißt immer auch Ankunft. In vielen Fällen war das nicht gleichbedeutend mit Ankommen. Die westlich geprägte Aufnahmegesellschaft blieb vielen Ostdeutschen fremd. Die westlichen Bundesbürger hielten sich mehrheitlich ihre Toleranz und Offenheit zugute – Übersiedler aus der DDR indes erlebten nach dem Umzug auch Befremdliches, stießen auf Desinteresse und Unverständnis. Stellvertretend für sie sei Thomas Brasch zitiert, aus dessen Werk Zerrissenheit, Sehnsucht und Getriebensein sprechen. Der im englischen Exil geborene und als Kleinkind mit seinen Eltern in die Sowjetische Besatzungszone gezogene Schriftsteller hatte nach der Ausbürgerung von Wolf Biermann 1976 einen Ausreiseantrag gestellt, dem die DDR stattgab, um einen Störenfried loszuwerden, einen Unruhestifter.

»Was ich habe, will ich nicht verlieren, aber
wo ich bin, will ich nicht bleiben, aber
die ich liebe, will ich nicht verlassen, aber
die ich kenne, will ich nicht mehr sehen, aber
wo ich lebe, da will ich nicht sterben, aber
wo ich sterbe, da will ich nicht hin:
Bleiben will ich, wo ich nie gewesen bin.«
Aus: Thomas Brasch: Der Papiertiger, in: ders.: Die nennen das Schrei. Gesammelte Gedichte. © Suhrkamp Verlag Berlin 2013

Andrea Dernbach

Warum Menschen ihre Heimat verlassen

Ein Essay

»Hier ist es nicht wie bei uns. Die Frau ist mehr, wie soll ich sagen ... Die Frau muss im Haus bleiben, muss die Kinder hüten, darf nicht arbeiten. Dagegen hier, das ist eine Sache, die mir besser gefällt, die Freiheit. Bei uns sagt man zum Beispiel: ›Ah, sieh mal, diese Frau arbeitet.‹ Dagegen hier hast du deine Freiheit, verdienst dein eigenes Geld, du hast mehr – wie soll ich sagen? – mehr Möglichkeiten.«

Angela Ruggeri wurde 1955 in der Provinz Agrigento auf Sizilien geboren. Ihrem späteren Ehemann, mit dem sie, erst 19 Jahre alt, im Ruhrgebiet landete, hatte sie schon vor der Eheschließung klargemacht, dass aus ihr und ihm nur ein Paar werde, wenn er sie mit nach Deutschland nehme, wo er bereits arbeitete. Südsizilien und den Vater, der ihr verboten hatte, Friseurin zu werden, und überhaupt fand, dass seine Frau und die Töchter es »nicht nötig« hätten zu arbeiten, wollte sie hinter sich lassen. Erzählt hat sie ihr Leben vor mehr als 15 Jahren der Historikerin Yvonne Rieker, die eine Geschichte der italienischen Einwanderung in die Bundesrepublik geschrieben hat. In den vielen Interviews, die sie dazu führte, erfuhr Rieker: Sosehr Westdeutschland 1955 ökonomische Gründe für den ersten Anwerbevertrag mit Italien hatte, sosehr es sie aufseiten Italiens gab, wo im Mezzogiorno damals noch bitterste Armut herrschte und Regierungschef Alcide De Gasperi den jungen Landsleuten zurief, sie sollten eine Fremdsprache lernen und gehen: In den Erzählungen derer, die den Weg nach Norden antraten, »erscheint die Armut allein aber kaum einmal als Auswanderungsgrund«. Sie sei eine notwendige, doch keine hinreichende Bedingung für die Menschen gewesen, mit denen Rieker sprach. Zentral sei für sie vielmehr das selbstbestimmte Nein dazu gewesen, »die Weigerung, diese Armut zu akzeptieren«. Oder auch die Hoffnung auf Freiheit, die in Ruggeris Erzählung aufscheint.

Wir im reichen Norden der Welt haben uns angewöhnt, die, die zu uns kommen, als Opfer zu betrachten, als Menschen, die keine andere Wahl haben als zu fliehen. Vor Kriegen, Hunger, Umweltkatastrophen oder Unterdrückung. Und die Zahlen sprechen für diese Lesart: Ende 2018 waren fast 71 Millionen Menschen auf der Flucht, so viele wie nie zuvor. Bereits seit ein paar Jahren sind es mehr als im Zweiten Weltkrieg, und jedes Jahr registriert das UN-Flüchtlingshilfswerk weitere Menschen auf der Flucht. Millionen, die einfach ihr nacktes Leben in Sicherheit bringen wollen und das ihrer Kinder, Eltern, Ehemänner oder -frauen. Doch bildet die Opfererzählung, die auch Grundlage von Asylgesetzen oder Flüchtlingsschutzregelungen wie der Genfer Konvention ist, nur einen, wenngleich riesigen Teil der Migrationswirklichkeit ab – und lähmt oft genug die Debatte um Migration. Der Migrant als Opfer ist sozusagen gemeinsamer Code zwischen rechts und links, Migrationsskeptikern und -befürworterinnen. Der Opferstatus ist die Voraussetzung oder moralische Begründung, warum jemand rechtmäßig Europas Grenzen überschreitet oder angeblich dahin zurückgehört, woher sie oder er gekommen ist.

Die anderen hemmen den Fluss dieser Erzählung. Aber es gibt sie: die, die jenseits der Dorf- oder nationalen Grenzen Freiheit suchen, die als junge Männer dem *Padre Padrone* entfliehen wollen – deutsch:

Mein Vater, mein Herr, Titel des Films der Brüder Taviani von 1977 –, die sich aus der Faust von Vätern und Bossen winden oder aus dem Moralkorsett steigen, das sie als junge Frauen einschnürt. Oder Menschen, die ihre Religion leben wollen. Ob Frankreichs Glaubensflüchtlinge, die Hugenotten, die Preußen mitaufbauten und in mancher Hinsicht zivilisierten, im modernen Opferdiskurs, erst recht eines weitgehend religiös unmusikalischen Europas, als echte Flüchtlinge gegolten hätten? Schließlich hätten sie abschwören und zur heiligen Mutter Kirche des französischen Staatskatholizismus zurückkehren, einfach Gott einen guten Mann sein lassen können. Oder die »Pilgerväter«, die auch als kulturelle Gründerväter der USA gelten können: Sie waren religiöse Fundamentalisten, im heimischen England des 17. Jahrhunderts Staats(-kirchen-)feinde, um die sich im Deutschland des Jahres 2019 vermutlich der Verfassungsschutz gekümmert hätte.

Die großen Menschheitsverfassungen haben ihren Schluss aus dieser Art von Flucht gezogen: Vom Streben nach Glück spricht die Unabhängigkeitserklärung der Vereinigten Staaten von Amerika von 1776, und die Allgemeine Erklärung der Menschenrechte der Vereinten Nationen garantiert seit 1948 in Artikel 13 das Recht auf Auswanderung – nicht das auf freie Einwanderung ins Land der eigenen Wahl wohlgemerkt. In dieser Hinsicht waren die Mütter und Väter dieser großartigen Charta pragmatisch. Der im Jahr 2018 so heftig umstrittene UN-Migrationspakt ist das erste globale Abkommen, das die uralte Menschheitstatsache des Wanderns als Ganzes in den Blick nimmt und Menschen zu schützen sucht, die ihre Heimat verlassen haben, egal aus welchen Gründen, und auf ihrem Weg zunächst einmal verletzlich sind, meist ohne hilfreiche Netze und vertraute Umgebung, die sich womöglich nicht verständigen können. Aus allen diesen Gründen werden sie oft Opfer von Ausbeutung, Misshandlung oder überleben die Migration nicht.

Der Blick in unser Europa könnte helfen zu verstehen, was aktuell anderswo in der Welt passiert. Schließlich ist unser Kontinent, der so erbittert um Migration streitet und Zäune aus Draht, Stein und aus Überwachungstechnik gegen sie aufbaut, erst seit einem halben Jahrhundert, also praktisch vor einer historischen Sekunde, selbst nicht mehr der Ausgangspunkt von Migration schlechthin. Erst in der zweiten Hälfte des 20. Jahrhunderts lösten die afrikanischen und asiatischen Staaten und Lateinamerika Europa ab. Erst seitdem zwingen postkoloniale Konflikte, Rohstoffkriege und Völkermord nunmehr dort die weltweit meisten Menschen zur Flucht. Auch die anderen Migrantinnen und Migranten, die, die ihr Glück woanders suchen, kamen nie und kommen weiterhin nicht nur aus Europa. Dass die afrikanischen Grenzen, die einst die Kolonialmächte zogen, inzwischen mit Geld und politischem Druck aus Europa noch befestigt werden, verhindert nicht nur die Einwanderung in die Länder im Norden. Es nimmt den Menschen jenes Recht auf Auswanderung, das sie seit Menschengedenken besaßen und das 1948 in Paris für alle Weltbürgerinnen und -bürger feierlich erklärt wurde. Den ganzen Kalten Krieg über akzeptierte man gleichzeitig auch das Recht auf Einwanderung. Die Menschen, die der Westen als Helden in Auflehnung gegen diktatorische Regime im Osten feierte, die Flüchtlinge aus Ungarn, der Tschechoslowakei, schließlich und etwas weniger auch die vietnamesischen Boat People, die sollten schließlich nicht nur ihre Länder verlassen dürfen. Sie brauchten auch Länder, die sie aufnahmen. Und in Westdeutschland erwies sich der Konsens als reißfest, dass man die deutschen Landsleute natürlich mit offenen Armen empfing – womöglich, weil es nicht so viele waren, die es schafften?

Auch diese politische Heldenerzählung verengt den Blick auf Flüchtlinge. Womöglich sind alle, die ihr Land verlassen, mit diesem Etikett am besten versorgt: Glückssucher. Wobei *the pursuit of happi-*

ness, das Streben nach Glück, danach, es zu etwas zu bringen, für die meisten eben nicht Geld oder Versorgung durch den Staat bedeutet. Es heißt Freiheit, wenigstens jenes Mehr, das sich Angela Ruggeri in den 1970er-Jahren von Westdeutschland versprach: nicht auf Frauenpflichten festgelegt sein, Chancen auf (Aus-)Bildung für sich, mehr noch für die Kinder, die man hat oder will. Das Recht auf Information, demokratische Verhältnisse. Für die allermeisten Menschen, die mehr als ihr nacktes Leben in Sicherheit bringen wollen, sind das – wie wir aus der Forschung und Befragungen wissen – die »besseren Verhältnisse«, die sie sich wünschen. Insofern dürfen auch europäische demokratische Gesellschaften darüber streiten, wie viel Einwanderung sie glauben aushalten zu können, was das mit ihrem eigenen Zugehörigkeitsgefühl, ihrem Sozialstaat oder allem zusammen macht. Sie sollten sich aber immer auch ihrer eigenen Migrationsgeschichte entsinnen, deren Zeuginnen und Zeugen sogar noch leben: von den politisch und rassistisch verfolgten Überlebenden des Nazi-Regimes bis zu den »Republikflüchtigen« der DDR. Und dabei lernen, dass es meistens nicht die Schlechtesten sind, die entweder weite Wege oder große Härten für ein besseres Leben auf sich nehmen.

Anhang

Autorinnen und Autoren

Henry Bernhard, 1969 geboren und aufgewachsen in Thüringen, studierte Politik, Publizistik, Volkswirtschaftslehre und Völkerrecht in Göttingen, ab 1990 Arbeit als Reporter für den MDR (bzw. dessen Vorläufer), 20 Jahre Feature-Autor und -Regisseur für diverse ARD-Anstalten und Deutschlandradio; seit 2013 Landeskorrespondent für das Deutschlandradio in Thüringen.

Julia Boek, 1980 auf der Insel Rügen geboren, ist als Redakteurin und Kolumnistin für die *taz* tätig. Als freie Autorin hat sie u. a. für den *Tagesspiegel, Zeit online* und *Geo Saison* geschrieben. Sie war Chefredakteurin des Magazins für Alltagskultur *Der Wedding* und hat 2017 gemeinsam mit Axel Völcker *Berlin-Wedding. Das Fotobuch* in Zusammenarbeit mit der Fotografenagentur Ostkreuz im Kerber Verlag herausgegeben.

Beate Bossdorf, 1965 in Ost-Berlin geboren, machte eine Ausbildung zur Baufacharbeiterin mit Abitur. Nach dem Studium der Journalistik in Leipzig arbeitet sie als Reporterin und Moderatorin vor und hinter der Kamera bei ARD, MDR und rbb.

Jacqueline Boysen, 1965 in Hamburg geboren, ist Journalistin und Historikerin, lebt in Berlin und arbeitet im Deutschen Bundestag. Buchveröffentlichungen u. a.: *Das »weiße Haus« in Ost-Berlin. Die Ständige Vertretung der Bundesrepublik bei der DDR* (Berlin 2010); *Angela Merkel. Eine Karriere* (München 2001, aktualisierte Neuausgabe: Berlin 2005).

Andrea Dernbach, 1960 in Mainz geboren, war nach ihrer Ausbildung an der Henri-Nannen-Schule Korrespondentin der *Hamburger Morgenpost* in Bonn, später Politikchefin des *Express* in Halle, Nachrichtenchefin der *Badischen Zeitung* und der *Stuttgarter Zeitung*. Für den *Tagesspiegel* schreibt sie über Migration, Diversität und Bürgerrechte.

Katrin Fiedler, 1963 in Dresden geboren, freie Journalistin und Autorin, lebt in Dresden. Sie ist Redaktionsleiterin des Genussmagazins *Augusto* und schreibt unter anderem Reise- und PR-Texte für die DDV Mediengruppe, die *Sächsische Zeitung* und die *Morgenpost Sachsen*.

Markus Geiler, 1967 in Leipzig geboren, flüchtete 1989 über Ungarn nach München, studierte Politikwissenschaft am Otto-Suhr-Institut der Freien Universität Berlin und volontierte bei einer Lokalzeitung in Brandenburg. Seit 2000 ist er Redakteur beim Evangelischen Pressedienst (epd), lebt und arbeitet seit 1990 in Berlin.

Cornelia Günther, 1960 in Salzwedel (Sachsen-Anhalt) geboren, absolvierte ein Sprachmittlerstudium Russisch/Englisch an der Humboldt-Universität zu Berlin. Anschließend arbeitete sie als Dolmetscherin und Übersetzerin unter anderem für die Künstleragentur der DDR. Seit 1992 ist sie Büromanagerin und seit 2000 zusätzlich Kulturkorrespondentin von *The Economist* in Berlin.

Prem Lata Gupta, 1962 in Düsseldorf geboren, ausgebildete Tageszeitungsredakteurin Lokales und TV (u. a. *Express* Köln), war Geschäftsführerin der Kölner Fernsehproduktionsfirma Switch Media GmbH, seit 20 Jahren Freelancer vorwiegend im Bereich Corporate Communication, Themen: Wirtschaft, Gesundheit, Bildung und immer wieder Menschen.

Kurt Heidingsfelder, 1964 in Niederoberbach (Landkreis Ansbach) geboren, arbeitet als Projektredakteur für die *Nürnberger Nachrichten.* Bereits kurz nach der Maueröffnung tourte er mit dem Fahrrad durch die neuen Bundesländer und bekam eine Ahnung davon, warum dort viele auch unter der »Diktatur der Oberkellner« litten. 2018 hat er begonnen, gemeinsam mit zwei Freunden jedes Jahr drei Tage gemütlich, aber neugierig entlang der ehemaligen innerdeutschen Grenze zu radeln. Voraussichtliche Ankunft an der Ostsee: 2023.

Constantin Hoffmann, 1956 in Magdeburg geboren, wuchs in einem Pfarrhaus auf und machte eine Lehre als Kfz-Mechaniker. 1981 reiste er in die Bundesrepublik aus, dort Abitur und Studium zum Diplom-Politologen, später als Journalist tätig. Nach dem Mauerfall kehrte er in seine Heimat zurück. Er arbeitet als Redakteur beim MDR in Leipzig. Buchveröffentlichungen: *Ich musste raus. 13 Wege aus der DDR* (Halle 2009); *Weihnachten in der DDR* (Halle 2016).

Maris Hubschmid, 1988 in Hamburg geboren, volontierte beim *Tagesspiegel* und arbeitete zunächst im Wirtschaftsressort. Heute ist sie Redakteurin und Reporterin für die Seite Drei und das Samstagsmagazin Mehr Berlin. 2019 wurde sie mit dem Theodor-Wolff-Preis in der Kategorie »Reportage lokal« ausgezeichnet.

Heike Kleffner, 1966 in Schleswig-Holstein geboren, studierte Politikwissenschaft und absolvierte ihre Redakteurinnen-Ausbildung an der Evangelischen Journalistenschule. Seit den 1990er-Jahren schreibt sie zu Neonazi-Gewalt und Rechtsterrorismus vor allem in Ostdeutschland, u. a. für die *taz,* die *Frankfurter Rundschau, Tagesspiegel* und *Zeit online,* und betreut die Langzeitrecherche »Todesopfer rechter Gewalt seit 1990«. Sie ist Mitherausgeberin von *Generation Hoyerswerda. Das Netzwerk militanter Neonazis in Brandenburg* (Berlin 2016) und *Unter Sachsen. Zwischen Wut und Willkommen* (mit Matthias Meisner, Berlin 2017).

Ilko-Sascha Kowalczuk, 1967 in Ost-Berlin geboren, lernte Baufacharbeiter, anschließend Pförtner, 1988 Abitur an einer Abendschule. Von 1990 bis 1995 studierte er an der Humboldt-Universität zu Berlin Geschichte, promovierte 2002. Seit 2001 ist er wissenschaftlicher Mitarbeiter und Projektleiter in der Abteilung Bildung und Forschung beim Bundesbeauftragten für die Stasi-Unterlagen; dort von 2018 bis 2021 beurlaubt, schreibt aktuell an einer Ulbricht-Biografie. Zahlreiche Buchveröffentlichungen, u. a. *Roter Stern über Deutschland. Sowjetische Truppen in der DDR* (mit Stefan Wolle, Berlin 2001); *Endspiel. Die Revolution von 1989 in der DDR* (München 2009), zuletzt *Die Übernahme. Wie Ostdeutschland Teil der Bundesrepublik wurde* (München 2019).

Stefan Locke, 1974 in Bautzen geboren, schreibt seit 2008 aus Dresden für die *Frankfurter Allgemeine Zeitung* über den Osten Deutschlands und berichtet seit 2016 als politischer Korrespondent für die Zeitung aus Sachsen und Thüringen. Gemeinsam mit Ingolf Kern schrieb er das Buch *Geteilte Geschichte. 25 deutsch-deutsche Orte und was aus ihnen wurde* (Berlin 2015).

Anja Maier, 1965 in Ost-Berlin geboren, lernte Schriftsetzerin, studierte Werbeökonomie und wurde nach dem Mauerfall zur Journalistin ausgebildet. Sie ist Parlamentsredakteurin der *taz* und schreibt für Zeitungen, Zeitschriften und Kunstverlage. Sie veröffentlichte mehrere Bücher, u. a. *Lassen Sie mich durch, ich bin Mutter* (Köln 2011) und *Als Oma bist du ja ganz nett* (München 2014). Anja Maier lebt in Brandenburg.

Ronny Müller, 1974 in Stendal geboren, arbeitet als Redakteur der *Märkischen Allgemeinen Zeitung* in Potsdam.

Peter Pragal, 1939 in Breslau geboren, studierte Publizistik und Politologie in München und Münster und besuchte die Deutsche Journalistenschule München. Er berichtete zwölf Jahre lang für die *Süddeutsche Zeitung* (1974 bis 1979) und den *Stern* (1983 bis 1990) als Korrespondent aus der DDR, war zugleich akkreditiert in der ČSSR, Ungarn, Rumänien und Bulgarien. Von 1991 bis 2004 war er politischer Reporter der *Berliner Zeitung*. Buchveröffentlichungen u. a. *Monolog der Lautsprecher und andere Geschichten aus dem geteilten Berlin* (mit Eckart D. Stratenschulte, Berlin 1999); *Der geduldete Klassenfeind. Als West-Korrespondent in der DDR* (Berlin 2008); *Störenfriede – West-Korrespondenten in der DDR* (Erfurt 2018).

Gerald Praschl, 1968 in Burglengenfeld (Bayern) geboren, nach Stationen bei der *Mittelbayerischen Zeitung, Berliner Morgenpost* und Capitol Media seit 1996 Chefreporter von *SUPERillu*, schreibt seit vielen Jahren regelmäßig über die Geschichte der DDR-Bürgerrechtsbewegung. Mehrere Buchveröffentlichungen, u. a.: *Ich habe Nein gesagt. Zivilcourage in der DDR* (mit Marco Hecht, Berlin 2002); *Der Aufstand. Juni '53 – Augenzeugen berichten* (mit Hannes Hofmann, Berlin 2003); *Mut. Frauen in der DDR* (mit Bärbel Bohley und Rüdiger Rosenthal, München 2005); *Roland Jahn. Ein Rebell als Behördenchef* (Berlin 2011).

Johannes Schönherr, 1961 geboren in Leipzig, besuchte nach seiner Ausreise 1983 eine Fachoberschule in Nürnberg, studierte dann Soziologie in Erlangen und Filmgeschichte in New York. Er lebt heute in Japan und schreibt über Reisen, Filme und Essen. Buchpublikationen: *Trashfilm Roadshows: Off the Beaten Track with Subversive Movies* (Manchester 2002); *North Korean Cinema: A History* (Jefferson, North Carolina, 2012).

Beate Tyron, 1970 in Thüringen geboren, hat nach dem Abitur und einem Zeitungsvolontariat Anfang der 1990er-Jahre eine Zeitung mitbegründet. Sie studierte in Mainz und Berlin russische Literaturwissenschaft, Politikwissenschaft und Publizistik. Beate Tyron recherchiert und dreht Beiträge für das ZDF und den rbb. Sie lebt in Erfurt.

Andreas Wassermann, 1962 geboren und aufgewachsen in der alten Bundesrepublik, siedelte im Juni 1990 in den Osten nach Dresden über. Journalist, arbeitete für die *Dresdner Morgenpost* und die *Leipziger Volkszeitung*, seit 1995 Redakteur beim Nachrichtenmagazin *Der Spiegel* in Dresden, Frankfurt am Main und seit 2006 in Berlin.

Sebastian Weiermann, 1984 im Sauerland geboren, lebt in Dortmund. Er berichtet schwerpunktmäßig für das *Neue Deutschland*, die *Jungle World* und andere Medien wie *Tagesspiegel* und *Zeit online* über politische Vorgänge in Nordrhein-Westfalen.

Elena Witzeck, 1987 in Schwäbisch Hall geboren, schreibt für die *Frankfurter Allgemeine Zeitung* über Kulturthemen. Sie war vorher viel unterwegs, in England, Spanien, Portugal, Brasilien. In Erfurt hat sie einen Bruder, der nicht müde wird, ihr die ostdeutsche Seele zu erklären.

Herausgeberin und Herausgeber

Foto: Jan Wiese

Jana Göbel, 1962 in Ost-Berlin geboren, beendete 1986 ihr Studium zur Diplom-Agrarökonomin und besuchte 1991 die Deutsche Journalistenschule München. Sie ist Redakteurin in der multimedialen Investigativ-Redaktion rbb24-Recherche.

Foto: Dora Seißinger

Matthias Meisner, geboren 1961 in Frankfurt am Main, ist Redakteur und Autor beim *Tagesspiegel*. 2016 erhielt er den Zweiten Preis des Wächterpreises der deutschen Tagespresse. Mit Heike Kleffner veröffentlichte er 2017 *Unter Sachsen. Zwischen Wut und Willkommen* im Ch. Links Verlag.